Android 11

코틀린 / 자바를 한눈에

안드로이드
앱 프로그래밍

저자 **김용욱**

Loading . . .

- ○ 최신 안드로이드 11 대응
- ● 코틀린, 자바 비교 예제 수록
- ○ 코루틴, 플로우, 데이터 바인딩, Jetpack 라이브러리 적용
- ● QR 코드로 바로 보는 예제

추천사

새롭게 안드로이드 개발을 시작하는 개발자 여러분께 추천합니다.

안드로이드는 생태계 전체가 빠르게 발전하는 플랫폼입니다. 매년 다양한 신기능과 함께 새로운 안드로이드 버전이 발표되고, 개발 도구, 개발 철학, 앱 출시 및 수익화에 관한 내용도 풍성하게 업데이트됩니다.

개발자 입장에서 이는 무척 설레는 일이면서 동시에 어려운 도전입니다. 출시 후 지난 10년간 안드로이드는 권장되는 개발 도구 및 개발 언어부터 버전별 이름 짓는 법까지 거의 모든 부분이 변화하였습니다. 예전에는 권장되던 방법이 더 이상 통용되지 않는 경우가 종종 발생합니다.

새롭게 안드로이드 개발을 시작하는 개발자라면, 너무 오래된 안드로이드 자료만을 의지하거나 혹은 반대로 너무 최신 기능에 관한 내용만을 학습하기보다, 조금 더 넓은 시야에서 과거의 맥락을 이해하고, 이에 기반하여 현재 사용가능한 다양한 기능들을 살펴보길 추천합니다. 현업에서 사용되는 코드에는 과거와 현재의 코드가 함께 사용되기 마련이며, 새로운 기능이 추가된 배경을 이해하면 해당 기능을 보다 적절한 수단으로 활용할 수 있습니다.

이 책에서 김용욱 님은 안드로이드와 과거와 현재를 아우르며 안드로이드 앱 개발의 주요 기능을 친절히 설명하였습니다. 자바와 코틀린을 넘나들며, 고전적인 레이아웃부터 최신 페이징 라이브러리를 활용한 리사이클러 뷰를 살피고, 액티비티, 인텐트 서비스 등 고전적인 내용은 물론 앱 내 비동기 처리를 위한 최신 기법인 코루틴까지 다루고 있습니다.

처음 안드로이드 앱 개발을 시작하는 개발자라면 너무 많은 내용에 움츠려 들 수는 있겠지만, 책과 함께 공개된 예제 코드를 기반으로 처음부터 차근차근 따라가 보면, 안드로이드 앱 개발의 전반에 관한 많은 실력을 쌓을 수 있을거라 기대합니다.

이미 안드로이드 앱 개발을 해보신 분이라도 데이터 바인딩이나 코루틴 등 아직 사용해보지 않은 새로운 기술이 있다면 관련된 장만 골라 읽어 보아도 좋을 듯합니다. 개인적으로 이름은 들어보았지만 미처 깊게 살펴보지 못한 기능들의 개념과 동작 방식을 이해하는 데 큰 도움이 되었습니다.

양찬석 (구글 코리아)

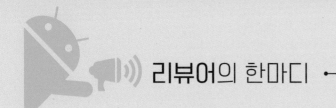
리뷰어의 한마디

초심자에게 최신 안드로이드 앱 개발 방식을 알려주는 곳이나, 책이 많지 않은 것 같은데 그런 의미에서 괜찮은 내용이 많이 담긴 듯합니다.

김기완 ┃ 카카오

저자의 재치 있는 비유와 예제들로 인해 무릎을 탁치며 보게 되는 책입니다.

김병우 ┃ 카카오 엔터프라이즈

이 책은 다른 책과는 달리 자바와 코틀린 예제를 바탕으로 안드로이드 앱 개발에 관련된 필수요소들에 대해 자세하게 설명하고 있습니다. 앱 개발의 시작부터 실무까지 한 권의 책으로 빠르게 완성할 수 있다고 확신합니다.

김용준 ┃ 카카오뱅크

요즘 안드로이드는 알아야 할 내용이 많은 게 사실입니다. 구글에서 제공하는 수많은 라이브러리와 기본으로 사용하는 라이브러리가 수 가지가 넘습니다. 이 책은 꼭 알아야 할 라이브러리 사용법을 다루며, 특히 AAC-ViewModel과 코루틴 수록 부분은 초심자들에게 좋은 가이드가 되리라 생각됩니다. 코틀린과 자바를 동시에 알아보고 싶은 개발자들에게 추천합니다.

권태환 ┃ 카카오페이

하나씩 따라할 수 있도록 쉽게 구성되어있고, 안드로이드에 대해 전반적이고 넓은 범위를 다루고 있어서 안드로이드를 처음 접하는 사람들부터 전체적으로 다시 보고 싶은 사람들에게 많은 도움이 될 것 같아요.

노바 ┃ 네이버

이 책은 Android 개발 입문서입니다. Android 개발에 필요한 프로그래밍의 이론도 함께 다루기 때문에 전체적으로 도움이 될 것 같습니다. 입문서이지만 안드로이드 개발의 다음 레벨에서 필요한 정보를 살펴볼 수 있는 유용한 책입니다. 장기간 책을 집필하신 달리나음님 수고하셨습니다.

노현석

초고수가 썼지만 저 같은 뉴비도 아주 쉽게 읽을 수 있는 멋진 책입니다. 입문자 시절에 잘못된 습관을 들여 고생하는 경우가 많은데 이 책으로 입문하면 그런 일이 없을 겁니다.

박성재 | Amazon

안드로이드 개발을 시작하는 개발자들에게 TMI 같으면서도 명료한, 무심한 듯 하면서도 나에게만은 다정한 친구가 되어줄 수 있는 책입니다. 기본 안드로이드 기능뿐만 아니라 Real world에서 사용되는 꼭 필요한 도구들을 함께 다루어 주어, 책을 덮는 순간 바로 무엇이든 만들 수 있을 것 같습니다.

서치즈 | 네이버

코틀린과 자바코드가 함께 있어서 초보분들에게 많은 도움이 될 것 같아요 실무에 쓰이는 라이브러리를 사용한 예제가 있어서 좋은 것 같습니다.

송주연 | 카카오뱅크

이 책은 최신의 안드로이드 개발 경향을 잘 다루고 있어 안드로이드 개발 초심자나 이미 익숙한 분들에게도 유용한 정보를 제공합니다.

안세원

안드로이드 개발 생태계는 빠르게 변화합니다. 지난 몇 년 사이에, 사용되는 언어와 기술은 물론 개발 방법론이나 철학에도 많은 변화가 있었습니다. 이 책은 안드로이드 앱 개발의 아주 기초적인 부분부터 새롭게 제안되는 내용을 모두 다루며, 개발자가 그 두 지점 사이에서 올바른 균형을 잡을 수 있도록 도와줍니다. 처음 안드로이드 앱 개발을 시작하며, 오늘날 현업에 사용되는 기술을 맛보고 싶은 새내기 개발자분이나 이전에 개발 경험이 있었지만 잠시간의 공백 기간을 갖고 다시 안드로이드 앱 개발을 시작하는 분들에게 추천합니다.

양찬석 | 구글 코리아

안드로이드 개발을 처음 시작하는 사람도 쉽게 익힐 수 있는 책입니다. 많은 예제가 이해에 도움을 줍니다.

이승민 | 뱅크샐러드

안드로이드를 처음 접하는 개발자도 쉽게 읽을 수 있고, 오랫동안 개발해왔던 개발자도 최신 기술을 접해볼 수 있는 좋은 개발서 같습니다.

전병권

이 책은 안드로이드의 기본부터 최신 트렌드의 기술까지 실제 현장에서 사용하고 있는 기술들을 다루고 있습니다. 안드로이드 개발을 처음 접하는 분이나 이미 안드로이드 개발을 하고 있는 분들에게도 많은 도움이 될 거라 생각합니다. 책의 초반부는 안드로이드나 코틀린 언어에 익숙하지 않은 독자들을 고려하여 개념을 설명하는 데 많은 부분을 할애하고 있는데, 안드로이드에 익숙한 독자더라도 해당 부분에 대한 상세한 개념을 다시 한 번 상기하는데 매우 좋습니다. 초반부를 지나서 이 책의 모든 예제와 내용을 학습하게 된다면 원하는 안드로이드 서비스를 구축하는 데 독자들에게 많은 도움을 줄 거라 생각합니다.

이 책을 읽을 때 가장 중요한 부분이 있는데, 각 챕터별 예제마다 기능 동작 설명을 자세히 다루고 있다는 점입니다. 이 동작 설명을 상세히 이해하고 직접 예제를 따라 구현하게 되면 어느새 예제뿐만 아니라 다양하게 응용하여 만들고자 하는 안드로이드 서비스를 다채롭게 구현할 수 있도록 도움을 줄 겁니다.

끝으로 이 책이 다른 책들처럼 하나의 완성된 애플리케이션을 만들어 주진 않지만 각각의 요소들을 자세히 다루고 배울 수 있게 함으로써 독자 본인만의 애플리케이션을 만드는데 더 큰 도움을 주기를 기대합니다.

최선일 | 카카오 엔터프라이즈

그 밖에도 **김성준** 님, **김태호** 님, **이진석** 님을 포함해 리뷰에 참여해 주신 모든 분들에게 감사드립니다.

PREFACE

안드로이드가 발표되기 전의 개발 환경을 생각해보면 (고리타분한 단어지만) 상전벽해(桑田碧海)가 딱 맞다고 생각합니다. 기존의 개발 환경은 표준 ISO C/C++ 언어도 사용하기 어려운 환경이었습니다. 파일 읽기 명령을 호출하면 함수는 바이트 스트림을 바로 반환하지 않았습니다. 바이트 스트림은 비동기로 일정 시간 뒤에 읽을 수 있었고 콜백 방식이 아니었기 때문에, 일정 주기로 반복해서 바이트 스트림을 확인하는 형태로 프로그래밍 했습니다. 더 어려웠던 부분은 일정 시간 내에 운영체제에 권한을 넘기지 않으면 하드웨어가 강제 재부팅이 되었습니다. 모바일 애플리케이션을 만드는 일은 임베디드 프로그래머와 가까운 일이었고, 쓸만한 프로그램을 만드는 일은 거의 불가능에 가까웠습니다. 힘들게 프로그램을 만들어도 폐쇄적인 시장에 판매하는 일은 더 어려웠습니다.

2007년 구글은 안드로이드 0.5 버전을 발표했고 그 이후의 세상은 모든 것이 바뀌었습니다. 애플리케이션은 자바 언어를 기준으로 했습니다. 방대한 자바 표준 라이브러리는 언제나 든든합니다. 익숙한 인터페이스에 다양한 영역의 API가 준비되어 있었습니다. 익숙한 통합 개발 환경(IDE, Integrated Development Environment)에서 편안하게 시작할 수 있고, XML 기반의 레이아웃은 시각화된 비주얼 에디터를 굳이 보지 않더라도 레이아웃의 얼개를 파악하고 수정할 수 있습니다. XML에 통합된 다국어 지원은 시장의 범위를 전 세계로 확장하였습니다. 새로운 자바, 자바 2.0을 표방하는 코틀린 언어는 2017년부터 안드로이드와 함께 합니다. 코틀린 언어는 자바 언어의 유산을 상속받으면서 보다 깔끔하고 훨씬 강력하게 가다듬은 언어입니다. 2018년부터는 구글이 안드로이드 개발 표준으로 젯팩 라이브러리를 선보였습니다. 구글은 점점 복잡해지는 안드로이드 애플리케이션 개발에 방향성을 제시하고 있습니다. 코루틴, 채널, 플로우와 같은 동기화 도구들이 2018년부터 함께하며 개발의 패러다임을 바꾸고 있습니다.

13년 동안 세상은 너무 많이 바뀌었습니다. 안드로이드 초기 버전에서 배웠던 많은 지식이 이제는 더 이상 통하지 않습니다. 몇몇 기술들은 과도기라서 어떻게 다루어야 할지 알 수 없는 경우도 있습니다. 코루틴과 플로우 등의 기술은 정리된 자료를 찾기도 어렵습니다. 제가 처음 비동기 처리에 사용했던 AsyncTask와 같은 도구들은 이제는 더 이상 유효하지 않습니다. 과거 구글 문서에는 손수 LRU 캐쉬를 만들며 이미지를 다운로드하는 샘플이 있었습니다. 이제는 아무도 이미지를 수작업으로 다루지 않습니다. 글라이드, 레트로핏, 대거와 같은 우수한 써드 파티 도구들은 안드로이드 개발의 표준이 되었습니다. 10년 전에, 아니 5년 전 서적에 있던 참고 자료들은 더 이상 의미가 없습니다.

이 시점에서 안드로이드 개발에 참여하려는 사람들에게 무엇을 전달해야 좋을지는 어려운 고민입니다. 안드로이드의 기본적인 개념은 당연히 소개해야 합니다. 하지만 어떤 부분들은 더 이상 사용되지 않는 것들도 많아 트렌드에 맞는 방식을 소개할 필요가 있습니다. 이 책은 글라이드, 레트로핏과 같이 일상화된 도구들은 기본으로 포함하였습니다. 데이터 바인딩, 라이브 데이터 등 구글에 의해 최근 표준이 된 개념들도 다루어야 한다고 생각했습니다. 그 외에도 아직은 낯선 개념이지만 코루틴, 채널, 플로우는 1~2년 내에 안드로이드 개발에 필수적인 개념이 될 것이기 때문에 지금 소개하는 것이 적절할 것입니다. 코틀린 언어가 점차 대세가 되고 있지만 코틀린 언어와 자바 언어를 같이 소개하는 것이 맞을지 코틀린 언어로 알리는 것이 맞을지는 큰 과제였습니다. 아직까지 코틀린을 모르는 개발자들도 많이 있기 때문에 이 책에서는 자바와 코틀린 코드를 같이 쓰기로 결정했습니다. 동기화 코드에서 코틀린에서만 사용할 수 있는 새로운 개념을 사용했기 때문에 해당 섹션에서는 코틀린 코드만 소개한 점이 아쉽습니다.

다양한 시도를 한 이 책이 여러분의 안드로이드 개발 시작에 도움이 되길 진심으로 바랍니다. 이 책에서 소개하고 싶었던 개념과 관행들이 여러분의 개발 스택의 토대가 되고 많은 개발 지식들을 쌓아 가는데 도움이 되길 기원합니다. 많은 것을 선택해야 했고 집필 대상이 살아 움직이며 변화했었습니다. 분량의 한정이 있고 집필 중에도 책의 여러 부분들을 갱신해야 했습니다. 더 나은 결과를 위해 노력했지만 아쉬운 점은 많습니다. 책을 집필하며 점차 저는 겸허해 졌고 기술 서적을 집필하는 많은 선배 작가들에게 존경의 박수를 보내게 되었습니다.

먼저 집필 과정에는 GDG(Google Developer Groups)의 많은 개발자들이 도움을 주셨습니다. 특히 초창기에 함께 했던 전병권 형, 이원제 형, 많은 일을 함께 했던 친구 양찬석, 김태호 님, 김기완 님에게 많은 것을 빚졌습니다. 많은 GDG 개발자와 다양한 개발 개념에 대해 밀도 있는 대화를 나눈 것이 이 책의 집필 동기가 되었습니다. GDG를 조직하고 GDE로서 활동하는 데 많은 도움을 주셨던 권순선 부장님과 구글 직원분들에게도 감사합니다. 책의 처음부터 응원해 줬던 송주연, 서지연, 우연화, 레이아 정에게도 고마움을 전합니다. 기술적인 도전을 함께하며 제가 미처 생각하지 못했던 관점을 얻을 수 있었습니다. 끝까지 책의 집필을 포기하지 않게 격려해 주신 블루커뮤니케이션의 한종진 님, 부족한 부분을 채워 주셨던 리뷰어 분들과 예문사 직원분들에게 감사를 전합니다. 마지막으로 언제나 제게 힘이 되어 주는 제 어머니(윤미옥)와 제 동생 내외(김용훈, 권내영)에게도 감사를 전합니다.

2020년 8월
달리나음 (김용욱)

이 책의 특징

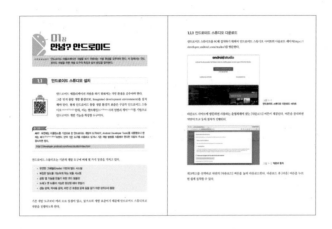

최신 안드로이드 11 대응

안드로이드 10의 후속 버전으로 2020년 8월에 공개된 안드로이드 11 베타 3 버전을 선제 적용하여 앞으로 출시될 안드로이드 11의 최신 기능을 활용한 애플리케이션 개발이 가능합니다. 또한 안드로이드 11과 AndroidX 라이브러리의 최신 업데이트를 적용하여 현대적인 스타일로 애플리케이션을 개발할 수 있도록 했습니다.

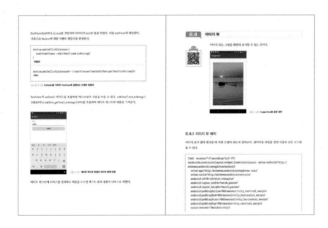

QR 코드로 바로 보는 예제

저자 깃허브에서 모든 예제를 간단히 확인할 수 있으며, 각 챕터마다 활용되는 개별 예제 코드를 QR 코드로 제공해 쉽게 접근하여 활용할 수 있도록 했습니다.

코틀린, 자바 비교 예제 수록

구글은 2017년에 코틀린 언어를 자바 언어와 함께 안드로이드 공식 언어로 지정하고, 2019년에는 안드로이드 개발의 제1언어로 선언했습니다. 이런 경향을 반영해 코틀린 기반의 예제를 수록하고 있으며, 더불어 (코틀린 특화 동기화 파트를 제외하고) 모든 예제 코드는 코틀린과 자바 언어를 병행 표기해 설명합니다. 기존에 자바 기반의 안드로이드 앱 개발 지식이 있다면, 동일한 기능의 자바와 코틀린 코드를 비교해 차이점을 파악하고, 이를 통해 보다 빠르게 이해하고 지식을 습득할 수 있도록 했습니다.

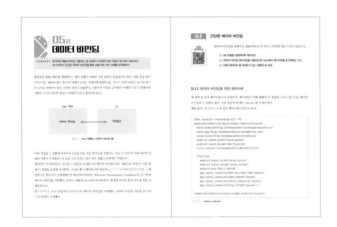

최신 표준화 경향, 개발 트렌드 적용

글라이드(Glide), 레트로핏(Retrofit), 데이터 바인딩, 라이브 데이터, 코루틴, 채널, 플로우(Flow) 등 구글에 의해 표준이 된 개념들은 물론이고, 아직 낯선 개념이지만 수년 내에 안드로이드 개발의 필수 요소가 될 개념들을 소개함으로써 최신 개발 경향과 기술 트렌드를 이해할 수 있도록 했습니다.

CONTENTS

08장

코루틴
(코틀린 전용)

09장

프래그먼트

안녕? 안드로이드

01장
안녕? 안드로이드

SUMMARY 안드로이드 애플리케이션 개발을 하기 위해서는 개발 환경을 갖추어야 한다. 이 장에서는 안드로이드 개발을 위한 개발 도구의 특징과 설치 방법을 알아본다.

1.1 안드로이드 스튜디오 설치

안드로이드 애플리케이션 개발을 하기 위해서는 개발 환경을 갖추어야 한다. 그중 먼저 통합 개발 환경(IDE, Integrated development environment)을 설치해야 한다. 현재 안드로이드 통합 개발 환경의 표준은 구글의 안드로이드 스튜디오Android Studio인데, 이는 젯브레인스JetBrains사의 인텔리 제이IntelliJ를 기반으로 안드로이드 개발 기능을 확장한 도구이다.

⊕ 덧붙이기

ADT: 예전에는 이클립스를 기반으로 한 안드로이드 개발자 도구(ADT, Android Developer Tools)를 사용했으나 현재는 폐기deprecated되었다. 만약 기존 도구를 사용하고 싶거나 기존 개발 방법을 사용해야 한다면 다음의 주소로 접속하면 된다.

http://developer.android.com/tools/studio/index.html

안드로이드 스튜디오는 기존의 개발 도구에 비해 몇 가지 장점을 가지고 있다.

- 유연한 그래들(Gradle) 기반의 빌드 시스템
- 복잡한 빌드를 가능하게 하는 모듈 시스템
- 공통 앱 기능을 만들기 위한 코드 템플릿
- 드래그 앤 드롭이 가능한 향상된 테마 편집기
- 성능 문제, 재사용 문제, 버전 간 호환성 문제 등을 잡기 위한 린트(lint) 통합

기존 개발 도구보다 여러 모로 장점이 있고, 앞으로의 개발 표준이기 때문에 인드로이드 스튜디오로 개발을 진행하도록 한다.

1.1.1 안드로이드 스튜디오 다운로드

안드로이드 스튜디오를 PC에 설치하기 위해서 안드로이드 스튜디오 사이트의 다운로드 페이지(https://developer.android.com/studio/)를 방문한다.

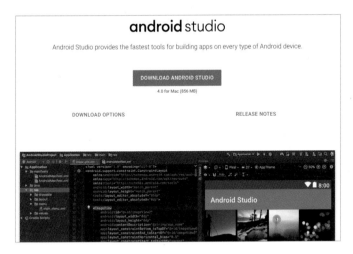

그림 1-1
안드로이드 스튜디오 다운로드 사이트

다운로드 사이트에 방문하면 사용하는 운영체제에 맞는 [다운로드] 버튼이 제공된다. 버튼을 클릭하면 약관이 뜨고 동의 절차가 진행된다.

그림 1-2 **약관과 동의**

체크박스를 선택하고 하단의 [다운로드] 버튼을 눌러 다운로드한다. 다운로드 후 [다음] 버튼을 누르면 쉽게 설치할 수 있다.

그림 1-3 **안드로이드 스튜디오 설치**

예전에는 안드로이드 개발 환경을 설치할 때 자바 가상 머신을 비롯한 여러 도구를 설치해야 했으나 이제는 기본적인 여러 도구를 기본으로 탑재하고 있다.

1.1.2 안드로이드 스튜디오 첫 시작하기

설치를 마치고 안드로이드 스튜디오를 시작해보자.

그림 1-4
안드로이드 스튜디오의 시작 화면

안드로이드 스튜디오를 처음 실행했다면 Android SDK 설치 과정이 진행된다.

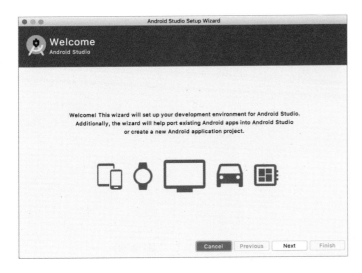

그림 1-5 **웰컴 스크린**

버전에 따라 설치 화면이 조금씩 다를 수 있다.

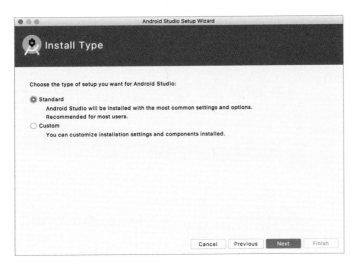

그림 1-6 **인스톨 타입 선택**

2020년 8월 현재 SDK는 안드로이드 10 버전(API 29)으로 기본 설정되어 설치된다. 안드로이드 10은 안드로이드 파이(안드로이드 9.0, API 28)의 후속 버전이며, 정식 버전이 나오기 전까지는 코드 네임인 안드로이드 Q로 불렸다. Q보 시작하는 디저트 이름이 명명될 것으로 생각할 수 있으나, 안드로이드 10 버전부터는 디저트 이름을 명명하지 않는다. 안드로이드 10 버전 이전의 안드로이드 이름은 알파벳 순으로 디저트의 이름이 명명되었다(A와 B는 정식으로 명명된 적이 없고 C부터 정식으로 명명됨). 2020년 3분기 중 안드로이드 11(R)이 발매되며 타겟 API 30이 기본이 될 것이다. 이 책의 샘플은 타겟 SDK를 가능한 30으로 바꾸어 테스트 하였으며 독자는 29나 30을 선택해서 진행하면 된다. 타겟 SDK를 바꾸는 방법은 18장을 참고하면 된다.

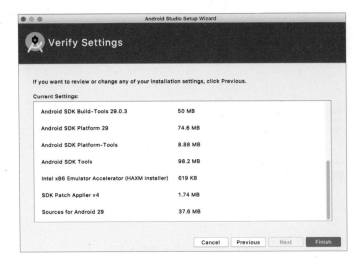

그림 1-7 **설치될 항목**

처음으로 SDK 항목들을 설치할 때는 시간이 좀 걸린다. 잠시 쉬었다가 다음 내용으로 진행하자.

그림 1-8 **안드로이드 스튜디오 시작화면**

안드로이드 스튜디오를 시작하면 새로운 프로젝트를 만들거나 기존의 프로젝트를 열 수 있다. 각각의 항목은 다음과 같다.

- Start a new Android Studio project　새로운 프로젝트를 시작한다.
- Open an existing Android Studio project　기존 프로젝트를 연다.
- Get from Version Control　Github 등의 저장소에서 프로젝트를 가져온다.
- Profile or debug APK　기존 APK를 프로파일링 하거나 디버그한다.
- Import project (Gradle, Eclipse ADT, etc.)　그래들, 이클립스 ADT 등의 외부 프로젝트를 불러온다.
- Import an Android code sample　안드로이드 샘플 코드를 불러온다.

그 외에도 최신 이벤트를 알려주는 Events, SDK 관리와 기타 환경 설정을 하기 위한 Configure, 도움
말을 담고 있는 Get Help가 있다.

새로운 프로젝트를 수행하기 위해 [Start a new Android Studio project]를 선택한다.

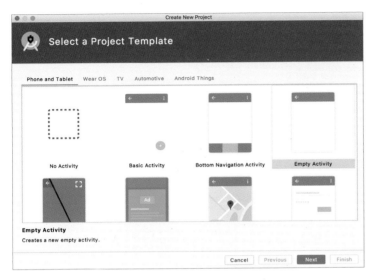

그림 1-9 **새 프로젝트 시작**

여러 플랫폼들마다 다른 SDK가 필요하며 이를 선택하기 위해 상단에서 타깃을 선택할 수 있다. 기본
적으로 선택된 항목은 폰과 태블릿Phone and Tablet이다.

그림 1-10 **디바이스 유형 선택**

제공되는 유형은 폰과 태블릿Phone and Tablet, 티비TV, 웨어Wear, 오토Auto, 씽Things이다. 폰과 태블릿을
위한 SDK는 공유되고 있어 하나의 선택 사항으로 존재하며, 안드로이드 TV를 위한 구성, 스마트 워치
를 위한 웨어 OS(이름은 웨어지만 현재 스마트 워치만을 위해 쓰인다)를 위한 구성, 자동차를 위한 오토,
사물 인터넷을 위한 씽이 존재한다.

여러 항목이 있지만 여기에서는 기본 설정인 폰과 태블릿을 선택하고 다음으로 넘어간다.

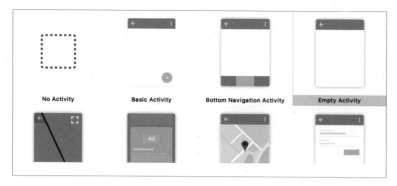

그림 1-11 **프로젝트 선택**

프로젝트의 항목을 살펴보자.

- Add No Activity 액티비티를 추가하지 않는 메뉴이다. 이 경우 액티비티를 직접 만들어서 개발해야 한다.
- Basic Activity 기본 액티비티에 플로팅 액션 버튼이 붙어 있는 구성이다.
- Empty Activity 빈 액티비티로, 내용이 없는 액티비티이다.
- Bottom Navigation Activity 화면 하단에 탭 등의 요소를 붙일 수 있는 화면이다.
- Fragment + ViewModel 프래그먼트, 뷰 모델과 함께 새 액티비티를 생성한다.
- Fullscreen Activity 전체 화면으로 구성된 액티비티이다.
- Master/Detail Flow 주 화면과 부 화면이 구성된 액티비티이다.
- Navigation Drawer Activity 서랍 메뉴(Navigation Drawer)가 구성된 액티비티로, 측면 메뉴 등의 구성에 사용된다.
- Google Maps Activity 구글 맵이 결합된 액티비티이다.
- Google AdMob Ads Activity 광고 플랫폼인 구글 애드몹이 결합된 액티비티이다.
- Login Activity 로그인 화면 얼개(기본적인 구조, 짜임새)가 구성된 액티비티이다.
- Scrolling Activity 세로 방향으로 스크롤 할 수 있는 구성이다.
- Tabbed Activity 탭 전환을 위한 구성이다.
- Native C++ C++로 프로그래밍할 수 있는 구성이다.

여기에서 우리는 빈 액티비티Empty Activity를 사용해서 첫 앱을 개발해본다. Empty Activity를 선택하고 다음으로 넘어가자.

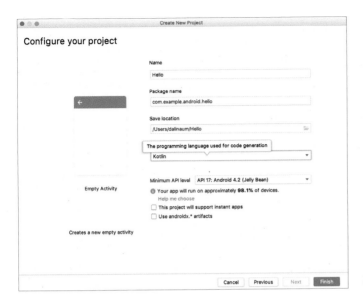

그림 1-12 **새 프로젝트 설정하기**

새 프로젝트 시작을 위해 애플리케이션 이름^{Application name}, 패키지 네임^{Package name}, 저장 위치^{Save location}를 지정한다.

애플리케이션 이름은 자유롭게 선택할 수 있는데 여기서는 Hello로 설정했다.

다음으로 패키지 네임은 회사나 개인의 도메인을 역순으로 적고 프로젝트 명을 뒤에 붙인다. developer.google.com이 도메인이라면 그 역순인 com.google.developer로 입력한다. 여기에서는 android.example.com 도메인을 역순으로 해서 com.example.android로 적고 끝에 hello를 붙였다. (com.example.android.hello) 도메인의 실제 존재 여부는 확인하지 않으니 패키지 이름은 원하는 것으로 자유롭게 선택해도 무방하다.

사용 언어로는 코틀린^{Kotlin}과 자바^{Java}를 선택할 수 있다.

> ➕ **덧붙이기**
>
> **코틀린** : 코틀린은 인텔리제이를 만든 젯브레인스에서 시작한 언어로, 간결하고 표현력이 뛰어날 뿐만 아니라, 더 안전하며, 현대적인 언어다. 현재는 구글과 젯브레인스가 코틀린 재단을 만들어 언어를 유지보수하고 있다. 구글은 2017년 구글 I/O에서 코틀린 언어를 자바 언어와 함께 안드로이드 공식 언어로 지정했고, 2019년 구글 I/O에서는 코틀린 우선을 선언했다. 자바는 지속적으로 지원하겠지만 인터페이스의 설계, 도구의 지원에서 코틀린을 최우선으로 염두한다고 한다.

선택 목록에는 기본값으로 API 16: Android 4.1(JellyBean)이 선택되어 있다. 앞에서부터 API 버전, 안드로이드 버전, 안드로이드 코드 네임 순으로 표기된다. API 버전은 1부터 정수로 지정되는 숫자로, 최초의 안드로이드는 API 1이며 API 22는 롤리팝^{Lollipop}이다.

API 25는 7.1 버전의 안드로이드로 코드 네임은 누가[Nougat]이고, 오레오[Oreo]는 API 26(버전 8.0)과 27(버전 8.1)을 사용하고 있다. 안드로이드 파이[Pie]는 API 28(버전 9.0)을 사용한다.

안드로이드의 코드 네임은 C부터 알파벳 순서로 디저트 메뉴가 배정되어 있다.

- 컵 케이크(Cupcake)
- 도넛(Donut)
- 이클레어(Eclair)
- 프로요(Froyo)
- 진저브레드(Gingerbread)
- 허니콤(Honeycomb)
- 아이스크림 샌드위치(Ice Cream Sandwich)
- 젤리빈(Jelly Bean)
- 킷캣(KitKat)
- 롤리팝(Lollipop)
- 마시멜로(Marshmallow)
- 누가(Nougat)
- 오레오(Oreo)
- 파이(Pie)
- 안드로이드 10(10부터는 디저트 이름이 없음)

여기서는 기본값인 16 버전을 최소 버전으로 선택하고 진행한다. 이는 우리가 만드는 앱이 젤리빈 이상 버전을 지원하겠다는 의미이다.

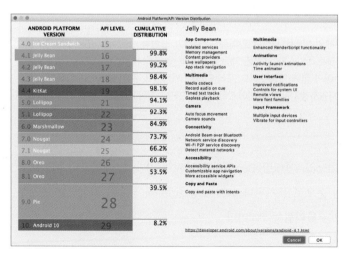

그림 1-13 안드로이드 버전별 사용자 분포

〈그림 1-13〉에는 API 레벨 16인 경우에 96%의 사용자를 커버한다고 설명되어 있다. 이 값은 시간이 지나면서 점차 최신 버전을 더 많이 사용하도록 바뀔 것이며 독자가 볼 때의 값도 책을 기술할 때와는 조금 다를 수 있다.

앱 개발 시에 조금 더 높은 버전을 선택해서 더 최신의 기능을 지원할지, 보다 많은 사용자를 지원하기 위해 더 낮은 버전을 만족할지는 개발자의 선택이다. 이 책에서는 API 레벨 16을 최소 기준으로 진행한다. 이 정도면 대부분의 사용자를 커버하며 쾌적하게 개발할 수 있는 수준이라 판단하기 때문이다.

〈그림 1-12〉의 타깃 선정 창에서 [Help me choose]를 누르면 〈그림 1-13〉의 창이 뜨며 버전별 사용자 상황과 버전별로 추가된 기능을 확인할 수 있다.

버전 선택을 완료했다면 Use androidx.* artifacts를 선택하자.

기존의 레거시 라이브러리 대신 AndroidX 라이브러리를 쓰겠다는 의미이다. 구글은 최신 라이브러리와 도구들을 Jetpack이란 이름의 패키지로 배포하고 AndoridX라고도 부른다.

선택이 끝났으면 이제 다음으로 넘어가자. 프로젝트가 생성되면 다음과 같은 창이 뜬다.

그림 1-14 **생성된 프로젝트**

가끔 화면 하단에 Help improve Android Studio by sending usage statics to Google 창이 뜨는 경우가 있다. 안드로이드 스튜디오 향상을 위해 사용 통계 정보를 보내겠냐는 질문이다.

정보를 보내서 개발 툴의 발전에 공헌할 수도 있는 반면에, 자신의 사용패턴을 네트워크로 보내는 것이 부담스러울 수 있다. 어떤 답변을 할지는 사용자의 선택에 달렸다(참고로 여기에서는 보내지 않음을 선택했다).

1.1.3 에뮬레이터에서 앱 실행하기

그림 1-15 **안드로이드 스튜디오 상단 메뉴**

먼저 앱을 에뮬레이터에서 실행해보자. 실행하는 방법은 간단하다. 액티비티가 설정되었다면 [실행
(Run)] 버튼을 눌러 간단히 앱을 실행할 수 있다.

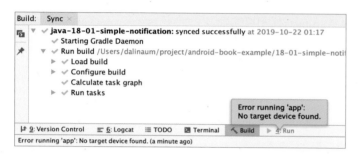

그림 1-16
타깃 디바이스가 없어서 발생한 에러

연결된 장비도 없고 에뮬레이터도 설치되지 않은 상황에서는 'No target device found'라는 메시지가
뜬다. 실제 단말을 붙이는 방법도 있지만 이번에는 화면 상단에서 [No devices]를 선택해 단말을 생성
한다.

그림 1-17 **No devices 선택**

다음으로 Open AVD Manager를 선택한다.

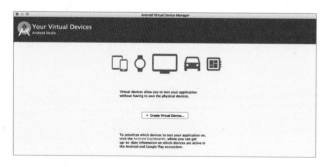

그림 1-18 **AVD Manager**

AVD Manager가 실행되면 Create New Virtual Device(가상 장비 만들기)를 클릭해서 안드로이드 가상 장비(AVD, Android Virtual Device)를 생성한다.

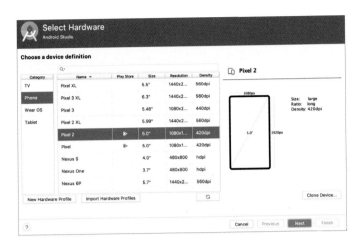

그림 1-19 에뮬레이터 화면 선택

하드웨어는 기본적으로 Phone의 Pixel 2가 선택되어 있다. 3세대 픽셀인 Pixel 3와 Pixel 3XL이 나왔지만 에뮬레이터는 2세대 픽셀을 선호하는 편이다. 여기 이미지 중에서는 Pixel과 Pixel 2에 Play Store 아이콘이 그려져 있는 것을 볼 수 있다. 해당 이미지들은 에뮬레이터에 플레이 서비스가 설치되어 있어 다양한 기능을 테스트할 수 있다.

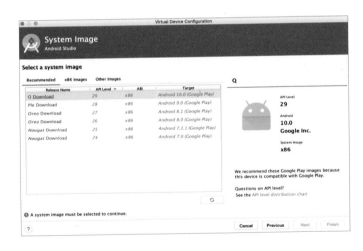

그림 1-20 시스템 이미지 선택

그 다음으로는 어떤 이미지를 사용할지 결정해야 한다. 추천된 Q$^{Android\ 10}$ 이미지를 사용한다. (추천 이미지는 안드로이드 스튜디오 버전에 따라 다르다.) 버전이나 다른 이미지가 필요한 경우에는 [Download]를 클릭하여 해당 이미지를 다운로드한 후, [Next]를 눌러 다음으로 넘어간다.

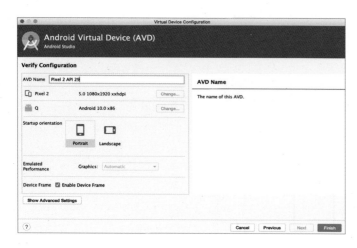

그림 1-21 **시스템 이미지 설정**

이제 안드로이드 가상 장비의 이름을 입력하고, 선택 내역을 확인한 후 [Finish]를 눌러 다음으로 넘어간다.

그림 1-22 **에뮬레이터 수행 화면**

1.1.4 안드로이드 단말에서 앱 수행하기

안드로이드 SDK에서 제공되는 안드로이드 에뮬레이터는 속도가 느리고 실제 환경과 다른 부분이 존재하기 때문에 개발하기에 적당하지 않다. 그중 특히 ARM 버전은 더 느리다. 일반 PC와 CPU의 아키텍처가 달라 CPU의 행동을 흉내내는 과정이 추가로 필요하기 때문이다. CPU까지 흉내내는 것이 에뮬레이터라는 단어의 의미에 가장 적절한 구성이긴 하지만, 굳이 성능을 포기할 이유는 없다. 에뮬레이터가 필요하더라도 ARM 버전은 선택하지 말자.

그런 이유로 애플리케이션의 개발은 가능한 한 실 단말기를 중심으로 하는 것이 좋다. 안드로이드 스튜디오에서 실 단말기를 개발 단말로 사용하기 위해 몇 단계의 설정 과정이 필요하다.

그림 1-23 **안드로이드 설정**

안드로이드 단말기의 설정 화면을 열었을 때 하단에 휴대전화 정보^{About phone}가 있으면 이를 클릭한다. 만약에 시스템^{System} 항목이 있으면 그것을 먼저 클릭한다.

그림 1-24 **설정 〉 시스템 항목**

시스템 항목에 진입한 경우에도 휴대전화 정보^{About phone}를 클릭한다.

그림 1-25 **설정 〉 휴대전화 정보 항목**

휴대전화 정보 화면에서 아래쪽으로 스크롤 해 빌드 번호^{Build number}을 연속해서 누른다.

그림 1-26 **빌드 번호를 연속 클릭한 설정 화면**

〈그림 1-26〉과 같이 안내가 뜨면 제대로 되고 있는 것이다. 이런 식으로 하단에 모서리가 둥글게 뜨는 안내 화면을 토스트라 부른다. 몇 번 더 빌드 번호를 눌러 개발자 모드를 열어보자.

그림 1-27 **개발자 모드**

개발자 모드에 진입하면 〈그림 1-27〉과 같이 화면 하단에 개발자가 되었다는 토스트가 뜬다. 백 버튼을 눌러 상위 단계로 이동하면 개발자 모드^{Developer mode}를 볼 수 있다. 해당 항목에 들어가보자.

그림 1-28 **개발자 모드**

개발자 모드 상단 오른쪽에 활성화된 버튼을 확인한다. 꺼져 있으면 켜고 아래 쪽으로 내려보자. USB 디버깅^{USB Debugging} 항목이 꺼져 있으면 눌러서 활성화한다. 항목을 활성화할 수 없다면 케이블이 연결되어 있는지 확인한다.

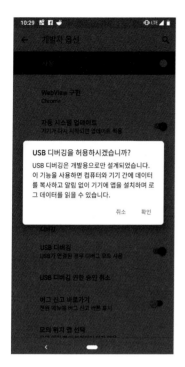

그림 1-29 **USB 디버깅 활성화**

활성화 여부를 묻는 다이얼로그 화면이 뜨면 [예(OK)]를 눌러 활성화한다. 사용자가 USB 디버깅을 승인하지 않으면 여러분의 PC나 맥은 휴대폰 입장에서 단순히 대용량 배터리에 지나지 않을 것이다.

다음으로 USB 드라이버를 설치한다. 제조사가 제공한 USB 드라이버나 안드로이드 SDK에 있는 USB 드라이버를 설치하면 된다. 안드로이드 SDK의 USB 드라이버를 설치하기 위해서는 화면 상단의 Android SDK 아이콘을 클릭한다.

그림 1-30 **안드로이드 상단의 SDK Manager 버튼**

SDK Manager의 이미지는 안드로이드 스튜디오나 운영체제 버전에 따라 달라질 수 있다. 아이콘이 변경되었다면 마우스 커서를 잠시 올려 뜨는 툴팁을 통해 확인하자.

맥, 리눅스 사용자는 드라이버 설치가 필요하지 않다.

모든 준비가 끝나고 제대로 단말기가 연결되었다면 앱을 실행해보자. 안드로이드 스튜디오에서 앱을 실행하는 방법은 이전에 에뮬레이터에서 앱을 실행하는 방법과 같다.

간단한 UI

02장
간단한 UI

SUMMARY 안드로이드 애플리케이션의 인터페이스는 여러 구성 요소의 합으로 이루어진다. 레이아웃을 구성하는 레이아웃(Layout) 객체들과 개별 컴포넌트를 담당하는 뷰(View) 객체들이 계층적으로 배열되어 하나의 콘텐츠 뷰를 만들어 낸다. 이 장에서는 개별 뷰와 레이아웃 객체들을 간단히 살펴보고 이를 조합하는 방법에 대해 알아본다. 먼저 자바 언어 버전을 살펴보고, 코틀린 언어 버전도 같이 살펴보자.

2.1 텍스트 뷰

본격적으로 안드로이드의 레이아웃과 뷰를 살펴보기 이전에 전체적인 구조가 어떻게 되는지를 살펴볼 필요가 있다. 최근 안드로이드 개발 환경은 자바와 코틀린 두 언어가 모두 공식 언어로 사용되고 있다. 많은 부분에서 흡사하지만 언어나 환경에서 차이점이 존재한다. 안드로이드 스튜디오에서 자바 버전을 열어보고 다음으로 코틀린 버전을 열어보자.

먼저 열어볼 파일은 자바 버전 파일인 MainActivity.java이다. 안드로이드에서 사용자가 보게 되는 하나의 화면이 액티비티^{Activity}이다. 여기서는 우선 가장 기본적인 액티비티를 살펴본다. 먼저 화면 우측에 MainActivity.java가 열려 있는지 확인하자.

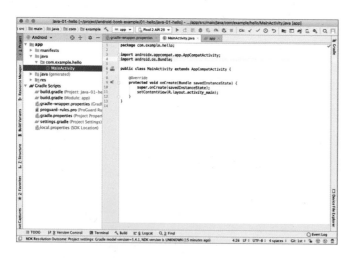

그림 2-1
화면 우측에 열린 MainActivity.java

MainActivity.java 액티비티 파일이 화면 우측에 열려 있지 않다면 화면 왼쪽에서 선택해서 열어야 한다. 화면 왼쪽에서 MainActivity를 선택한다.

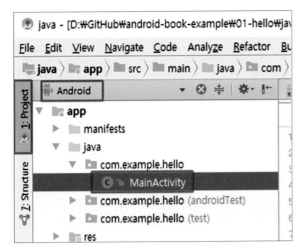

그림 2-2
왼쪽 부분에서 MainActivity 선택

만약에 왼쪽 파트가 닫혀 있다면 1:Project를 선택한다. app의 java에서 com.example.hello로 이동하고 MainActivity를 연다. 〈그림 2-2〉처럼 상단에 Android가 체크되어 있지 않다면 다른 곳에 파일이 위치할 수 있다. 만약 Android가 아니라면 해당 부분을 클릭해서 Android로 바꾼다.

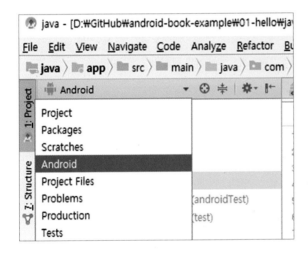

그림 2-3 **열려 있는 프로젝트 형태가 Android가 아니면 Android를 선택**

```
package com.example.hello;

import androidx.appcompat.app.AppCompatActivity;
import android.os.Bundle;

public class MainActivity extends AppCompatActivity{  (1)

  @Override
  protected void onCreate(Bundle savedInstanceState){  (2)
    super.onCreate(savedInstanceState);
    setContentView(R.layout.activity_main);  (3)
  }
}
```

리스트 2-1 MainActivity.java

(1) MainActivity는 AppCompatActivity 객체를 상속받고 있다. AppCompatActivity 객체는 다양한 안드로이 드 버전을 지원하는 기본 액티비티다.

(2) 여기서 먼저 살펴볼 부분은 onCreate 메서드이다.

(3) 이 메서드는 setContentView(R.layout.activity_main)를 호출하여 액티비티에 보여야 할 레이아웃을 지정 한다. R.layout.activity_main은 res/layout 디렉터리의 activity_main.xml 파일이라는 의미이다.

만약 AppCompatActivity가 androidx.appcompat.app.AppCompatActivity가 아니라 android.sup port.v7.app.AppCompatActivity로 되어 있다면 프로젝트를 생성할 때 Use androidx.* artifacts를 선택하지 않았던 것이다.

걱정하지 말고 상단 메뉴에서 Refactor를 선택하고 Migrate to AndroidX…를 선택해서 마이그레이션을 진행하자.

이제 activity_main.xml을 살펴보자. 처음 리소스 파일로 이동하면 레이아웃을 시각적으로 볼 수 있는 데 여기서는 텍스트 형태로 보고 그것을 직접 다루려고 한다.

레이아웃으로 이동하는 방법은 두 가지다. 첫 번째는 메뉴 왼쪽에서 app 〉 res 〉 layout 〉 activity_main.xml을 선택하는 방법이다.

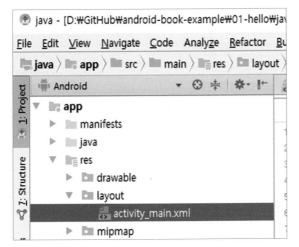

그림 2-4
app 〉 res 〉 layout 〉 activity_main.xml을 선택

두 번째는 소스 코드에서 R.layout.activity_main을 클릭하고 Ctrl + B(맥에서는 CMD + B)를 눌러 이동하는 방법이다. Ctrl + B는 Declaration(정의) 기능으로 객체나 리소스 정의로 이동하는 기능이다. R.layout.activity_main에서 정의 기능을 사용하면 해당 레이아웃 파일로 이동한다.

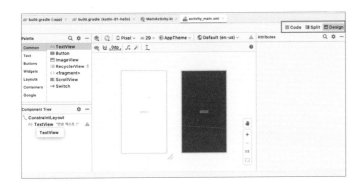

그림 2-5 **텍스트 화면으로 전환**

〈그림 2-5〉에서 화면 우측 상단의 Code를 클릭하면 레이아웃이 텍스트 형식인 XML 형식으로 표시된다.

```xml
<?xml version="1.0" encoding="utf-8"?>
<androidx.constraintlayout.widget.ConstraintLayout xmlns:android="http://
schemas.android.com/apk/res/android"
  xmlns:app="http://schemas.android.com/apk/res-auto"
  xmlns:tools="http://schemas.android.com/tools"
  android:layout_width="match_parent"
  android:layout_height="match_parent"
  tools:context="com.example.hello.MainActivity">  (1)

  <TextView  (2)
    android:layout_width="wrap_content"  (3)
    android:layout_height="wrap_content"
    android:text="Hello World!"
    app:layout_constraintBottom_toBottomOf="parent"
    app:layout_constraintStart_toStartOf="parent"
    app:layout_constraintEnd_toEndOf="parent"
    app:layout_constraintTop_toTopOf="parent" />

</androidx.constraintlayout.widget.ConstraintLayout>
```

리스트 2-2 activity_main.xml

계층적인 형태의 XML 파일이다.

> (1) 루트 요소로 ConstraintLayout이 있다.
> (2) 그 안에 TextView가 있는 것을 볼 수 있다.

상위 요소인 ConstraintLayout은 자식 요소들의 위치를 상대적으로 배치하게 해준다.
ConstraintLayout은 자식인 TextView의 배치를 담당한다. 레이아웃에 대한 자세한 내용은 3장에서
다룬다.

TextView는 문구를 화면에 표시하는 컨트롤이다. 안드로이드에서 기본적으로 화면에 표시되는 개
별 컨트롤들은 View 객체를 상속한다. View를 상속받는 꽤 많은 객체들은 이름 뒤에 View가 붙는다.
android:text 속성에 Hello World!라는 값이 대입되어 있는데 이는 화면에 표시될 문구이다.

> (3) 레이아웃의 폭과 높이가 모두 wrap_content로 지정되어 있다. 콘텐트의 크기에 맞추어 폭과 높이를 결정
> 하라는 것이다. 여기에서는 android:text에 들어 있는 Hello World!의 높이와 폭에 맞추어 이 TextView의
> 높이와 폭이 결정된다.

2.1.1 코틀린 버전의 MainActivity

1장에서 프로젝트를 생성할 때 첫 화면 〈그림 1-20〉에서 Include Kotlin support를 선택했다면 자바 언어 대신 코틀린 언어로 MainActivity가 생성된다. 코틀린 파일을 제외한 나머지 파일들은 자바 파일과 일치한다.

자바의 경우에는 MainActivity.java로 파일명이 생성되는데 코틀린의 경우에는 MainActivity.kt로 생성된다. 코틀린 파일의 확장자는 kt 확장자를 갖는다.

```kotlin
package com.example.hello

import androidx.appcompat.app.AppCompatActivity
import android.os.Bundle

class MainActivity : AppCompatActivity() {  (1)

  override fun onCreate(savedInstanceState: Bundle?) {  (2)
    super.onCreate(savedInstanceState)
    setContentView(R.layout.activity_main)
  }
}
```
코틀린

```java
package com.example.hello;

import androidx.appcompat.app.AppCompatActivity;
import android.os.Bundle;

public class MainActivity extends AppCompatActivity {  (1)

  @Override
  protected void onCreate(Bundle savedInstanceState) {  (2)
    super.onCreate(savedInstanceState);
    setContentView(R.layout.activity_main);  (3)
  }
}
```
자바

리스트 2-3 **MainActivity 코틀린 버전과 자바 버전**

〈리스트 2-3〉에 나열된 코드를 부분별로 나눠서 살펴보자.

```
class MainActivity : AppCompatActivity(){ (1)
    코틀린
```
- -
```
public class MainActivity extends AppCompatActivity{ (1)
    자바
```

리스트 2-4 **클래스 생성**

(1) 코틀린의 클래스 생성은 class 키워드를 통해 이루어진다. class MainActivity를 통해 MainActivity 클래
스를 만들었다.

코틀린의 클래스는 가시성^{Visibility}을 설정하지 않으면 public으로 설정되기 때문에 여기에서는 생략하
였다. 따라서 MainActivity의 가시성도 public으로 설정된다.

콜론(:) 뒤에는 상속받을 클래스를 명기한다. 여기에서는 AppCompatActivity를 명기하였다.
AppCompatActivity를 상속받아 MainActivity를 만든다는 의미다. AppCompatActivity 뒤에 괄호가
있어 AppCompatActivity()의 형태가 되었는데, 부모인 AppCompatActivity의 기본 생성자를 호출하
겠다는 의미이다. 인자 목록을 적어서 다른 생성자를 호출하게 할 수 있다.

```
override fun onCreate(savedInstanceState: Bundle?){ (2)
    코틀린
```
- -
```
@Override
protected void onCreate(Bundle savedInstanceState){ (2)
    자바
```

리스트 2-5 **오버라이드된 onCreate 메서드**

(2) 자바에서는 @Override 어노테이션을 붙이는 형태였는데, 코틀린에서는 override 키워드를 대신 사용한
다. 오버라이드 기능이 워낙 흔하게 사용되는 기능이기 때문에 부가적인 요소인 어노테이션 대신 코틀린
언어의 문법에 포함한 것이다.

fun은 함수나 메서드를 정의하는 키워드이다. 클래스 내에서 선언하면 메서드가 되고 어떤 클래스에
도 속하지 않으면 함수가 된다. 자바 언어와 다르게 코틀린은 클래스에 속하지 않는 함수 정의가 가능하
다.
자바 언어에 익숙한 사람들은 메서드의 반환형이 메서드 정의 앞부분에 보이지 않는 것

이 낯설 것이다. 코틀린은 파라미터 이름 뒤에 콜론(:)을 적고 그 뒤에 반환 타입을 적는다. (savedInstanceState:Bundle?) 파라미터 이후에 바로 중괄호가 시작되었다.

반환 타입이 생략되면 Unit 타입이 되며 이는 자바의 void 타입과 같다. 어떤 값도 반환하지 않는 것이다.

onCreate 메서드는 Bundle? 타입의 savedInstanceState 이름의 인자를 가지고 반환값은 없다.

타입이 'Bundle?'이라는 데 의구심을 느끼는 이들이 있을 것이다. 자바에서는 타입 뒤에 ?가 붙는 경우가 없기 때문일 것이다. 코틀린에서 타입 뒤에 ?가 붙는 것은 null 값을 쓸 수 있다는 의미이다. 반대로 ?가 붙지 않는다면 null 값을 허용하지 않는 것이다. 자바는 타입들이 null을 허용하지만 코틀린은 허용할지 허용하지 않을지를 구체적으로 명시해야 한다. null을 허용하지 않는 경우에 파라미터는 (savedInstanceState: Bundle)의 형태가 된다.

2.1.2 안녕 텍스트 뷰

TextView의 문구를 변경하기 위해서는 android:text 속성의 값을 바꾸면 된다. Hello World!를 안녕 텍스트 뷰로 변경해보자.

```xml
<?xml version="1.0" encoding="utf-8"?>
<androidx.constraintlayout.widget.ConstraintLayout xmlns:android="http://
schemas.android.com/apk/res/android"
 xmlns:app="http://schemas.android.com/apk/res-auto"
 xmlns:tools="http://schemas.android.com/tools"
 android:layout_width="match_parent"
 android:layout_height="match_parent"
 tools:context="com.example.hello.MainActivity">

<TextView
    android:layout_width="wrap_content"
    android:layout_height="wrap_content"
    android:text="안녕 텍스트 뷰"

    app:layout_constraintBottom_toBottomOf="parent"
    app:layout_constraintStart_toStartOf="parent"
    app:layout_constraintEnd_toEndOf="parent"
    app:layout_constraintTop_toTopOf="parent" />

</androidx.constraintlayout.widget.ConstraintLayout>
```

리스트 2-6 **안녕 텍스트 뷰로 변경**

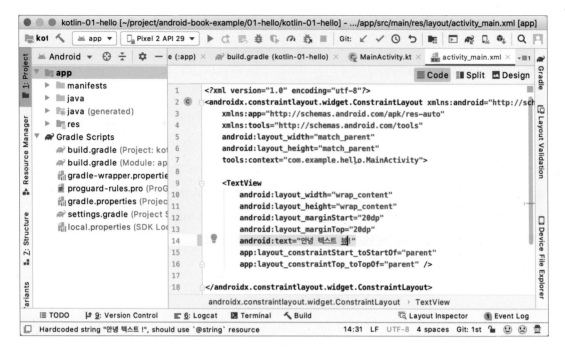

그림 2-6 TextView 문구 수정

문구를 수정했다면, 이를 실행하여 변경된 내용을 확인해보자.

그림 2-7 변경된 TextView 실행 결과

2.1.3 ConstraintLayout 기초

텍스트 문구가 수평으로도 수직으로도 가운데 정렬이 되어 있다. 가운데 정렬된 이유를 살펴보자.

```
<TextView
    android:layout_width="wrap_content"
    android:layout_height="wrap_content"
    android:text="안녕 텍스트 뷰"
    app:layout_constraintBottom_toBottomOf="parent"
    app:layout_constraintStar_toStartOf="parent"
    app:layout_constraintEnd_toEndOf="parent"
    app:layout_constraintTop_toTopOf="parent" />
```

리스트 2-7 **가운데 정렬된 TextView 제약**

TextView를 자세히 살펴보면 4개의 제약이 포함되어 있다. app:layout_constraintBottom_toBottom Of, app:layout_constraintStart_toStartOf, app:layout_constraintEnd_toEndOf, app:layout_const raintTop_toTopOf이다.

이들은 모두 app:layout_constraint⟨소스⟩_to⟨타깃⟩Of의 형식이다. 조금 더 명확하게 보이기 위해 ⟨리스트 2-8⟩에 어떤 부분이 소스와 타깃인지 표기하였다.

```
• app:layout_constraintBottom_toBottomOf
• app:layout_constraintStart_toStartof
• app:layout_constraintEnd_toEndOf
• app:layout_constraintTop_toTopOf
```

리스트 2-8 **constraint 태그의 예**

⟨리스트 2-8⟩의 예제들은 소스와 타깃이 동일하게 적혀 있다. 이런 형식은 현재 뷰(소스가 되는 뷰)를 상단의 뷰(타깃이 되는 뷰)의 한쪽 면에 붙이기 위해 사용된다. 물론 상단 뷰가 아닌 다른 뷰에 사용할 수 없는 것은 아니지만 같은 계층에 있는 두 개의 뷰의 같은 면끼리 붙는다면 좀 어색할 것이다.

```
app:layout_constraintBottom_toBottomOf="parent"
```

리스트 2-9 **상위 뷰의 하단(Bottom)에 현재 뷰의 하단을 붙임**

app:layout_constraintBottom_toBottomOf의 경우에는 소스와 타깃이 Bottom으로 동일하다. 타깃의 '아래(Bottom)'에 소스의 '아래(Bottom)'를 붙이겠다는 의미다. 첫 번째 아래(Bottom)가 소스이며 두 번째 아래(Bottom)가 타깃이다. 〈리스트 2-9〉의 경우 타깃 뷰를 parent로 규정했기 때문에 상위 뷰의 하단에 현재 뷰를 붙이게 된다. 부모가 ConstraintLayout이고 자식을 여기에 배치할 때 app:layout_constraintBottom_toBottomOf처럼 소스와 타깃이 같게 설정하는 속성을 종종 사용하게 된다.

```
app:layout_constraintTop_toBottomOf="@+id/textView"
```

리스트 2-10 **현재 뷰의 상단을 textView 아이디를 가진 뷰의 하단에 붙임**

소스와 타깃이 동일할 필요가 없다. app:layout_constraintTop_toBottomOf의 식으로 소스와 타깃은 대칭되도록 구성할 수 있다. 이 경우에는 현재 뷰의 상단(소스, constraintTop)을 다른 뷰의 하단(타깃, toBottomOf)에 붙일 수 있다. 〈리스트 2-10〉에서는 현재 뷰 상단을 textView 아이디를 가진 다른 뷰 아래에 붙인다.

그리고 app:layout_constraintBottom_toBottomOf="parent"의 형태로 값이 "parent"로 설정되어 있다. 이를 합치면 '부모(parent)'의 아래(Bottom)에 소스의 아래(Bottom)를 붙이겠다는 의미다. 여기서 부모는 TextView를 감싸고 있는 ConstraintLayout이 된다.

이렇게 뷰의 한 면을 다른 뷰에 자석처럼 붙이는 제약을 에지 제약^{Edge Constraint}이라고 한다.

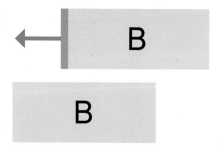

그림 2-8 **app:layout_constraintStart_toStart="parent"로 부모의 왼편에 자신의 왼편을 연결**

〈그림 2-8〉은 에지 제약이 어떻게 동작하는지 시각적으로 보여준다. app:layout_constraintStart_toStart="parent"로 부모의 왼편에 자신의 왼편이 붙게 했기 때문에 부모의 왼쪽 면에 달라 붙었다. 에지 제약을 사용하게 되면 마치 자석에 붙은 듯, 그 면에 달라붙는다.

현재 TextView의 레이아웃에서는 4면에 대해 모두 에지 제약을 적용했다. 이런 경우에는 어떻게 될까?

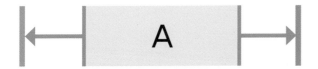

그림 2-9 왼편과 오른편에 에지 제약이 적용된 중심 제약

왼편과 오른편에 같이 에지 제약이 적용되거나, 위와 아래에 같이 에지 제약이 적용되면 양방향 모두 자석을 붙인 것처럼 작용되어 뷰가 가운데에 배치된다. 이를 중심 제약$^{Center\ Constraint}$이라고 한다. 어떤 사람들은 ConstraintLayout의 제약을 용수철이나 자석에 비유하기도 한다.

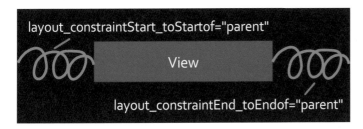

그림 2-10 **스프링에 비유한 제약(Constraint)**

예제에서는 좌우를 통한 수평 중심 제약$^{Horizontal\ Center\ Constraint}$과 상하를 통한 수직 중심 제약$^{Vertical\ Center\ Constraint}$이 적용되어서 좌우, 상하 모두 가운데에 배치된다. 상하좌우에서 모두 당기고 있는 모양이다.

부모의 하단으로 연결된 에지 제약을 제거해서 수직 중심 제약을 끊어보자.

```
<TextView
    android:layout_width="wrap_content"
    android:layout_height="wrap_content"
    android:text="안녕 텍스트 뷰"
    app:layout_constraintStart_toStartOf="parent"
    app:layout_constraintEnd_toEndOf="parent"
    app:layout_constraintTop_toTopOf="parent" />
```

리스트 2-11 **좌우는 중심 제약, 위쪽만 에지 제약**

TextView에서 app:layout_constraintBottom_toBottomOf="true"를 제거해 부모의 하단으로 연결된 에지 제약을 제거했다.

실행을 하면 다음 화면과 같이 좌우 중앙 정렬은 유지된 채 상단에 붙는다.

그림 2-11
양 옆만 중심 제약, 상단에 에지 제약으로 고정된 텍스트 뷰

좌우와 상단에서만 끌어당기는 것으로 생각하면 된다.

이번에는 우측의 에지 제약을 끊어 양옆의 중심 제약도 해제하자. 이렇게 하면 좌측과 상단에서 끌어
당기는 모양이 된다.

```
<TextView
   android:layout_width="wrap_content"
   android:layout_height="wrap_content"
   android:text="안녕 텍스트 뷰"
   app:layout_constraintStart_toStartOf="parent"
   app:layout_constraintTop_toTopOf="parent" />
```

리스트 2-12 **위와 왼편만 위쪽만 에지 제약**

그림 2-12 **좌측과 상단의 에지 제약만 적용된 구성**

좌측과 상단의 에지 제약만 하면 레이아웃의 왼편과 상단에 딱 붙게 된다. 이렇게 여백 없이 붙는 레이아웃은 적절하지 않다. 심미적으로도 문제가 있으며 사용성에도 문제가 있다. 완전히 붙인 레이아웃 대신 위와 아래에 적당한 여백을 준다.

```
<TextView
    android:layout_width="wrap_content"
    android:layout_height="wrap_content"
    android:layout_margin="30dp"
    android:text="Hello World!"
    app:layout_constraintStart_toStartOf="parent"
    app:layout_constraintTop_toTopOf="parent" />
```

리스트 2-13 **layout_margin을 이용하여 여백을 부여**

android:layout_margin="30dp"는 상하좌우 모두에 30dp의 여백을 부여한다.

그림 2-13 **상하좌우 모두 30dp의 여백이 추가된 레이아웃**

상하좌우 모두 같은 간격의 여백을 두는 것은 일반적이지 않다. 같은 여백을 두는게 어색하기도 하고 제약을 두지 않는 방향에 여백을 지정하는 것은 잘 작동하지 않는다. 상단의 여백을 20dp 정도, 왼쪽의 여백을 10dp 정도로 설정해본다.

```
<TextView
    android:layout_width="wrap_content"
    android:layout_height="wrap_content"
    android:layout_marginStart="10dp"
    android:layout_marginTop="20dp"
    android:text="Hello World!"
    app:layout_constraintStart_toStartOf="parent"
    app:layout_constraintTop_toTopOf="parent" />
```

리스트 2-14 **위와 아래에 여백을 부가한 레이아웃 코드**

그림 2-14 **상단 20dp, 왼편 10dp가 적용된 레이아웃**

상하좌우 4방향 모두 각각 마진을 줄 수 있다.

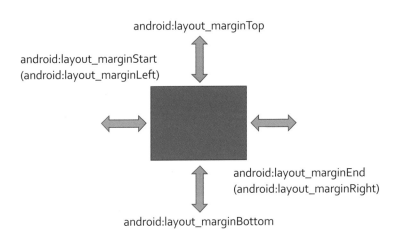

그림 2-15 **상하좌우 각각 다른 방향으로 적용되는 마진**

마진의 상하가 android:layout_marginTop, android:layout_marginBottm인 것은 각각 Top과 Bottom으로 지정된 것이니 직관적이다.

반면에 좌우 여백이 android:layout_marginStart와 android:layout_marginEnd를 쓰는 것은 직관적이지 않다. 한때는 Left와 Right라는 단어를 주로 사용했으며 android:layout_marginLeft와 android:layout_marginRight도 여전히 존재한다.

하지만 현재 구글은 Left와 Right 대신 Start와 End를 사용하는 것을 권장한다. 이 표기가 여러 문화권을 포용할 수 있기 때문이다.

Left-to-Right 환경

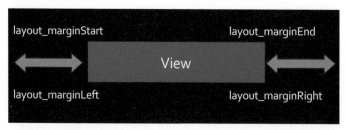

Right-to-Left 환경

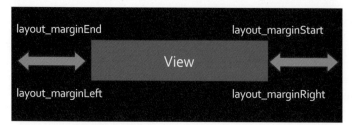

그림 2-16 **LTR 환경과 RTL 환경에서 Start, End가 동작하는 방식**

android:layout_marginLeft를 쓰면 항상 왼쪽에서부터 여백을 두지만 android:layout_marginStart를 사용했을 경우에는 한국과 같이 글자를 왼쪽에서 오른쪽으로 쓰는 환경에서는 Start와 Left가 동일하게 동작한다.

반면 글자를 오른쪽에서부터 왼쪽으로 쓰는 환경(RTL, Right to Left)에서는 오른쪽에 여백이 들어가고 그 다음에 오른쪽에서 왼쪽으로 글자가 시작한다.

구글은 왼쪽, 오른쪽이라는 조금은 직관적인 단어를 포기한 대신 시작과 끝이라는 추상화된 개념으로 여러 문화권을 응원한다. 이 책에서도 가급적이면 Left, Right 대신 Start, End를 사용한다. 최소의 수정으로 여러 국가를 지원할 수 있기 때문에 앱의 시장성에서도 그리고 여러 문화에 대한 접근성의 보장에서도 유리하다는 생각이다. 앞으로 Start, End가 들어가 있는 속성을 보았다면 그 자리에 Left나 Right를 적어도 대부분 잘 돌아갈 것이다.

처음으로 추가할 컨트롤은 클릭을 할 수 있는 버튼이다.

그림 2-17 버튼

버튼을 통해 앱과 상호 작용을 할 수 있다.

2.2.1 버튼 배치

버튼을 배치하기 위해 레이아웃을 다음과 같이 변경해보자.

```xml
<?xml version="1.0" encoding="utf-8"?>
<androidx.constraintlayout.widget.ConstraintLayout
    xmlns:android="http://schemas.android.com/apk/res/android"
    xmlns:app="http://schemas.android.com/apk/res-auto"
    xmlns:tools="http://schemas.android.com/tools"
    android:layout_width="match_parent"
    android:layout_height="match_parent"
    android:paddingStart="@dimen/activity_horizontal_margin"
    android:paddingTop="@dimen/activity_vertical_margin"
    android:paddingEnd="@dimen/activity_horizontal_margin"
    android:paddingBottom="@dimen/activity_vertical_margin"
    tools:context=".MainActivity">

    <TextView
        android:id="@+id/text" - (1)
        android:layout_width="wrap_content"
        android:layout_height="wrap_content"
        android:text="Hello World!"
        app:layout_constraintStart_toStartOf="parent"
        app:layout_constraintTop_toTopOf="parent" />
```

```
<Button
    android:id="@+id/button"
    android:layout_width="0dp"
    android:layout_height="wrap_content"
    android:text="Click!"
    app:layout_constraintEnd_toEndOf="parent"
    app:layout_constraintStart_toStartOf="parent"
    app:layout_constraintTop_toBottomOf="@+id/text" />

</androidx.constraintlayout.widget.ConstraintLayout>
```

리스트 2-15 **버튼 레이아웃 코드**

(1) 텍스트 뷰를 살펴보면 한 가지 추가된 속성 android:id="@+id/text"가 있는 것을 볼 수 있다.

```
<TextView
    android:id="@+id/text"
    ...
```

리스트 2-16 **ID가 지정된 TextView**

android:id 속성을 설정하여 뷰의 아이디를 지정할 수 있다. id를 만들 때는 @+id/를 앞에 붙인다. id 가 기존에 없었기 때문에 @id/text라 적을 수 없다. 아이디를 text로 만들고 싶다면 @+id/text라 적는 다. 만약 아이디를 button으로 만들고 싶다면 @+id/button으로 지정하는 식이다.

그리고 Button을 TextView 다음에 추가했다.

```
<Button
    ...
    app:layout_constraintTop_toBottomOf="@id/text" />
```

리스트 2-17 **아이디를 이용해서 뷰 아래에 배치**

app:layout_constraintTop_toBottomOf를 이용해서 이 버튼이 text 아이디를 가지는 뷰 아래 위치하 게 하였다. 값을 parent가 아니라 @id/text로 지정하여 방금 만든 TextView를 기준으로 한 점에 주목 하자. app:layout_constraint〈소스〉_toBottom〈타깃〉of의 대상은 부모(parent로 지정)이거나 다른 뷰 (해당 뷰의 아이디로 지정)이다.

```
app:layout_constraintEnd_toEndOf="parent"
app:layout_constraintStart_toStartOf="parent"
```

리스트 2-18 **좌우로 붙게 Start와 End 제약**

app:layout_constraintStart_toStartOf="parent"를 통해 뷰의 시작^{Start}이 부모 뷰의 시작^{Start}으로 연결되고 app:layout_constraintEnd_toEndOf="parent"를 통해 뷰의 끝^{End}이 부모 뷰의 끝^{End}으로 연결된다.

뷰의 너비는 android:layout_width="0dp"로 설정되어 있다. 뷰가 양 옆으로 연결되어^{chain} 있다면 양 옆으로 늘어나서 꽉 채우게 된다.

```
<androidx.constraintlayout.widget.ConstraintLayout
  …
  android:paddingEnd="@dimen/activity_horizontal_margin"
  android:paddingStart="@dimen/activity_horizontal_margin">

  …

  <Button
    …
    android:layout_width="0dp"
    app:layout_constraintEnd_toEndOf="parent"
    app:layout_constraintStart_toStartOf="parent"/>
</androidx.constraintlayout.widget.ConstraintLayout>
```

리스트 2-19 **뷰의 크기, 양 옆의 제약과 상위 뷰만 남겨둔 레이아웃 코드**

상위 뷰인 ConstraintLayout을 살펴보면 좌우 패딩^{padding}이 지정되어 있고 이 크기는 둘 다 @dimen/activity_horizontal_margin으로 지정되어 있다. 이 값은 res/values/dimens.xml 파일에 있으며 다음과 같이 16dp로 지정되어 있다.

```
<resources>
  <!-- Default screen margins, per the Android Design guidelines. -->
  <dimen name="activity_horizontal_margin">16dp</dimen> // 16dp로 지정
  <dimen name="activity_vertical_margin">16dp</dimen>
</resources>
```

리스트 2-20 **@dimen/activity_horizontal_margin이 16dp로 지정**

패딩은 안으로 얼마나 공간을 줄지를 의미하고, 마진은 밖으로 얼마나 공간을 두어 띄울지를 의미한다.

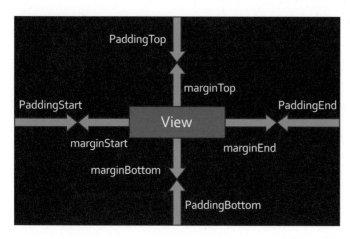

그림 2-18 **컨테이너의 패딩과 내부 뷰의 마진**

View에 연결된 마진margin은 부모나 다른 요소로부터 얼마나 떨어져야 하는지 결정하는 것인 반면 패딩 padding은 부모가 자식들과 최소한 얼마나 떨어져야 하는지를 지정하는 것이다.

따라서 개별 뷰는 다른 뷰와 마진으로만 떨어질 수 있고, 패딩 값만 가지고 부모로부터 떨어지기도 하고, 부모의 패딩값과 마진 값을 합친 만큼 떨어지기도 한다.

이 내용과 같이 정의된 뷰는 다음과 같이 표시된다.

그림 2-19 TextView와 Button의 연속적인 배치

레이아웃 구성을 자세히 알기 위해 도식화해보자.

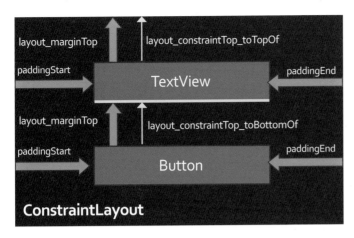

그림 2-20 **도식으로 정리된 구성**

TextView는 layout_constraintTop_toTopOf로 TextView의 윗면이 부모^{parent}인 ConstraintLyaout의 윗면에 딱 붙으러 이동한다.

TextView의 너비와 높이 모두 wrap_content로 지정했기 때문에 내용을 표현할 수 있을 만한 크기만큼만 소비한다.

layout_marginTop이 설정되어 있기 때문에 위에 딱 붙을 수는 없고, 그 여백만큼 떨어지게 된다. 또한 paddingStart와 paddingEnd 때문에 좌우로도 여백이 생긴다.

Button이 layout_constraintTop_toBottomOf를 사용하여 TextView에 연결했기 때문에 Button의 윗면이 TextView의 아랫면에 붙으러 이동한다. 하지만 layout_marginTop으로 여백이 지정되어 있기 때문에 그만큼은 여백을 가져야 한다.

Button의 제약은 상단으로 TextView를 향해서만 붙어 있지만 Button에는 좌우에 여백이 있기 때문에 ConstraintLayoutView의 기준으로 적당히 좌우에 여백을 두고 배치된다.

Button의 너비가 "0dp"로 지정되어 있고 좌우에 연결되어 있기 때문에 Button은 다른 제약이 없는 한 ConstraintLayout의 가로 폭만큼 자신의 폭을 넓힌다. 좌우 여백이 설정되어 있기 때문에 그만큼은 비워 둔 채 채운다. 높이는 wrap_content로 지정되었기 때문에 적당히 버튼을 표현할 정도로만 표현된다.

2.2.2 버튼에 이벤트 추가하기

이제 배치된 버튼을 활용해 보자. 배치된 버튼을 다룰 코드를 추가하기 위해 MainActivity를 수정한다. 코틀린의 경우 MainActivity.kt, 자바의 경우에는 MainActivity.java 파일을 편집한다. 다음의 리스트는 파일의 내용 중 일부만 표시한 것이다.

```kotlin
override fun onCreate(savedInstanceState: Bundle?){
  super.onCreate(savedInstanceState)  (1)
  setContentView(R.layout.activity_main)  (2)
}
```
코틀린

- -

```java
@Override
protected void onCreate(Bundle savedInstanceState){
  super.onCreate(savedInstanceState);  (1)
  setContentView(R.layout.activity_main);  (2)
}
```
자바

리스트 2-21 **MainActivity의 onCreate 코드**

버튼에 대한 코드를 onCreate 메서드에 추가한다. onCreate는 안드로이드 앱의 액티비티가 수행될 때 가장 먼저 호출되는 메서드로 액티비티의 초기화를 담당한다.

(1) super.onCreate(savedInstanceState)는 상위 클래스의 기본동작을 호출하는 것이다.
(2) setContentView(R.layout.activity_main)는 액티비티를 위한 뷰를 설정한다.
  뷰로 R.layout.activity_main을 지정했는데 R은 안드로이드 앱을 위해 생성되는 패키지로 리소스를 위한 것이다. 레이아웃을 위한 레이아웃들은 R.layout 안에 위치하고 있다. activity_main.xml 파일로 저장한 레이아웃은 R.layout.activity_main 클래스로 표현된다.

이제 버튼을 위한 코드들을 추가해보자. XML 파일로 구성된 레이아웃에 있던 버튼을 코드와 잇기 위해 사용하는 메서드는 findViewById다.

```kotlin
override fun onCreate(savedInstanceState: Bundle?){
  super.onCreate(savedInstanceState)
  setContentView(R.layout.activity_main)
  val button = findViewById<Button>(R.id.button)
}
```
코틀린

```java
@Override
protected void onCreate(Bundle savedInstanceState){
  super.onCreate(savedInstanceState);
  setContentView(R.layout.activity_main);
  Button button = findViewById(R.id.button);
}
```
자바

리스트 2-22 findViewById를 이용해서 뷰를 연결

코틀린 코드에서는 val button으로 변수 정의 시 타입을 알려주지 않았기 때문에 findViewById ⟨Button⟩의 식으로 형을 메서드 호출 시 알려준다. 자바 코드에서는 변수 타입을 처음부터 지정했기 때문에 그냥 대입하면 된다.

예전에는 findViewById가 View를 반환했기 때문에 캐스팅이 필수적이었으나 요즘은 제너릭 객체를 반환하기 때문에 더 이상 그런 수고는 하지 않아도 된다. 구글은 findViewById가 부모 객체인 View 대신 적절한 객체를 반환하도록 구글 IO 17부터 변경하였다.

findViewById는 setContentView로 뷰가 등록된 이후에 사용할 수 있으니 순서를 주의해야 한다. Button 객체를 사용하기 위해 import 라인도 상단에 추가되어야 한다.

```kotlin
import android.widget.Button
```
코틀린

```java
import android.widget.Button;
```
자바

리스트 2-23 import 추가

import를 추가하기 위해서는 직접 타이핑하는 방법도 있겠지만 Button 객체 위에 커서를 올린 후 Control + Enter를 눌러 자동으로 추가하는 것이 편하다. (단축키는 윈도즈 운영체제 기준이다. 맥의 OS X 운영체제를 사용하는 경우에는 Command + Enter를 눌러야 한다.)

이제 Button 객체를 활용해서 클릭 이벤트 처리를 해보자.

```kotlin
override fun onCreate(savedInstanceState: Bundle?) {
  super.onCreate(savedInstanceState)
  setContentView(R.layout.activity_main)
  val button = findViewById(Button)(R.id.button)
  button.setOnClickListener(object: View.OnClickListener {
    override fun onClick(view: View?) {
    }
  })
}
```
코틀린

```java
@Override
protected void onCreate(Bundle savedInstanceState) {
  super.onCreate(savedInstanceState);
  setContentView(R.layout.activity_main);
  Button button = findViewById(R.id.button);
  button.setOnClickListener(new View.OnClickListener() {
    @Override
    public void onClick(View v) {
    }
  });
}
```
자바

리스트 2-24 **클릭 이벤트 처리를 위해 OnClickListener 추가**

간편하게 기존의 클래스를 확장하거나 인터페이스를 구현할 때, 별도로 명칭있는 클래스를 만드는 대신 익명 클래스를 만드는 경우가 많다. 특히 간단한 리스너나 핸들러를 만들어 바로 설정하는 경우에는 일반적으로 익명 클래스를 사용한다. 익명 클래스를 만들기 위한 문법이 코틀린과 자바가 조금 다른데, 그 차이를 살펴보자.

```kotlin
object: View.OnClickListener {
}
```
코틀린

```java
new View.OnClickListener() {
}
```
자바

리스트 2-25 **익명 클래스를 만드는 코틀린과 자바의 문법 차이**

setOnClickListener는 클릭 이벤트를 처리해주는 메서드로 OnClickListener 객체를 파라미터로 받는다. 앞의 코드는 이벤트 처리용 코드만 등록하고 실제로 아무런 동작을 하지 않는 코드이다. 화면에 무언가 변화를 주기 위해서 다음과 같이 코드를 바꿔본다.

```kotlin
override fun onCreate(savedInstanceState: Bundle?) {
    super.onCreate(savedInstanceState)
    setContentView(R.layout.activity_main)
    val button = findViewById(Button)(R.id.button)
    button.setOnClickListener(object: View.OnClickListener {
        override fun onClick(view: View?) {
            Toast.makeText(this@MainActivity, "Hello World", Toast.LENGTH_SHORT).show()
        }
    })
}
```
코틀린

```java
@Override
protected void onCreate(Bundle savedInstanceState) {
    super.onCreate(savedInstanceState);
    setContentView(R.layout.activity_main);
    Button button = findViewById(R.id.button);
    button.setOnClickListener(new View.OnClickListener() {
        @Override
        public void onClick(View v) {
            Toast.makeText(MainActivity.this, "Hello World", Toast.LENGTH_SHORT).show();
        }
    });
}
```
자바

리스트 2-26 OnClickListener 구현

이 코드를 실행하고 버튼을 눌렀을 때 화면은 다음과 같다.

화면 하단에 납작하고 둥근 회색 바탕의 텍스트가 생성되는데, 이를 토스트라 부른다. 간단한 테스트에 용이하다.

그림 2-21 **버튼 클릭에 의해 토스트가 뜬 화면**

Toast를 사용하기 위해서는 두 가지 절차를 거친다.

(1) Toast.makeText 정적 메서드를 사용하여 Toast 인스턴스를 생성한다.

(2) 생성된 Toast 인스턴스에 show 메서드를 호출하여 화면에 표시한다. (show 메서드를 호출하는 것을 잊지 말자.)

Toast.makeText의 세 가지 인자부터 살펴본다.

```
Toast.makeText(this@MainActivity, "Hello World", Toast.LENGTH_SHORT).show()
코틀린
```
```
Toast.makeText(MainActivity.this, "Hello World", Toast.LENGTH_SHORT).show();
자바
```

리스트 2-27 **토스트 표출 코드**

첫 번째 인자는 Context를 전달해야 한다. Context는 안드로이드에서 애플리케이션 환경을 가진 추상 클래스로 많은 주요 클래스들이 상속받고 있다. 자주 접하는 Context의 자식으로는 Activity 클래스가 있다. 여기에선 MainActivity를 전달하자.

이 메서드 호출이 현재 View.OnClickListener 객체로 만든 익명 객체 안에 있기 때문에 this는 Main-Activity가 아닌 View.OnClickListener가 된다. View.OnClickListener 밖의 액티비티를 지정하기 위해 MainActivity의 this로 지정했다. 코틀린에서는 this@MainActivity의 형태로 @를 붙이고 뒤에 클래스명을 붙인다. 자바에서는 MainActivity.this 형태로 클래스명을 앞에 붙이고 뒤에 this를 붙인다.

두 번째 인자에는 우리가 출력하고 싶은 문자열을 포함한다. Hello World 문자열을 포함했는데 다른 문자열을 넣어서도 테스트해보자.

세 번째 인자는 토스트를 얼마 동안 출력할지 의미한다. 토스트를 출력할 기간은 두 가지 중 하나를 쓸 수 있다. LENGTH_SHORT와 LENGTH_LONG이다. 전자는 짧게 표시되고 후자는 상대적으로 조금 더 길게 표시된다.

구글은 LENGTH_SHORT와 LENGTH_LONG이 얼마나 오랫동안 수행되어야 하는지 문서화하지 않았지만 현재 안드로이드 내부에는 다음과 같이 정의되어 있다.

```
private static final int LONG_DELAY = 3500; // 3.5 seconds
private static final int SHORT_DELAY = 2000; // 2 seconds
```

리스트 2-28 **토스트 표출 코드**

내부적으로 LENGTH_LONG을 3.5초, LENGTH_SHORT를 2초로 처리한다.

2.2.3 람다 적용하기

자바 월드에서는 함수를 정의해서 다른 메서드나 생성자의 인자로 넘기기 어렵기 때문에 메서드가 한 개로 구성된 클래스나 인터페이스를 자주 사용했다. 클래스의 동작을 메서드 한 개로 된 클래스/인터페이스를 전달하기로 약속하고 익명 클래스 상속을 통해 원하는 동작을 전달한다. 이 전달된 동작은 특정 상황에서 어떻게 동작해야 하는지 로직을 담기도 하며, 이벤트 핸들러 등을 담기도 한다.

이렇게 메서드 하나만 있는 클래스나 인터페이스를 SAM(단일 추상 메서드, Single Abstract Method)이라 부른다.

앞서 작업했던 OnClickListener를 다시 살펴보자.

```
object: View.OnClickListener{
    override fun onClick(v: View?){
    }
}
코틀린
```

```
new View.OnClickListener(){
  @Override
  public void onClick(View v){
  }
}
```
자바

리스트 2-29 **SAM의 예**

뷰가 클릭되었을 때 처리하기 위한 onClick 메서드 하나를 가지는 구성으로 전형적인 SAM이다. 의미 있는 부분이 메서드에만 존재하는데 클래스 하나를 구현해야 하기 때문에 코딩 분량이 늘어나 코드가 번잡해지며 유지보수가 힘들다. 자바 1.7 버전까지에서는 언어의 한계로 SAM이 지나치게 많이 쓰였다.

이 문제를 해결하기 위해 자바 1.8과 코틀린에는 람다가 도입되었다. 코틀린에서는 아무런 설정 없이 람다를 바로 쓸 수 있고 자바는 자바 1.8 버전을 쓰겠다는 설정을 추가해야 한다.

자바에서 람다를 사용하기 위해서는 app/build.gradle의 android 섹션에 다음의 내용을 추가한다.

```
android{
  …
  compileOptions{
    sourceCompatibility JavaVersion.VERSION_1_8
    targetCompatibility JavaVersion.VERSION_1_8
  }
}
```

리스트 2-30 **자바 1.8 버전으로 설정한 app/build.gradle**

소스 호환성^{sourceCompatibility}과 타깃 호환성^{targetCompatibility}을 모두 자바 1.8 버전으로 설정했다. 소스 호환성은 자바 소스 코드(java 확장자)를 1.8 버전으로 사용하겠다는 의미이며 타깃 호환성은 바이트 코드를 담은 클래스 파일(class 확장자)을 1.8 버전으로 사용하겠다는 것이다.

코틀린에서는 람다가 기본 사항이기 때문에 특별히 설정할 필요가 없다. 코틀린은 람다가 들어간 코드를 초기부터 지원했고, 컴파일된 결과물 역시 자바 1.8 이상일 필요가 없다.

이제 버튼 이벤트를 위한 코드를 람다로 변경해본다.

```kotlin
button.setOnClickListener {
    Toast.makeText(this@MainActivity, "Hello World", Toast.LENGTH_SHORT).show()
}
```
코틀린

```java
button.setOnClickListener(v ->){
    Toast.makeText(MainActivity.this, "Hello World", Toast.LENGTH_SHORT).show();
});
```
자바

리스트 2-31 **람다로 변경한 이벤트 핸들링 코드**

SAM이 람다로 변경될 때는 메서드의 파라미터만 남는다. SAM이 메서드 하나만 포함하는 클래스이기 때문에 의미 있는 메서드의 몸통만 남기는 것이다. 다음은 몸통만 남긴 모습이다.

```kotlin
button.setOnClickListener({ v: View?->
    Toast.makeText(this@MainActivity, "Hello World", Toast.LENGTH_SHORT).show()
})
```
코틀린

```java
button.setOnClickListener((View v) ->){
    Toast.makeText(MainActivity.this, "Hello World", Toast.LENGTH_SHORT).show();
});
```
자바

리스트 2-32 **람다만 적용한 코드**

자바와 코틀린 모두 SAM 메서드의 타입을 알고 있기 때문에 생략하는 것을 허용한다.

```kotlin
button.setOnClickListener({ v ->
    Toast.makeText(this@MainActivity, "Hello World", Toast.LENGTH_SHORT).show()
})
```
코틀린

```java
button.setOnClickListener(v ->){
    Toast.makeText(MainActivity.this, "Hello World", Toast.LENGTH_SHORT).show();
});
```
자바

리스트 2-33 **람다에서 타입을 제거한 코드**

자바 버전에서 (v) 대신에 v만 쓴 것을 확인할 수 있다.

코틀린 버전에서는 인자가 하나면 생략할 수 있다.

```
button.setOnClickListener({
    Toast.makeText(this@MainActivity, "Hello World", Toast.LENGTH_SHORT).show()
})
```

리스트 2-34 **인자를 생략한 코틀린 버전**

인자를 생략할 경우 인자의 이름을 암묵적으로 it으로 설정한다. 이 특성은 매우 편한데 인자를 적지 않고 it으로 가져다 쓸 수 있기 때문이다.

코틀린의 메서드 인자가 람다밖에 없는 경우 괄호를 생략할 수 있다. setOnClickListener는 괄호 없이 바로 중괄호로 받을 수 있다.

```
button.setOnClickListener {
    Toast.makeText(this@MainActivity, "Hello World", Toast.LENGTH_SHORT).show()
}
```

리스트 2-35 **괄호를 생략한 코틀린 람다**

자바는 코틀린만큼 유연하지 않지만 중괄호가 들어가는 코드 블록 대신 식(Expression)으로 람다를 사용할 수 있다.

```
button.setOnClickListener(v ->
    Toast.makeText(MainActivity.this, "Hello World", Toast.LENGTH_SHORT).show());
```

리스트 2-36 **식(Expression) 형태의 자바 람다**

식으로 람다를 사용했기 때문에 Toast.makeText는 세미콜론 없이 사용된다.

앞으로의 이 책의 내용은 가능한 한 SAM 대신 람다로 대체해 진행한다. 자바 1.8이 출시된 것이 2014년이므로 (현재 기준에서) 더 이상 낡은 방식으로 코딩하지는 말자. 좋은 경험과 함께하기에도 인생은 짧다.

SAM을 람다로 바꾸기 위해 애를 쓸 필요는 없다. 안드로이드 스튜디오에는 SAM을 람다로 바꾸어 주는 기능이 있다. SAM에서 ALT + Enter(맥에서는 Option + Enter)를 누른다.

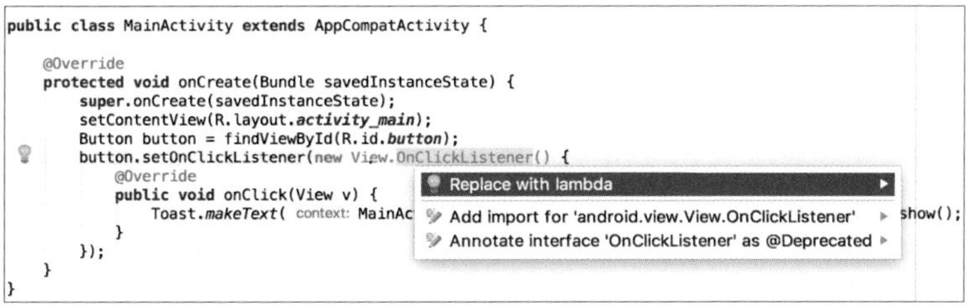

```
public class MainActivity extends AppCompatActivity {

    @Override
    protected void onCreate(Bundle savedInstanceState) {
        super.onCreate(savedInstanceState);
        setContentView(R.layout.activity_main);
        Button button = findViewById(R.id.button);
        button.setOnClickListener(new View.OnClickListener() {
            @Override
            public void onClick(View v) {
                Toast.makeText( context: MainAc                    show();
            }
        });
    }
}
```

```
Replace with lambda                                    ▶
Add import for 'android.view.View.OnClickListener'  ▶
Annotate interface 'OnClickListener' as @Deprecated ▶
```

그림 2-22 **람다로 바꾸는 메뉴**

문맥 메뉴가 〈그림 2-22〉와 같이 뜨면 Replace with lambda를 눌러 람다로 바꾼다. 안드로이드 스튜디오에서는 람다를 사용한 더 나은 코드로 쉽게 만들 수 있다.

만약 이 기능이 작동되지 않는다면 자바의 경우 소스와 타깃이 1.7이 아닌 경우이다.

그럴 경우 〈리스트 2-30〉으로 돌아가 설정을 추가한다.

2.3 에디트 텍스트

이제 사용자 입력을 다루어 보자. 사용자가 글을 입력할 수 있는 에디트 텍스트다.

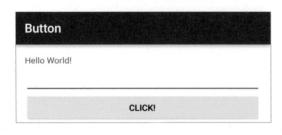

그림 2-23 **에디트 텍스트**

에디트 텍스트는 사용자가 글을 입력할 수 있게 공간을 제공한다. 〈그림 2-23〉에서 사용자가 입력할 수 있도록 선이 그어져 있는 것을 볼 수 있다.

2.3.1 에디트 텍스트 배치

레이아웃을 위한 activity_main.xml 파일을 다음과 같이 수정하자.

```xml
<?xml version="1.0" encoding="utf-8"?>
<androidx.constraintlayout.widget.ConstraintLayout
    xmlns:android="http://schemas.android.com/apk/res/android"
    xmlns:app="http://schemas.android.com/apk/res-auto"
    xmlns:tools="http://schemas.android.com/tools"
    android:layout_width="match_parent"
    android:layout_height="match_parent"
    android:paddingBottom="@dimen/activity_vertical_margin"
    android:paddingEnd="@dimen/activity_horizontal_margin"
    android:paddingStart="@dimen/activity_horizontal_margin"
    android:paddingTop="@dimen/activity_vertical_margin"
    tools:context=".MainActivity">

    <TextView
        android:id="@+id/text"
        android:layout_width="0dp"
        android:layout_height="wrap_content"
        android:text="Hello World!"
```

```xml
        app:layout_constraintEnd_toEndOf="parent"
        app:layout_constraintStart_toStartOf="parent"
        app:layout_constraintTop_toTopOf="parent" />

    <EditText
        android:id="@+id/editText"
        android:layout_width="0dp"
        android:layout_height="wrap_content"
        app:layout_constraintEnd_toEndOf="parent"
        app:layout_constraintStart_toStartOf="parent"
        app:layout_constraintTop_toBottomOf="@id/text" />

    <Button
        android:id="@+id/button"
        android:layout_width="0dp"
        android:layout_height="wrap_content"
        android:text="Click!"
        app:layout_constraintEnd_toEndOf="parent"
        app:layout_constraintStart_toStartOf="parent"
        app:layout_constraintTop_toBottomOf="@id/editText" />
</androidx.constraintlayout.widget.ConstraintLayout>
```

리스트 2-37 에디트 텍스트가 배치된 activity_main.xml

EditText 코드 부분이 추가되었다.

이제 자세한 내용을 하나씩 살펴보자. 참고해야 할 부분은 ConstraintLayout 안에 배열된 3개의 뷰다.

```xml
<TextView
    android:id="@+id/text"
    android:layout_width="0dp"
    android:layout_height="wrap_content"
    android:text="Hello World!"
    app:layout_constraintEnd_toEndOf="parent"
    app:layout_constraintStart_toStartOf="parent"
    app:layout_constraintTop_toTopOf="parent" />

<EditText
    android:id="@+id/editText"
    android:layout_width="0dp"
    android:layout_height="wrap_content"
    app:layout_constraintEnd_toEndOf="parent"
```

```
    app:layout_constraintStart_toStartOf="parent"
    app:layout_constraintTop_toBottomOf="@id/text" />
〈Button
    android:id="@+id/button"
    android:layout_width="0dp"
    android:layout_height="wrap_content"
    android:text="Click!"
    app:layout_constraintEnd_toEndOf="parent"
    app:layout_constraintStart_toStartOf="parent"
    app:layout_constraintTop_toBottomOf="@id/editText" />
```

리스트 2-38 **ConstraintLayout 안에 추가된 뷰**

새롭게 추가된 뷰 EditText를 먼저 살펴보고 다른 요소들에 변경점이 있는지 살펴보자.

```
〈EditText
    android:id="@+id/editText"  (1)
    android:layout_width="0dp"  (2)
    android:layout_height="wrap_content"  (3)
    app:layout_constraintEnd_toEndOf="parent"  (4)
    app:layout_constraintStart_toStartOf="parent"
    app:layout_constraintTop_toBottomOf="@id/text" />  (5)
```

리스트 2-39 **추가된 EditText**

EditText를 위해 필요한 속성도 이전에 본 TextView나 Button과 별반 다르지는 않다.

```
android:id="@+id/editText"  (1)
```

리스트 2-40 **아이디 지정**

(1) android:id="@+id/editText" – 아이디(android:id)를 @+id/editText로 만들었다.
   이 요소는 R.id.editText(자바/코틀린 코드에서)나 @id/editText(XML 레이아웃에서)로 참조할 수 있다.

```
android:layout_width="0dp"  (2)
```

리스트 2-41 **너비 지정**

(2) android:layout_width="0dp" 너비(android:layout_width)는 0dp로 지정되어 있다. 이 뷰의 좌우가 다른 곳에 연결(chain)되어 있다면 연결 대상까지 최대한 늘려서 뷰를 그리게 된다. 여기에서는 Start와 End가 모두 부모에게 연결되어 있으니 여백을 제외하고 가능한 한 부모의 너비에 맞추어 확장하게 된다.

(3) android:layout_height="wrap_content" 높이(android:layout_height)는 콘텐트의 크기에 따라 배치된다.

(4) app:layout_constraintStart_toStartOf="parent", app:layout_constraintEnd_toEndOf="parent" 시작(Start)와 끝(End) 모두 부모(parent)의 시작(Start)과 끝(End)에 연결되어 있다. 따라서 뷰는 가능한 한 부모 뷰의 시작과 끝에 맞추어 배치되게 된다. 뷰의 너비가 작다면 양쪽에 연결되었기 때문에 가운데 정렬로 배치되며 뷰의 너비가 0dp로 되어 있다면 양옆에 연결되기 위해 뷰를 가능한 한 최대로 늘리게 된다.

(5) app:layout_constraintTop_toBottomOf EditText의 상단(Top)이 text(@id/text) 아이디를 가진 TextView의 하단(Bottom)에 연결된다.

EditText가 변경됨에 따라 Button의 내용도 변경하였다.

```
<Button
    android:id="@+id/button"
    android:layout_width="0dp"  (1)
    android:layout_height="wrap_content"
    android:text="Click!"
    app:layout_constraintEnd_toEndOf="parent"  (2)
    app:layout_constraintStart_toStartOf="parent"  (2)
    app:layout_constraintTop_toBottomOf="@id/editText" />
```

리스트 2-42 **EditText 추가에 따라 변경된 Button의 변경**

(1) android:layout_width가 0dp로 설정되어 있다. ConstraintLayout 안에서 layout_width가 0dp이기 때문에 이 Button의 너비 역시 가능한 한 넓게 채운다.

(2) app:layout_constraintEnd_toEndOf가 parent(부모)로 설정되었기 때문에 이 Button의 끝(한국어 환경에서는 오른쪽)은 부모의 끝으로 이어지고, app:layout_constraintStart_toStartOf 역시 부모이기 때문에 시작점(한국어 환경에서는 왼쪽)도 부모의 시작으로 이어진다. Button에서 constraint 제약으로 연결된 대상이 부모의 시작과 끝이라 너비를 가능한 부모의 시작과 끝만큼 채우려고 시도한다. 하지만 부모가 패딩 값을 가지고 있기 때문에 그 부분 만큼 채울 수 없기 때문에 너비를 완전히 동일하게 할 순 없다.

부모는 android：paddingEnd="@dimen/activity_horizontal_margin"이고 android：paddingStart= "@dimen/activity_horizontal_margin"으로 패딩을 가지고 있다. 다시 상기해보면 패딩은 모두 @dimen/activity_horizontal_margin으로 지정되어 있다. 이 값은 res/values/dimens.xml 파일에 있으며 16dp로 지정되어 있다. 즉, 좌우로 16dp가 띄워진 채 Button이 그려진다.

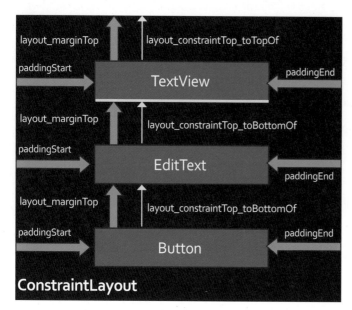

그림 2-24
세 뷰와 컨스트레인트 레이아웃의 관계

세 뷰와 컨스트레인트 레이아웃이 제약(layout_constraintXXX_toYYYOf)으로 이어지고 패딩과 마진으로 배치된 형태는 〈그림 2-24〉와 같다.

배치를 완료한 후 실행해보면 다음과 같은 모양이다.

그림 2-25 에디트 텍스트 예제

2.3.2 에디트 텍스트의 값을 가져오기

에디트 텍스트는 사용자가 내용을 바꿀 수 있는 뷰이다. 사용자가 편집한 값을 가져와서 사용할 수 있다면 유용하게 활용할 수 있다. 먼저 코틀린/자바 수준에서 EditText 객체를 참조하고 거기에서 값을 가져와보자. 다음은 버튼을 눌렀을 때 에디트 텍스트의 값을 가져와 Toast로 출력하는 예제이다.

```kotlin
class MainActivity : AppCompatActivity() {

  private var editText: EditText? = null  (1)

  override fun onCreate(savedInstanceState: Bundle?) {
    super.onCreate(savedInstanceState)
    setContentView(R.layout.activity_main)

    editText = findViewById(R.id.editText)  (2)

    val button = findViewById<Button>(R.id.button)

    button.setOnClickListener {  (3)
      Toast.makeText(this@MainActivity, editText?.text.toString(),
Toast.LENGTH_SHORT).show();
    }
  }
}
```
코틀린

```java
public class MainActivity extends AppCompatActivity {

  private EditText editText;  (1)

  @Override
  protected void onCreate(Bundle savedInstanceState) {
    super.onCreate(savedInstanceState);
    setContentView(R.layout.activity_main);

    editText = findViewById(R.id.editText);  (2)

    Button button = findViewById(R.id.button);
    button.setOnClickListener(v -> Toast.makeText(MainActivity.this, editText.get
Text().toString(), Toast.LENGTH_SHORT).show());  (3)
  }
}
```
자바

리스트 2-43 **토스트를 출력하도록 수정된 코드**

```kotlin
class MainActivity : AppCompatActivity() {

  private var editText: EditText? = null
  …
}
```
코틀린

```java
public class MainActivity extends AppCompatActivity {

  private EditText editText;
  …
}
```
자바

리스트 2-44 **필드 EditText 정의**

(2) 클래스의 필드로 editText를 선언했다. 다음으로 editText의 초기화가 필요하다.

```kotlin
override fun onCreate(savedInstanceState: Bundle?) {
  super.onCreate(savedInstanceState)
  setContentView(R.layout.activity_main)

  editText = findViewById(R.id.editText)
  …
  }
}
```
코틀린

```
@Override
protected void onCreate(Bundle savedInstanceState){
    super.onCreate(savedInstanceState);
    setContentView(R.layout.activity_main);

    editText = findViewById(R.id.editText);
    …
}
```
자바

리스트 2-45 **필드 editText의 초기화**

editText 아이디를 가진 EditText를 가져오기 위해 R.id.editText 상수를 사용하여 EditText 인스턴스를 가져온다.

(3) 이제 버튼에서 editText의 내용을 가져올 수 있도록 이벤트 리스너를 설정한다.

```
button.setOnClickListener {
    Toast.makeText(this@MainActivity, editText?.text.toString(),
Toast.LENGTH_SHORT).show();
}
```
코틀린

```
button.setOnClickListener(v -> Toast.makeText(MainActivity.this,
editText.getText().toString(), Toast.LENGTH_SHORT).show());
```
자바

리스트 2-46 **editText에 이벤트 핸들러를 람다로 등록**

앞서 만든 것은 버튼을 눌렀을 때 에디트 텍스트에 있던 글을 토스트로 출력하는 예이다. 첫 번째 인자와 세 번째 인자는 앞에 다루었던 아는 내용이다. 컨텍스트를 전달하고 짧게 토스트를 보여 달라고 요청했다. 이제 두 번째 인자를 살펴보자.

```
editText?.text.toString()
```
코틀린

```
editText.getText().toString()
```
자바

리스트 2-47 **에디트 텍스트에서 텍스트 문자열 가져오기**

에디트 텍스트에서 편집 가능한 텍스트 Editable을 가져와야 한다. 코틀린에서는 text 프로퍼티로 접근하고 자바에서는 getText() 메서드를 호출해 가져온다. Editable은 텍스트의 내용을 편집할 수 있는 insert, delete, append, replace, clear 등의 다양한 메서드를 제공한다. 우리는 에디트 텍스트의 글을 편집할 필요는 없다. 필요한 것은 문자열이다. Editable에서 toString()을 호출해 문자열을 직접 얻는다.

만약 EditText에 '나이스'라고 적혀 있었다면 editText?.text.toString()(코틀린) 혹은 editText.getText ().toString()(자바)는 '나이스'라는 문자열을 반환한다.

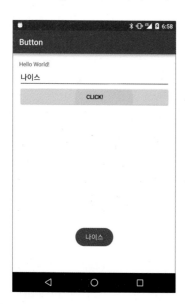

그림 2-26 **에디트 텍스트의 내용을 토스트로 출력**

2.3.3 에디트 텍스트의 값을 텍스트 뷰에 출력

토스트 대신에 다른 것도 시도해보자. 상단에 있던 TextView의 내용을 바꾸어 보면 어떨까? 먼저 TextView를 참조할 클래스 변수를 등록한다.

```
class MainActivity : AppCompatActivity() {

    private var textView: TextView? = null
    private var editText: EditText? = null
    …
}
```

코틀린

```
public class MainActivity extends AppCompatActivity {

    private TextView textView;
    private EditText editText;
    …
}
```

자바

리스트 2-48 **TextView와 EditText 필드 정의**

textView를 클래스 변수로 등록해서 TextView를 받을 수 있도록 했다. 순서는 크게 상관이 없지만 레이아웃상 TextView가 EditText보다 먼저 배치되었기 때문에 클래스 변수 순서를 같게 하였다.
다음으로 textView의 값을 초기화한다.

```
override fun onCreate(savedInstanceState: Bundle?) {
    …
    textView = findViewById(R.id.text)
    editText = findViewById(R.id.editText)
    …
}
```

코틀린

```
@Override
protected void onCreate(Bundle savedInstanceState) {
    …
    textView = findViewById(R.id.text);
    editText = findViewById(R.id.editText);
    …
}
```

자바

리스트 2-49 **textView와 editText 초기화**

findViewById에 R.id.text를 전달하여 아이디가 text인 뷰를 얻었다. 이를 textView에 대입한다.
다음으로 Button에 대한 이벤트 핸들러를 변경한다.

```kotlin
button.setOnClickListener {
    textView?.text = editText?.text.toString()
}
```
코틀린

```java
button.setOnClickListener(v -> textView.setText(editText.getText().toString()));
```
자바

리스트 2–50 Editable을 가져와 TextView에 설정하는 이벤트 핸들러

TextView의 setText() 메서드를 호출하면 텍스트뷰의 내용을 바꿀 수 있다. editText?.text.toString()(코틀린)이나 editText.getText().toString()(자바)를 호출하여 에디트 텍스트의 내용을 가져온다.

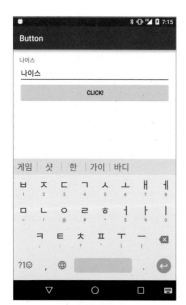

그림 2–27 에디트 텍스트 변경이 텍스트 뷰에 반영

에디트 텍스트에 나이스를 입력하고 버튼을 누르면 텍스트 뷰의 내용이 나이스로 바뀐다.

이미지 뷰는 그림을 화면에 표시할 수 있는 뷰이다.

그림 2-28 ImageView를 올린 화면

2.4.1 이미지 뷰 배치

이미지 뷰가 앱에 배치될 때 어떤 모양이 되는지 살펴보자. 레이아웃 파일을 열면 다음과 같은 코드를 볼 수 있다.

```
<?xml version="1.0" encoding="utf-8"?>
<androidx.constraintlayout.widget.ConstraintLayout xmlns:android="http://
schemas.android.com/apk/res/android"
  xmlns:app="http://schemas.android.com/apk/res-auto"
  xmlns:tools="http://schemas.android.com/tools"
  android:id="@+id/relativeLayout"
  android:layout_width="match_parent"
  android:layout_height="match_parent"
  android:paddingBottom="@dimen/activity_vertical_margin"
  android:paddingEnd="@dimen/activity_horizontal_margin"
  android:paddingStart="@dimen/activity_horizontal_margin"
  android:paddingTop="@dimen/activity_vertical_margin"
  tools:context=".MainActivity">
```

```
<ImageView
    android:id="@+id/imageView"
    android:layout_width="wrap_content"
    android:layout_height="wrap_content"
    app:layout_constraintBottom_toBottomOf="parent"
    app:layout_constraintEnd_toEndOf="parent"
    app:layout_constraintStart_toStartOf="parent"
    app:layout_constraintTop_toTopOf="parent" />
</androidx.constraintlayout.widget.ConstraintLayout>
```

리스트 2-51 **ImageView가 담긴 전체 레이아웃**

추가된 ImageView를 자세히 살펴보자.

```
<ImageView
    android:id="@+id/imageView"
    android:layout_width="wrap_content"
    android:layout_height="wrap_content"
    app:layout_constraintBottom_toBottomOf="parent"
    app:layout_constraintEnd_toEndOf="parent"
    app:layout_constraintStart_toStartOf="parent"
    app:layout_constraintTop_toTopOf="parent" />
```

리스트 2-52 **추가된 ImageView**

속성을 보면 app:layout_constraintTop_toTopOf, app:layout_constraintBottom_toBottomOf, app:layout_constraintStart_toStartOf, app:layout_constraintEnd_toEndOf가 있다. 상하좌우 모든 방향으로 parent를 향해 연결이 되어 있다. 부모가 패딩을 가지고 있기 때문에 그만큼만 제외하고 상하좌우 모두 늘려 배치된다.

2.4.2 이미지 설정

ImageView에 연결할 이미지를 등록해보자.

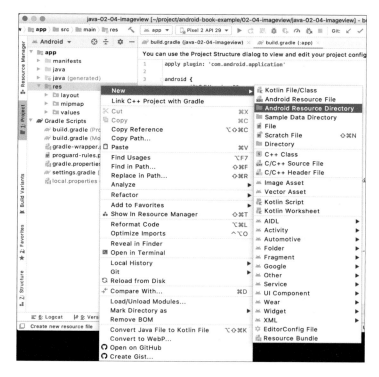

그림 2-29 Android Resoure Directory

res 디렉터리에서 우클릭 후 New, Android Resource Directory를 선택한다.

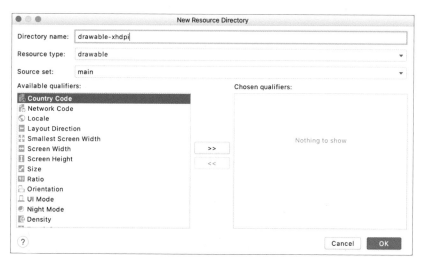

그림 2-30 drawable-xhdpi 디렉터리 생성

리소스 타입(Resource type)을 drawable로 지정하고 디렉터리 이름(Directory name)을 drawable-xhdpi로 지정한다.

안드로이드에서는 장비가 가진 점의 밀도에 따라 ldpi(~120dpi), mdpi(~160dpi), hdpi(~240dpi), xhdpi(~320dpi), xxhdpi(~480dpi), xxxhdpi(~640dpi)로 명명한다. dpi(dot per inch)는 1인치당 점의 개수로 240dpi는 1인치에 점이 240개가 들어간다는 의미가 된다.

drawable-xhdpi는 해당 디렉터리에 속해 있는 이미지 파일들을 240dpi에 맞추어 다루겠다는 의미이다. 이미지에 포함된 점들이 가로로 240개가 화면에는 가로로 1인치로 표시된다고 보면 된다.

여기에서는 sea.jpg 이미지를 이용한다. 어떤 이미지를 써도 괜찮지만 파일명은 첫 글자가 영문자로 시작해야 한다는 점에 주의하자. 만약 이름이 영문으로 시작하지 않는다면 적절한 변경이 필요하다. 이미지가 준비되었다면 프로젝트 윈도의 폴더로 드래그해서 옮긴다.

▶ 그림의 출처는 https://www.flickr.com/photos/55856449@N04/184147727200이고 CC(Attribution-ShareAlike 2.0 Generic) 라이선스에 따라 이용하였다.

그림 2-31 **이미지 추가**

OK를 누른 이후 한 번의 승낙이 더 필요하다.

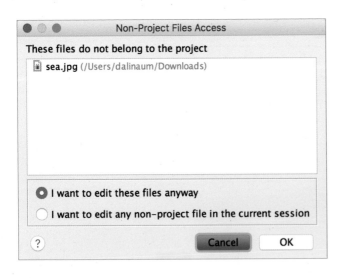

그림 2-32 **이미지 추가 승인**

이미지를 리소스 경로(res/drawable-xhdpi)에 추가하였으니 레이아웃에 반영해본다.

```
<ImageView
    android:id="@+id/imageView"
    android:layout_width="wrap_content"
    android:layout_height="wrap_content"
    android:src="@drawable/sea"
    app:layout_constraintBottom_toBottomOf="parent"
    app:layout_constraintEnd_toEndOf="parent"
    app:layout_constraintStart_toStartOf="parent"
    app:layout_constraintTop_toTopOf="parent" />
```

리스트 2–53 android:src로 @drawable/sea를 등록

추가한 한 줄은 android:src이다.

```
android:src="@drawable/sea"
```

리스트 2–54 **추가된 어트리뷰트** android:src

android:src는 ImageView에서 어떤 것이 보여야 할지를 결정한다. @drawable/sea는 res 디렉터리에 있는 drawable로 시작하는 폴더를 참조하는 것이다. 이제 앱을 수행하면 앱에 이미지가 추가된 것을 볼 수 있다.

여기까지 기본적인 컨트롤들을 다루어 봤다. 3장에서 본격적으로 레이아웃에 대해 알아본다.

레이아웃

03장 레이아웃

SUMMARY 앞장에서 안드로이드에서 널리 쓰이는 컨트롤들에 대해서 다루었다. 이 장에서 여러 컨트롤들이 안드로이드 내에서 어떻게 다양하고 유연하게 다루어지는지 살펴보자. RelativeLayout, LinearLayout, FrameLayout, GridLayout, CardView 등의 다양한 레이아웃을 다루어 본다.

3.1 RelativeLayout

첫 번째로 다루어 볼 레이아웃은 RelativeLayout이다. 이 레이아웃은 속에 포함된 컨트롤들을 상대적으로 배치한다. 2장에서 본 ConstraintLayout과 비슷한 컨셉이지만 기능에 좀 더 제약이 있다.

1장에서 다룬 hello 예제를 변형하여 RelativeLayout에 대해 살펴본다.

```
<RelativeLayout xmlns:android="http://schemas.android.com/apk/res/android"
        xmlns:tools="http://schemas.android.com/tools"
        android:layout_width="match_parent"
        android:layout_height="match_parent"
        android:paddingBottom="@dimen/activity_vertical_margin"
        android:paddingStart="@dimen/activity_horizontal_margin"
        android:paddingEnd="@dimen/activity_horizontal_margin"
        android:paddingTop="@dimen/activity_vertical_margin"
        tools:context=".MainActivity">

    <TextView
        android:layout_width="wrap_content"
        android:layout_height="wrap_content"
        android:text="@string/hello_world"/>

</RelativeLayout>
```

리스트 3-1 RealtiveLayout의 기본적인 레이아웃

3.1.1 부모에게 상대적으로 배치하기

컨트롤을 상대적으로 배치할 수 있는 RelativeLayout 안에 TextView가 있다. 여기에 속성을 추가해서 상대적인 위치를 변경해보자. 편의를 위해 RelativeLayout의 속성은 감추어 간략하게 만들었다.

```
<RelativeLayout xmlns:android="http://schemas.android.com/apk/res/android"
  ...>

  <TextView
    android:layout_width="wrap_content"
    android:layout_height="wrap_content"
    android:text="@string/hello_world"/>

</RelativeLayout>
```

리스트 3-2 **속성 변경 전의 TextView**

처음으로 추가할 것은 android:layout_alignParentBottom 속성이다.

```
<RelativeLayout xmlns:android="http://schemas.android.com/apk/res/android"
  ...>

  <TextView
    android:layout_width="wrap_content"
    android:layout_height="wrap_content"
    android:layout_alignParentBottom="true"  (1)
    android:text="@string/hello_world"/>

</RelativeLayout>
```

리스트 3-3 android:layout_alignParentBottom을 추가한 TextView

(1) TextView의 정렬을 부모의 아래쪽에 맞추는 것이다. (android:layout_alignParentBottom) TextView의 아래쪽이 부모의 아래쪽과 일치하게 된다.

실행 결과는 다음 그림과 같다.

그림 3-1 **부모 아래쪽으로 정렬된 레이아웃**

다른 정렬이 무엇이 있는지도 알아보자. android:layout_alignParentBottom은 부모의 아래 쪽
(bottom)에 맞추어서 정렬을 하는 것이다. 반대로 android:layout_alignParentTop을 이용하면 부
모의 위쪽(top)에 맞추어서 정렬한다. 상하 외에 좌우의 정렬을 조절하려면 android:layout_align
ParentStart나 android:layout_alignParentEnd를 이용한다. 기본적으로 왼편으로 치우쳐 있으니 이번
에는 android:layout_alignParentEnd를 이용해보자.

```
<TextView
    android:layout_width="wrap_content"
    android:layout_height="wrap_content"
    android:layout_alignParentTop="true"
    android:layout_alignParentEnd="true"  (1)
    android:text="@string/hello_world" />
```

리스트 3-4 android:layout_alignParentRight를 적용한 레이아웃

(1) 오른쪽 정렬을 위한 속성 android:layout_alignParentEnd를 활성화(true)했다. 실행 결과는 자식의 오른쪽
과 부모의 오른쪽이 일치되어 나타날 것이다.

그림 3-2 부모 아래쪽과 오른쪽으로 정렬된 레이아웃

부모의 위쪽과 오른쪽에 맞추어 정렬해보자.

android:layout_alignParentTop을 활성화하고 android:layout_alignParentEnd를 활성화한다.

```
<TextView
    android:layout_width="wrap_content"
    android:layout_height="wrap_content"
    android:layout_alignParentEnd="true"
    android:layout_alignParentTop="true"
    android:text="@string/hello_world"/>
```

리스트 3-5 상단과 우측으로 정렬한 레이아웃

그림 3-3 부모 위쪽과 오른쪽으로 정렬된 레이아웃

부모의 위쪽과 왼쪽에 맞추어 정렬해보자.

android:layout_alignParentTop을 활성화하고 android:layout_alignParentStart를 활성화한다.

```
<TextView
    android:layout_width="wrap_content"
    android:layout_height="wrap_content"
    android:layout_alignParentStart="true"
    android:layout_alignParentTop="true"
    android:text="@string/hello_world"/>
```

리스트 3-6 상단과 왼편으로 정렬한 레이아웃

그림 3-4 부모 위쪽과 왼쪽으로 정렬된 레이아웃

위아래, 좌우 이외에 가운데 정렬을 하는 속성이 있다. 전체적으로 부모로부터 가운데 정렬하는 android:layout_centerInParent, 수평으로 가운데 정렬하는 android:layout_centerHorizontal, 수직으로 가운데 정렬하는 android:layout_centerVertical의 세 가지다. 이 중에서 수평과 수직을 한 번에 가운데 정렬하는 android:layout_centerInParent를 먼저 사용해본다.

```
<TextView
    android:layout_width="wrap_content"
    android:layout_height="wrap_content"
    android:layout_centerInParent="true"
    android:text="@string/hello_world"/>
```

리스트 3-7 수평과 수직 정렬하는 레이아웃

그림 3-5 **가운데로 정렬된 레이아웃**

다음은 수평으로만 가운데 정렬을 해본다. 이를 위해 layout_centerHorizontal을 사용한다.

```
<TextView
    android:layout_width="wrap_content"
    android:layout_height="wrap_content"
    android:layout_centerHorizontal="true"
    android:text="@string/hello_world"/>
```

리스트 3-8 **수평으로 가운데 정렬한 레이아웃**

다음은 수직으로 가운데 정렬이다. layout_centerVertical을 사용한다.

```
<TextView
    android:layout_width="wrap_content"
    android:layout_height="wrap_content"
    android:layout_centerVertical="true"
    android:text="@string/hello_world"/>
```

리스트 3-9 **수직으로 가운데 정렬한 레이아웃**

그림 3-6 **수직으로 정렬된 레이아웃**

3.1.2 다른 컨트롤과의 관계 정의하기

이제 다른 컨트롤에 상대적으로 배치하는 방법을 다뤄본다. 먼저 가운데 정렬된 코드로 돌아가자. layout_centerInParent가 설정되어 있다. 다른 컨트롤을 배치하기 위해서는 아이디를 추가해야 한다. 속성 android:id="@+id/first"를 넣어 id를 first로 지정한다.

```
<TextView
    android:id="@+id/first"
    android:layout_width="wrap_content"
    android:layout_height="wrap_content"
    android:layout_centerInParent="true"
    android:text="@string/hello_world"/>
```

리스트 3-10 **가운데 정렬된 텍스트 뷰**

이 TextView 아래에 TextView 하나를 추가한다.

```
<TextView
    android:id="@+id/first"
    android:layout_width="wrap_content"
    android:layout_height="wrap_content"
    android:layout_centerInParent="true"
    android:text="@string/hello_world"/>

<TextView
    android:layout_width="wrap_content"
    android:layout_height="wrap_content"
    android:layout_above="@id/first"
    android:text="안녕하세요"/>
```

리스트 3-11 TextView 위에 다른 TextView가 배열된 레이아웃 코드

이를 수행하면 다음과 같은 화면이 뜬다.

그림 3-7 다른 뷰의 위로 정렬된 레이아웃

새로 추가된 TextView에 android:layout_above가 설정되었고 그 대상이 first로 지정되어 있다. first
의 위에 (android:layout_above)를 설정했기 때문에 안녕하세요가 Hello world라는 글자보다 위에
배치된 것이나.

그런데 한 가지 문제가 있다. 위에 배치되었지만 지나치게 왼쪽이다. 이를 해결하기 위해서는 정렬을
위한 키워드가 추가로 필요하다.

```
<TextView
    android:id="@+id/first"
    android:layout_width="wrap_content"
    android:layout_height="wrap_content"
    android:layout_centerInParent="true"
    android:text="@string/hello_world"/>

<TextView
    android:layout_width="wrap_content"
    android:layout_height="wrap_content"
    android:layout_above="@id/first"
    android:layout_alignStart="@id/first"
    android:text="안녕하세요"/>
```

리스트 3-12 **좌측 기준으로 정렬을 추가한 레이아웃**

android:layout_alignStart="@id/first"를 추가했다. 앞쪽 정렬을 first와 맞추겠다는 것이다. 이렇게 수행하면 조금 더 보기 좋다.

그림 3-8 **다른 뷰의 왼쪽으로 정렬된 레이아웃**

이제 기존의 컨트롤의 위가 아닌 아래에 배치해보자.

```
<TextView
    android:id="@+id/first"
    android:layout_width="wrap_content"
    android:layout_height="wrap_content"
    android:layout_centerInParent="true"
    android:text="@string/hello_world"/>

<TextView
    android:layout_width="wrap_content"
    android:layout_height="wrap_content"
    android:layout_below="@id/first"
    android:layout_alignStart="@id/first"
    android:text="안녕하세요"/>
```

리스트 3–13 **텍스트 뷰의 다른 텍스트 뷰 아래로 배치한 레이아웃**

다른 컨트롤의 위에 배치하는 android:layout_above 대신에 android:layout_below를 사용하여 아래에 배치한 것이다.

그림 3–9 **다른 뷰의 아래로 정렬된 레이아웃**

3.2 | LinearLayout

다음으로 알아볼 레이아웃은 선형적으로 컨트롤을 배치하는 LinearLayout이다. LinearLayout은 내부의 컨트롤들을 선형적^{Linear}으로 배치한다. '선형적'이라는 단어가 어렵게 들릴 수 있는데, 쉽게 말해 순서대로 배치한다고 이해하면 된다.

이번에도 hello 예제를 변형해서 LinearLayout을 살펴보자. hello 예제에서는 기본 레이아웃으로 RelativeLayout을 사용하고 있다.

```xml
<RelativeLayout xmlns:android="http://schemas.android.com/apk/res/android"
        xmlns:tools="http://schemas.android.com/tools"
        android:layout_width="match_parent"
        android:layout_height="match_parent"
        android:paddingBottom="@dimen/activity_vertical_margin"
        android:paddingStart="@dimen/activity_horizontal_margin"
        android:paddingEnd="@dimen/activity_horizontal_margin"
        android:paddingTop="@dimen/activity_vertical_margin"
        tools:context=".MainActivity">

    <TextView
        android:layout_width="wrap_content"
        android:layout_height="wrap_content"
        android:text="@string/hello_world"/>

</RelativeLayout>
```

리스트 3-14 **이전에 만들어진 RelativeLayout**

만약에 코드가 정렬이 덜 되어 있다면 Control + Alt + L(맥 : Command + Option + L)을 눌러 코드를 정렬하고 시작한다. 이 명령 하나로 레이아웃 코드와 자바, 코틀린 코드 모두 깔끔하게 정렬할 수 있다. 이제 RelativeLayout을 LinearLayout으로 바꾼다. 한쪽을 바꿔주면 반대쪽은 자동으로 바뀐다.

```
<LinearLayout xmlns:android="http://schemas.android.com/apk/res/android"
        xmlns:tools="http://schemas.android.com/tools"
        android:layout_width="match_parent"
        android:layout_height="match_parent"
        android:paddingBottom="@dimen/activity_vertical_margin"
        android:paddingStart="@dimen/activity_horizontal_margin"
        android:paddingEnd="@dimen/activity_horizontal_margin"
        android:paddingTop="@dimen/activity_vertical_margin"
        tools:context=".MainActivity">

    <TextView
        android:layout_width="wrap_content"
        android:layout_height="wrap_content"
        android:text="@string/hello_world"/>

</LinearLayout>
```

리스트 3-15 LinearLayout으로 바꾼 레이아웃 코드

첫 번째 TextView 아래에 다른 TextView를 추가한다.

```
<TextView
    android:layout_width="wrap_content"
    android:layout_height="wrap_content"
    android:text="@string/hello_world"/>

<TextView
    android:layout_width="wrap_content"
    android:layout_height="wrap_content"
    android:text="Nice to meet you!"/>
```

리스트 3-16 텍스트 뷰 아래에 텍스트 뷰가 추가된 레이아웃

LinearLayout 안에 TextView가 두 개가 되었다면 실행해보자.

그림 3-10 두 텍스트 뷰가 수평으로 나란히 배치된 리니어 레이아웃

3.2.1 여백 추가하기

두 개의 글자가 순차적으로 배치되는데 너무 붙어 있다. 조금 보기 좋게 여백^{margin}을 추가한다.

```
<TextView
    android:layout_width="wrap_content"
    android:layout_height="wrap_content"
    android:layout_marginStart="24dp"
    android:text="Nice to meet you!"/>
```

리스트 3-17 마진이 추가된 텍스트 뷰

왼쪽 여백을 추가하는 layout_marginStart를 사용했다. android:layout_marginStart를 TextView의 요소로 넣고 24dp로 설정했다. 앞(왼쪽) 마진을 24dp 추가하는 것이다.

1dp는 1/160 인치의 사이즈고 160dp는 실제 물리 장비에서 1인치를 의미한다. 안드로이드는 여러 장비에서 동작하기 위해 실제 픽셀 대신에 dp라는 단위를 사용한다.

그림 3-11 **리니어 레이아웃에 왼쪽 마진 추가**

두 번째 요소 앞에 marginStart가 붙어 있는 것을 볼 수 있다. 예상할 수 있겠지만 다른 방향으로 마진을 줄 수 있다.

    (1) android:layout_marginTop

    (2) android:layout_marginEnd(Right)

    (3) android:layout_marginBottom

    (4) android:layout_marginStart(Left)

    (5) android:layout_margin

차례대로 위, 끝(오른쪽), 아래, 앞(왼)편과 전체적인 마진을 설정하는 명령이다.

3.2.2 배치의 방향 바꾸기

앞서 순서대로 배치를 해보았는데 배치의 방향이 가로이다. 세로 방향으로 배치를 바꾸어보자.

```
<LinearLayout xmlns:android="http://schemas.android.com/apk/res/android"
        xmlns:tools="http://schemas.android.com/tools"
        android:layout_width="match_parent"
        android:layout_height="match_parent"
        android:orientation="vertical"
        android:paddingBottom="@dimen/activity_vertical_margin"
        android:paddingStart="@dimen/activity_horizontal_margin"
        android:paddingEnd="@dimen/activity_horizontal_margin"
        android:paddingTop="@dimen/activity_vertical_margin"
        tools:context=".MainActivity">

    <TextView
        android:layout_width="wrap_content"
        android:layout_height="wrap_content"
        android:text="@string/hello_world"/>

    <TextView
        android:layout_width="wrap_content"
        android:layout_height="wrap_content"
        android:text="Nice to meet you!"/>

</LinearLayout>
```

리스트 3-18 **세로 방향으로 배치를 바꾼 레이아웃 코드**

LinearLayout에 android:orientation 속성을 추가했다. 여기에 넣을 값으로 수직 정렬을 의미하는 vertical과 수평 정렬을 의미하는 horizontal을 선택할 수 있다. 여기서는 vertical을 설정하여 수직 정렬을 한다.

```
<LinearLayout xmlns:android="http://schemas.android.com/apk/res/android"
        xmlns:tools="http://schemas.android.com/tools"
        …
        android:orientation="vertical"
        …
        tools:context=".MainActivity">
```

리스트 3-19 **수직으로 정렬을 바꾼 LinearLayout**

실행에 앞서 마진도 조금 조절해주자. 전체적인 모양은 다음과 같다.

```
<LinearLayout xmlns:android="http://schemas.android.com/apk/res/android"
        xmlns:tools="http://schemas.android.com/tools"
        android:layout_width="match_parent"
        android:layout_height="match_parent"
        android:orientation="vertical"  (1)
        android:paddingBottom="@dimen/activity_vertical_margin"
        android:paddingStart="@dimen/activity_horizontal_margin"
        android:paddingEnd="@dimen/activity_horizontal_margin"
        android:paddingTop="@dimen/activity_vertical_margin"
        tools:context=".MainActivity">

    <TextView
        android:layout_width="wrap_content"
        android:layout_height="wrap_content"
        android:text="@string/hello_world"/>

    <TextView
        android:layout_width="wrap_content"
        android:layout_height="wrap_content"
        android:layout_marginTop="50dp"  (2)
        android:text="Nice to meet you!"/>

</LinearLayout>
```

리스트 3-20 **마진을 적절히 부여한 LinearLayout**

변경점은 두 가지다.

(1) android:orientation을 vertical로 정의하여 리니어 레이아웃의 방향을 수직 방향으로 정했다.

(2) 두 번째 TextView에 android:layout_marginTop을 설정하여 적당히 간격을 주었다.

실행 결과는 다음과 같다.

그림 3-12 **수직 방향의 리니어 레이아웃**

이번에 알아볼 레이아웃은 FrameLayout이다. FrameLayout은 조금 독특한 면을 가지고 있다. 차례대로 배치하거나 상대적으로 배치하는 개념이 아니라, 배치한 순서에 의해 화면에 표시할 순서만 결정된다. 배치되는 위치를 결정하지 못하기 때문에 보통 FrameLayout은 단독으로 사용되기보다는 다른 레이아웃과 같이 사용된다. FrameLayout을 상단에 두어 두 개 이상의 다른 레이아웃이 겹쳐지게 구성을 하고 안에 배치되어 있는 레이아웃에서 위치를 결정한다.

이번에도 hello 예제를 변형해서 시작한다.
최상위 레이아웃을 FrameLayout으로 변경하자.

```
<FrameLayout xmlns:android="http://schemas.android.com/apk/res/android"
  xmlns:tools="http://schemas.android.com/tools" android:layout_width="match_parent"
  android:layout_height="match_parent"
  tools:context=".MainActivity">

</FrameLayout>
```

리스트 3-21 **FrameLayout으로 변경한 레이아웃 코드**

그 아래에 두 개의 자식을 넣는다.

- View　화면 가득 빨간색으로 채움
- RelativeLayout　가로 50dp, 세로 50dp의 파란색 View를 가지고 있고 가운데 정렬

두 개의 요소가 제대로 배치되면 화면 가득 채워진 빨간색 View위에 가로 50dp에 세로 50dp인 파란색 View가 겹쳐져 표시될 것이다.

파란색 뷰가 빨간색 뷰 위로 올라가게 되는 것은 앞에 작성한 뷰가 뒤에 배치되기 때문이다. 자식 A, B가 차례로 FrameLayout에 작성되어 있다면 먼저 작성된 A가 뒤로 가고 B가 그 위로 올라간다. 자식의 개수가 여러 개라도 마찬가지다. 자식 A, B, C, D가 차례로 작성되면 A가 제일 뒤에 배치되고 B, C가 그 다음으로 배치된다. 당연히 D는 제일 위에 배치된다.

레이아웃을 추가로 작성한다. 먼저 View와 RelativeLayout만 넣었다.

```
<FrameLayout xmlns:android="http://schemas.android.com/apk/res/android"
  xmlns:tools="http://schemas.android.com/tools" android:layout_width="match_parent"
  android:layout_height="match_parent"
  tools:context=".MainActivity">

  <View
    android:layout_width="match_parent"
    android:layout_height="match_parent">

  </View>

  <RelativeLayout
    android:layout_width="match_parent"
    android:layout_height="match_parent">
  </RelativeLayout>

</FrameLayout>
```

리스트 3-22 View와 RelativeLayout을 추가한 FrameLayout

먼저 첫 번째 RelativeLayout의 색을 빨간색으로 채운다. 다음과 같이 View의 android:background 속성을 추가한다. View는 아무 기능이 없는 컨트롤이지만 색상이 있는 사각형을 표현하기 위해 사용하였다.

```
<View
  android:layout_width="match_parent"
  android:layout_height="match_parent"
  android:background="#FF0000">

</View>

<RelativeLayout
  android:layout_width="match_parent"
  android:layout_height="match_parent">
```

리스트 3-23 추가된 View와 RelativeLayout

빨간색을 채우기 위해서 컬러 값으로 #FF0000(android:background="#FF0000")을 지정했다.
왼편부터 R, G, B의 값이고 R의 값을 255(FF)로 설정한 것이다. 값이 높을 수록 강한 색이고 255(16진수로 FF)가 가장 강한 색이다. 빨간색은 채워져 있고 녹색과 파란색은 비어서 깨끗한 빨간색이 표시된다. 현재는 RelativeLayout의 자식이 없기 때문에 화면에는 다음과 같이 표시된다.

그림 3-13 프레임 레이아웃

RelativeLayout에 파란색 뷰를 하나 추가해보자.

```
<RelativeLayout
    android:layout_width="match_parent"
    android:layout_height="match_parent">

    <View
        android:layout_width="50dp"   (1)
        android:layout_height="50dp"  (2)
        android:layout_centerInParent="true"  (3)
        android:background="#0000FF" />

</RelativeLayout>
```

리스트 3-24 파란색 뷰만 추가된 RelativeLayout

(1)~(2) 가로 세로 크기를 50dp로 정했다. (3) layout_centerInParent를 true로 지정해 View를 부모의 가운데로 정렬시켰다.

전체적인 코드는 다음과 같다.

```
<FrameLayout xmlns:android="http://schemas.android.com/apk/res/android"
        xmlns:tools="http://schemas.android.com/tools"
        android:layout_width="match_parent"
        android:layout_height="match_parent"
        tools:context=".MainActivity">

    <View
        android:layout_width="match_parent"
        android:layout_height="match_parent"
        android:background="#FF0000">

    </View>

    <RelativeLayout
        android:layout_width="match_parent"
        android:layout_height="match_parent">

        <View
            android:layout_width="50dp"
            android:layout_height="50dp"
            android:layout_centerInParent="true"
            android:background="#0000FF" />
    </RelativeLayout>

</FrameLayout>
```

리스트 3-25 **전체 레이아웃 코드**

전부 제대로 입력이 되었다면 수행해서 결과를 확인해보자.

그림 3-14 **프레임 레이아웃에 파란 박스 추가**

3.4 GridLayout

GridLayout은 격자 형태로 배치하는 레이아웃이다. 이 레이아웃은 안드로이드 4.0 버전인 아이스크림 샌드위치에 도입된 상대적으로 신기능이다. LinearLayout이나 RelativeLayout을 사용하여 격자를 표시할 수도 있지만 구조가 조금 복잡해진다. LinearLayout은 가로나 세로 방향으로 배치하는 것이기 때문에 가로로 배치된 LinearLayout들을 세로로 배치하는 LinearLayout으로 다시 감싸는 식의 내포된 구성을 해야 한다. RelativeLayout을 구성하는 것도 개별 격자의 관계를 설정해야 하기 때문에 간단하지 않다.

hello 예제를 변형해보자. 이 기능이 안드로이드 4.0부터 지원되는 기능이기 때문에 SDK의 최소 버전 minSdkVersion을 14 이상으로 지정해야 한다. 여기에서는 17로 지정하였기 때문에 문제가 없다.

```
defaultConfig {
    applicationId "com.example.gridlayout"
    minSdkVersion 17
    targetSdkVersion 30
    versionCode 1
    versionName "1.0"
}
```

리스트 3-26 minSdkVersion을 14 이상으로 지정

GridLayout을 사용하기 위해서는 최소 minSdkVersion을 14 이상으로 해야 한다.
이제 다음과 같이 레이아웃을 만들어보자.

```
<GridLayout xmlns:android="http://schemas.android.com/apk/res/android"
    xmlns:tools="http://schemas.android.com/tools"
    android:layout_width="match_parent"
    android:layout_height="match_parent"
    tools:context=".MainActivity">

</GridLayout>
```

리스트 3-27 GridLayout이 포함된 레이아웃 코드

3.4.1 열과 행 크기 변경하기

가로 열의 개수와 세로 행의 개수를 추가하자. columnCount 항목과 rowCount 항목을 다음과 같이 추가한다.

```
<GridLayout xmlns:android="http://schemas.android.com/apk/res/android"
        xmlns:tools="http://schemas.android.com/tools"
        android:layout_width="match_parent"
        android:layout_height="match_parent"
        android:columnCount="3"
        android:rowCount="2"
        tools:context=".MainActivity">

</GridLayout>
```

리스트 3-28 **컬럼과 로우 개수가 추가된 GridLayout**

android:columnCount를 3으로 설정해 가로(열)를 3으로 정하고, android:rowCount를 2로 설정해 세로(행)를 2로 정했다. 그 속에 들어갈 요소는 Button 6개로 했다. 배치가 정확하다면 가로 3칸과 세로 2칸에 맞추어 표시가 된다.

```
<GridLayout xmlns:android="http://schemas.android.com/apk/res/android"
        xmlns:tools="http://schemas.android.com/tools"
        android:layout_width="match_parent"
        android:layout_height="match_parent"
        android:columnCount="3"
        android:rowCount="2"
        tools:context=".MainActivity">

    <Button android:text="1"/>

    <Button android:text="2"/>

    <Button android:text="3"/>

    <Button android:text="4"/>

    <Button android:text="5"/>

    <Button android:text="6"/>

</GridLayout>
```

리스트 3-29 **버튼 6개가 추가된 GridLayout**

수행 결과는 다음과 같다.

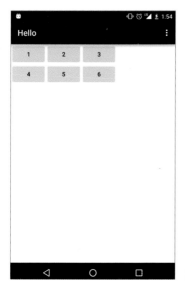

그림 3-15 버튼 6개가 추가된 GridLayout

레이아웃을 2행 3열의 구성으로 바꾸어보자.

```
<GridLayout xmlns:android="http://schemas.android.com/apk/res/android"
        xmlns:tools="http://schemas.android.com/tools"
        android:layout_width="match_parent"
        android:layout_height="match_parent"
        android:columnCount="2"
        android:rowCount="3"
        tools:context=".MainActivity">
```

리스트 3-30 **컬럼 2와 로우 3의 GridLayout 구성**

android:columnCount를 2로 바꾸고, android:rowCount를 3으로 바꾸었다.

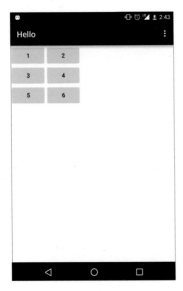

그림 3-16 **가로 2줄과 세로 3줄로 된 GridLayout**

3.4.2 스팬 지정하기

어떤 특정 항목이 가로나 세로로 길어야 하는 경우가 있나. 항목을 늘리는 것을 스팬^{span}이라 한다. 항목 하나를 중간에 늘려보자.

```
<Button android:text="1"/>

<Button android:text="2"/>

<Button android:text="3" android:layout_columnSpan="2"/>

<Button android:text="5"/>

<Button android:text="6"/>
```

리스트 3-31 **스팬을 적용한 레이아웃 코드**

4가 표기된 버튼을 없애고 3 버튼에 가로 두 칸(android:layout_columnSpan="2")을 사용하겠다고 설정하였다. layout_columnSpan을 설정하였는데 한 컬럼을 늘린다는 것이다. 우리는 여기에 2를 설정해서 하나의 칸이 가로 두 칸을 차지하게 만든 것이다.

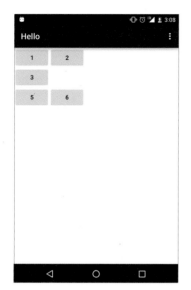

그림 3-17 columnSpan을 이용해서 가로 두 칸을 합친 레이아웃

〈그림 3-17〉과 〈그림 3-18〉의 모양은 비슷해 보이지만 〈그림 3-17〉은 3이 가로로 늘어나서 영역을 차지하는 것이고, 〈그림 3-18〉은 2가 세로로 늘어나 영역을 차지하는 것이다. 여기서는 버튼의 모양을 변경한 것이 아니고, 사용하는 영역, 즉 공간을 각각 가로와 세로로 늘린 것이라는 점에 유의하길 바란다.

이번에는 4가 표기된 버튼을 없애고 2를 세로로 두 칸을 설정한다.

```
〈Button android:text="1"/〉

〈Button android:text="2" android:layout_rowSpan="2"/〉

〈Button android:text="3"/〉

〈Button android:text="5"/〉

〈Button android:text="6"/〉
```

리스트 3-32 세로로 스팬이 적용된 레이아웃 코드

4가 표시된 버튼을 없애고 2 버튼에 세로 두 칸(android:layout_rowSpan="2")을 설정하였다.

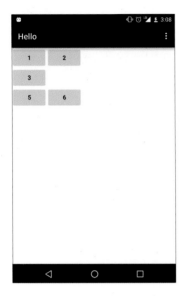

그림 3-18 rowSpan을 이용해서 세로 두 칸을 합친 레이아웃

3.4.3 스페이스 지정하기

어떤 항목을 비워 둘 수 있다. 스페이스를 이용해서 빈 공간을 만들어 본다.

GridLayout을 쓴 예제들은 한쪽으로 치우쳐진 레이아웃이었다. GridLayout은 한쪽에 Space를 이용해서 여백을 줄 수 있다. 가운데 하나의 컬럼을 더 만들고 Space를 지정해본다. 이를 위해 먼저 가로와 세로를 3으로 수정한다.

```
<GridLayout xmlns:android="http://schemas.android.com/apk/res/android"
      xmlns:tools="http://schemas.android.com/tools"
      android:layout_width="match_parent"
      android:layout_height="match_parent"
      android:columnCount="3"
      android:rowCount="3"
      tools:context=".MainActivity">
```

리스트 3-33 가로와 세로를 3 x 3으로 지정한 GridLayout

android:columnCount을 3으로 고쳐 가운데 Space가 위치할 수 있도록 했다.

```
<Button android:text="1"/>

<Space
   android:layout_gravity="fill_horizontal"
   android:layout_rowSpan="3"/>

<Button android:text="2"/>

<Button android:text="3"/>

<Button android:text="4"/>

<Button android:text="5"/>

<Button android:text="6"/>
```

리스트 3-34 Space를 추가한 레이아웃 코드

버튼 1과 버튼 2 사이에 Space를 추가했다. android:layout_rowSpan을 3으로 설정해서 세로 3칸 모두를 커버하도록 설정하였다. 그리고 android:layout_gravity를 fill_horizontal로 설정해서 가로로 늘어나도록 설정한다.

결과를 확인해보자.

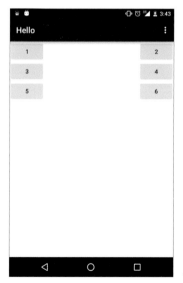

그림 3-19 Space를 추가해 빈 공간 설치

CardView는 카드 스타일의 UI를 만들기 위해 제공되는 레이아웃으로 Frame Layout을 확장한 컨트롤이다. 이번에도 역시 hello 예제를 확장해 본다.

```xml
<LinearLayout xmlns:android="http://schemas.android.com/apk/res/android"
        xmlns:tools="http://schemas.android.com/tools"
        android:layout_width="match_parent"
        android:layout_height="match_parent"
        android:paddingBottom="@dimen/activity_vertical_margin"
        android:paddingStart="@dimen/activity_horizontal_margin"
        android:paddingEnd="@dimen/activity_horizontal_margin"
        android:paddingTop="@dimen/activity_vertical_margin"
        tools:context=".MainActivity">

    <TextView
        android:layout_width="wrap_content"
        android:layout_height="wrap_content"
        android:text="@string/hello_world"/>

</LinearLayout>
```

리스트 3-35 LinearLayout에서 시작

LinearLayout과 TextView 사이에 CardView를 넣는다.

```
<androidx.cardview.widget.CardView
    android:id="@+id/card_view"
    xmlns:card_view="http://schemas.android.com/apk/res-auto"
    android:layout_width="200dp"
    android:layout_height="200dp"
    android:layout_gravity="center"
    card_view:cardCornerRadius="40dp")

    <TextView
        android:layout_width="wrap_content"
        android:layout_height="wrap_content"
        android:text="@string/hello_world"/>

</androidx.cardview.widget.CardView>
```

리스트 3-36 CardView로 레이아웃 변경

app/build.gradle 파일도 다음과 같이 수정한다.

```
apply plugin: 'com.android.application'

android {
    ....
}

dependencies {
    implementation fileTree(dir: 'libs', include: ['*.jar'])
    implementation 'androidx.appcompat:appcompat:1.2.0'
    implementation 'androidx.cardview:cardview:1.0.0'
}
```

리스트 3-37 CardView를 사용하기 위한 그래들 스크립트

그림 3-20 **카드 뷰**

CardView만의 고유 속성은 card_view:cardCornerRadius이다. 이 값을 수정하면 모서리의 반지름 크기를 조절할 수 있다. 그 값을 40dp로 수정해보자.

```
card_view:cardCornerRadius="40dp"
```

리스트 3-38 **모서리 조절**

실행해 보면 모서리가 훨씬 두꺼워진 것을 볼 수 있다.

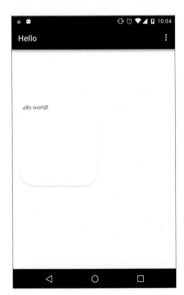

그림 3-21 radius를 변경해서 모서리를 변경한 카드 뷰

툴바

04장
툴바

SUMMARY 앞장에서 안드로이드의 기본적인 레이아웃에 대해 다루었다. 다양한 레이아웃을 통해 컨트롤을 배치하는 법을 익혔으니 이제 앱의 전역적인 액션을 위해 툴바(Toolbar)를 다루고 확장하자. 롤리팝 미만의 안드로이드에서는 전역적인 액션 처리를 위한 액션바(ActionBar)가 있지만 우리는 더 이상 액션바를 다루지 않는다. 새 술은 새 부대에 담자.

4.1 툴바

기존의 다른 앱을 만들기 위해서 activity_main 레이아웃을 ConstraintLayout이나 RelativeLayout으로 사용한 적이 많았다.

툴바를 사용할 때는 3.2장처럼 LinearLayout을 사용해보자.

```
<LinearLayout xmlns:android="http://schemas.android.com/apk/res/android"
        xmlns:tools="http://schemas.android.com/tools"
        android:layout_width="match_parent"
        android:layout_height="match_parent"
        android:orientation="vertical"
        tools:context=".MainActivity">

    <TextView
        android:layout_width="wrap_content"
        android:layout_height="wrap_content"
        android:text="@string/hello_world"/>

</LinearLayout>
```

리스트 4-1 LinearLayout으로 된 레이아웃 코드

처음으로 할 것은 LinearLayout에 새로운 xmlns:app을 추가하는 것이다. 다음과 같이 추가한다.

```
<LinearLayout xmlns:android="http://schemas.android.com/apk/res/android"
        xmlns:app="http://schemas.android.com/apk/res-auto"
        xmlns:tools="http://schemas.android.com/tools"
        android:layout_width="match_parent"
        android:layout_height="match_parent"
        android:orientation="vertical"
        tools:context=".MainActivity">
```

리스트 4-2 **app 접두어 추가**

xmlns:app="http://schemas.android.com/apk/res-auto"를 추가했고 이제 app 접두사를 쓸 수 있다. 다음으로 TextView 위에 Toolbar를 넣자.

```
<androidx.appcompat.widget.Toolbar
    android:id="@+id/toolbar"
    android:layout_width="match_parent"
    android:layout_height="wrap_content"
    android:background="?attr/colorPrimary"
    android:minHeight="?attr/actionBarSize">

</androidx.appcompat.widget.Toolbar>
```

리스트 4-3 **Toolbar 추가**

앱을 실행해보자.

그림 4-1 **액션바가 남아 있는 UI**

액션바가 화면에 남아 있고 그 아래 툴바가 떠서 화면의 구성이 이상하다. 액션바를 제거하기 위해 res/values/styles.xml 파일을 수정한다. 다음의 리스트는 수정하기 전의 스타일이다.

```xml
<resources>

  <!-- Base application theme. -->
  <style name="AppTheme" parent="Theme.AppCompat.Light.DarkActionBar">
    <!-- Customize your theme here. -->
  </style>

</resources>
```

리스트 4-4 **수정 전의** styles.xml

AppTheme는 앱의 기본적인 테마를 의미하는데 Theme.AppCompat.Light.DarkActionBar를 상속받는다. AppCompat은 앱 호환성 라이브러리, 밝은 테마[Light]에서 어두운 액션바[DarkActionBar]를 선택한 것이다. 이 테마를 Theme.AppCompat.Light.NoActionBar로 바꾸어 액션바를 제거한다.

```xml
<resources>

  <!-- Base application theme. -->
  <style name="AppTheme" parent="Theme.AppCompat.Light.NoActionBar">
    <!-- Customize your theme here. -->
  </style>

</resources>
```

리스트 4-5 **수정한** styles.xml

이제 앱을 실행시켜 다시 확인해본다.

그림 4-2 **수정된 스타일의 툴바**

타이틀이 제대로 나오지 않아서 아쉽다. MainActivity의 onCreate() 메서드를 수정해보자.

```kotlin
override fun onCreate(savedInstanceState: Bundle?) {
  super.onCreate(savedInstanceState)
  setContentView(R.layout.activity_main)
  val toolbar = findViewById(Toolbar)(R.id.toolbar)
  toolbar.title = "Hello Toolbar"
}
```
코틀린

```java
@Override
protected void onCreate(Bundle savedInstanceState) {
    super.onCreate(savedInstanceState);
    setContentView(R.layout.activity_main);
    Toolbar toolbar = findViewById(R.id.toolbar);
    toolbar.setTitle("Hello Toolbar");
}
```
자바

리스트 4-6 **타이틀 설정이 포함된 onCreate**

여기서 추가된 라인은 두 줄이다.

```
val toolbar = findViewById<Toolbar>(R.id.toolbar)
toolbar.title = "Hello Toolbar"
```
코틀린

- -

```
Toolbar toolbar = findViewById(R.id.toolbar);
toolbar.setTitle("Hello Toolbar");
```
자바

리스트 4-7 **타이틀을 설정하는 코드**

findViewById(R.id.toolbar)로 툴바 객체를 가져오고 setTitle() 메서드를 호출하여 Hello Toolbar로
등록하였다. 제대로 되었다면 화면에 툴바의 타이틀이 Hello Toolbar로 바뀌게 될 것이다.
코틀린 코드에서는 toolbar.setTitle(XXX) 대신 toolbar.title = XXX의 형태를 쓴 것을 볼 수 있는데,
코틀린은 일반화된 getXXX와 setXXX 대신 속성처럼 대입할 수 있게 해주는 프로퍼티property 기능을
가지고 있다.

그림 4-3 **타이틀이 설정된 Toolbar 화면**

4.2 툴바 스타일링

4.1장에서 적용한 툴바에 스타일링을 하고 여러 기능을 추가해보자.

res/layout/activity_main.xml 파일을 열어서 다음과 같이 고쳐본다.

```
<androidx.appcompat.widget.Toolbar
    android:id="@+id/toolbar"
    android:layout_width="match_parent"
    android:layout_height="wrap_content"
    android:background="#ff0000"
    app:titleTextColor="#ffffff"
    android:minHeight="?attr/actionBarSize">
```

리스트 4-8 **변경된 색상의 툴바 레이아웃 코드**

실행한 결과는 다음과 같다.

그림 4-4 **빨간색으로 변경된 툴바**

이제 변경한 레이아웃을 차례대로 살펴보자.

배경을 바꾸기 위해 android:background 항목을 설정하고 타이틀의 색을 지정하기 위해 app:title TextColor를 지정한다. 둘의 접두어가 각각 android:와 app:인 이유는 4.2.1장에서 설명한다. 해당 항목이 어려우면 배경에는 android:background을 사용하고 타이틀 색에는 app:titleTextColor을 사용한다고 이해하고 4.2.2장으로 넘어가자.

4.2.1 속성의 접두어 차이

안드로이드에서 화면에 보이는 대부분의 항목은 뷰의 자식이며 뷰의 자식은 android:background 항목을 통해 배경색을 바꿀 수 있다. 안드로이드에 포함되어 있는 기능들은 android: 접두사에 들어 있다.

툴바는 androidx.appcompat.widget.Toolbar로 불러와서 쓰고 있는데 androidx.appcompat.widget 패키지에 소속되어 있는 Toolbar란 의미다. 이 기능들은 app: 접두사를 쓴다. 여기에서 app:title TextColor는 툴바의 기능이기 때문이기 때문에 app: 접두어를 붙인 것이다.

androidx.appcompat.widget 식으로 시작하는 항목들은 app: 접두어가 필요하다.

4.2.2 배경과 타이틀의 색상

배경 색상을 android:background="#ff0000"을 통해 #ff0000으로 설정하였다. 이렇게 #과 함께 여섯 자리의 16진수로 적은 경우에는 앞에서부터 적색, 청색, 녹색이 배정된다. 앞의 경우에는 적색은 ff(255)로 전체가 할당된 것이고 청색과 녹색은 00(0)으로 색상이 전혀 없는 완전한 빨간색이다.

타이틀 색상은 app:titleTextColor="#ffffff"로 할당되었기 때문에 적색, 청색, 녹색이 꽉 차 있는 하얀색이다.

색상을 설정하거나 변경할 때 #ff0000이나 #ffffff와 같이 십육진수로 직접 입력할 수 있지만 안드로이드 스튜디오의 컬러 피커를 이용해서 변경할 수 있다. 색상 설정 왼편에 색상이 표시된 부분이 있다.

```
<android.support.v7.widget.Toolbar
    android:id="@+id/toolbar"
    android:layout_width="match_parent"
    android:layout_height="wrap_content"
    android:background="#ff0000"
    app:titleTextColor="#ffffff"
    android:minHeight="?attr/actionBarSize">
```

그림 4-5 **색상이 표시된 부분**

해당 영역을 클릭하면 컬러 피커가 표시되고 색상을 수정할 수 있다.

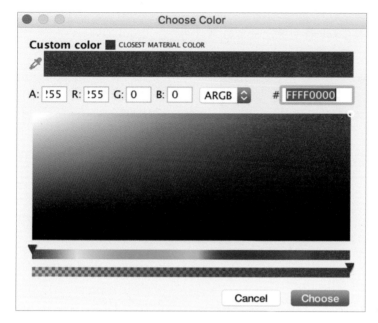

그림 4-6 **컬러 피커**

원하는 색상으로 자유롭게 변경해보자.

4.3 툴바 버튼

툴바는 대게 타이틀 이외에도 여러 가지 기능을 실행할 수 있는 액션 버튼을 가지고 있다.

그림 4-7 **액션 버튼**

〈그림 4-7〉은 GMail 앱의 툴바 모양이다. 툴바의 오른쪽을 보면 돋보기 모양의 아이콘이 있는데 이 아이콘이 액션 버튼이다.

4.3.1 레이아웃 구성

우리의 앱에도 툴바 버튼을 적용해보기 위해 아이콘을 다운로드하자. 구글이 제공하는 머터리얼 아이 콘을 https://material.io/resources/icons/에서 다운로드한다. android 아이콘의 24dp, '흰색' 버전 을 PNGS 버전으로 다운로드 한다. 파일을 풀면 다음과 같은 디렉터리 구조를 볼 수 있다.

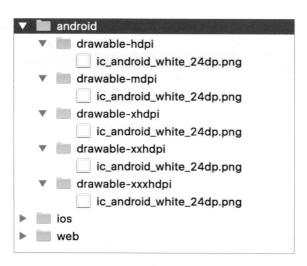

그림 4-8 **디렉터리 구조**

해당 파일들을 res 디렉터리 아래 복사하면, 이름이 ic_android_white_24dp.png로 추가된다. 파일 명이 너무 번잡하기 때문에 ic_icon.png 아래에 있는 서브 항목 중 하나를 선택하고, 마우스 오른쪽을 클릭 후, Refactor 〉 Rename 항목을 선택한다.

그림 4-9 문맥 메뉴의 이름 변경 기능

이름을 간단히 ic_icon.png로 변경했다.

이제 MainActivity를 다음과 같이 수정한다.

```kotlin
override fun onCreate(savedInstanceState: Bundle?){
  super.onCreate(savedInstanceState)
  setContentView(R.layout.activity_main)
  val toolbar = findViewById<Toolbar>(R.id.toolbar)
  toolbar.setTitle("Hello Toolbar")
  toolbar.inflateMenu(R.menu.menu_main)
}
```
코틀린

```java
protected void onCreate(Bundle savedInstanceState){
    super.onCreate(savedInstanceState);
    setContentView(R.layout.activity_main);
    Toolbar toolbar = findViewById(R.id.toolbar);
    toolbar.title = "Hello Toolbar"
    toolbar.inflateMenu(R.menu.menu_main);
}
```
자바

리스트 4-9 툴바에 메뉴를 추가

앞의 코드는 MainActivity의 onCreate() 메서드를 포함한 인용이자 전체 메서드를 포함한 것이다. MainActivity에 다른 메서드는 필요하지 않다.

R.menu.menu_main의 메뉴를 툴바에 그릴 수 있도록 toolbar.inflateMenu(R.menu.menu_main)를 포함했다. 이제 res/menu/menu_main.xml 파일을 수정해서 화면에 표시할 메뉴 구성을 결정한다.

```
<menu xmlns:android="http://schemas.android.com/apk/res/android"
    xmlns:tools="http://schemas.android.com/tools"
    xmlns:app="http://schemas.android.com/apk/res-auto"
    tools:context=".MainActivity">
  <item
    android:id="@+id/android"
    android:icon="@drawable/ic_icon"
    app:showAsAction="ifRoom"
    android:title="Android"/>
</menu>
```

리스트 4-10 **툴바에 들어갈 메뉴**

메뉴 항목 item에 앞서 추가했던 이미지 ic_icon.png를 참조했다. 타이틀(android:title)을 Android라고 지정하였고 가능한 한 화면에 표시되도록 설정하였다. (app:showAsAction="ifRoom") 실행한 결과는 다음과 같다.

그림 4-10 **액션 아이콘이 포함된 화면**

4.3.1장에서 toolbar.inflateMenu(R.menu.menu_main);를 통해 액션 아이콘이 등록되었지만 터치를 했을 때 아무런 반응이 없다. 액션 아이콘에 대한 이벤트 처리가 없기 때문이다. 이벤트 처리를 위해서는 OnMenuItemClickListener 인스턴스나 그에 해당하는 람다를 툴바에 클릭 리스너로 등록해야 한다.

```
toolbar.setOnMenuItemClickListener { item ->
 if (item.itemId == R.id.android) {
  Toast.makeText(this, "Hello Android!", Toast.LENGTH_SHORT).show()
  true
 } else {
  false
  }
 }
```
코틀린

```
toolbar.setOnMenuItemClickListener(item ->) {
  if (item.getItemId() == R.id.android) {
    Toast.makeText(this, "Hello Android!", Toast.LENGTH_SHORT).show();
    return true;
  }
  return false;
});
```
자바

리스트 4-11 메뉴 아이템 메뉴 클릭 리스너 등록

코틀린의 경우 if가 값을 남기는 식(Expression)이고 마지막에 남겨진 값을 반환값으로 쓸 수 있기 때
문에 리턴 없이 코드를 구성할 수 있다. 액션 아이콘이 여러 개인 경우에 item.getItemId( )를 호출
하여 어떤 아이디가 터치가 되는지 체크해야 한다. 이 예제에서는 안드로이드 버튼(R.id.android)
이 클릭되었을 때 토스트로 Hello Android!를 출력하도록 한다. 람다를 사용하지 않는 경우는 다음과
같다.

```
toolbar.setOnMenuItemClickListener(object:MenuItem.OnMenuItemClickListener,
Toolbar.OnMenuItemClickListener {
 override fun onMenuItemClick(item: MenuItem): Boolean {
  return if (item.itemId == R.id.android) {
   Toast.makeText(this@MainActivity, "Hello Android!", Toast.LENGTH_SHORT).show()
   true
  } else {
   false
   }
  }
})
```
코틀린

```
toolbar.setOnMenuItemClickListener(new Toolbar.OnMenuItemClickListener(){
  @Override
  public boolean onMenuItemClick(MenuItem item){
    if (item.getItemId() == R.id.android){
      Toast.makeText(MainActivity.this, "Hello Android!", Toast.LENGTH_SHORT).show();
      return true;
    }
    return false;
  }
});
```
자바

리스트 4-12 **람다를 사용하지 않는 메뉴 클릭 리스너**

익명 객체로 Toolbar.OnMenuItemClickListener를 구현하는 경우에는 this를 쓸 때 코틀린은 this@
MainActivity, 자바는 MainActivity.this를 쓴 것을 볼 수 있다. 이는 MainActivity의 this를 쓰겠다는
의미다.

Toolbar.OnMenuItemClickListener는 onMenuItemClick을 가지고 있다. 이벤트의 처리는
onMenuItemClick 메서드에서 이루어지며 여러 액션 아이콘의 처리가 모두 이 메서드를 통하게 된다.
실행 후 안드로이드 아이콘을 누르면 〈그림 4-11〉처럼 화면 하단에 토스트가 출력된다.

그림 4-11 **화면에 토스트가 표시된 모습**

4.4 앱바 레이아웃

화면을 스크롤할 때 툴바를 비롯한 상단의 요소들의 애니메이션 처리가 가능하다. 애니메이션 처리를 위해 몇 가지 요소가 추가되어야 하는데 일단 Coordinator Layout과 AppBarLayout을 살펴보자. CoordinatorLayout은 화면 전체의 애니메이션 처리를 위한 것이고 AppBarLayout은 툴바를 비롯한 요소들을 묶어서 스크롤 애니메이션 처리를 다루기 위한 것이다.

4.4.1 의존성 추가

먼저 의존성을 추가한다. app 모듈 수준의 build.gradle 파일(app/build.gradle)을 다음과 같이 수정한다.

```
dependencies {
    implementation fileTree(dir: 'libs', include: ['*.jar'])
    implementation 'androidx.appcompat:appcompat:1.2.0'
    implementation 'androidx.cardview:cardview:1.0.0'
}
```

리스트 4-13 **의존성을 추가한 그래들 설정**

Jetpack 라이브러리 의존성은 최신 버전이 있다면 현재 버전 대신 새 버전을 사용해도 된다.

4.4.2 앱바 레이아웃과 네스티드 스크롤 뷰

의존성이 추가되었으면 뷰를 계층적으로 구성해본다.
뷰의 구성은 CoordinatorLayout 안에 AppBarLayout을 넣고 그 안에 Toolbar를 넣는 형태다.

```
<androidx.coordinatorlayout.widget.CoordinatorLayout
  xmlns:android="http://schemas.android.com/apk/res/android"
  xmlns:app="http://schemas.android.com/apk/res-auto"
  xmlns:tools="http://schemas.android.com/tools"
  android:layout_width="match_parent"
  android:layout_height="match_parent"
  tools:context=".MainActivity">

  <com.google.android.material.appbar.AppBarLayout
    android:layout_width="match_parent"
    android:layout_height="wrap_content">

    <androidx.appcompat.widget.Toolbar
      android:id="@+id/toolbar"
      android:layout_width="match_parent"
      android:layout_height="wrap_content"
      android:background="#ff0000"
      android:minHeight="?attr/actionBarSize"
      app:layout_scrollFlags="scroll|enterAlways"
      app:titleTextColor="#ffffff">
    </androidx.appcompat.widget.Toolbar>

  </com.google.android.material.appbar.AppBarLayout>

  ...

</androidx.coordinatorlayout.widget.CoordinatorLayout>
```

리스트 4-14 CoordinatorLayout 안에 있는 AppBarLayout 속의 Toolbar

최상위 요소를 CoordinatorLayout으로 지정했다. 이 요소는 자식 요소 사이의 애니메이션을 능동적으로 처리한다. 해당 요소는 자식으로 가지고 있는 요소들도 일반적인 요소다.

두 번째로 들어 있는 요소는 AppBarLayout이다.

이 앱바 레이아웃은 LinearLayout과 유사하게 동작하되 자식들이 코드에서 setScrollFlags(int) 메서드를 쓰거나 레이아웃에서 app:layout_scrollFlags 속성을 쓰게 한다. 앞의 레이아웃에서 AppBarLayout의 자식인 Toolbar에 app:layout_scrollFlags를 지정하고 있다.

동시에 AppBarLayout은 CoordinatorLayout 내에 포함되어야 한다.

마지막 요소는 Toolbar이다. 여기에서 기존과 달리 추가된 속성은 앞에 AppBarLayout을 이야기하며 설명했던 app:layout_scrollFlags 필드이다. 이 필드는 스크롤이 될 때 툴바가 어떻게 동작하는지를 결정한다.

지금 현재 상태로는 스크롤 요소가 없기 때문에 제대로 동작하지 않는다. 스크롤할 수 있는 항목을 몇 가지 추가해야 한다. 아래의 항목을 AppBarLayout 뒤 CoordinatorLayout 안에 넣는다.

```
<androidx.core.widget.NestedScrollView
    android:layout_width="match_parent"
    android:layout_height="match_parent"
    app:layout_behavior="@string/appbar_scrolling_view_behavior">

    <LinearLayout
        android:layout_width="match_parent"
        android:layout_height="wrap_content"
        android:orientation="vertical">

        <TextView
            android:layout_width="wrap_content"
            android:layout_height="wrap_content"
            android:layout_margin="50dp"
            android:text="Text 1"/>

        <TextView
            android:layout_width="wrap_content"
            android:layout_height="wrap_content"
            android:layout_margin="50dp"
            android:text="Text 2"/>

        ...
    </LinearLayout>
</androidx.core.widget.NestedScrollView>
```

리스트 4-15 NestedScrollView가 추가된 레이아웃 코드

지면상 TextView를 두 개만 표기하였는데 스크롤 화면이 나올 만큼은 충분히 추가해 주도록 한다. NestedScrollView 〉 LinearLayout 〉 TextView 순으로 구성이 되어 있는데 NestedScrollView부터 살펴보자. NestedScrollView는 그 자식들을 스크롤이 가능하게 한다. 그 안에 LinearLayout을 넣고 세로 방향으로 여러 TextView를 배치하였다. NestedScrollView는 스크롤의 연동이 앱바와 연동되게 하기 위해 app:layout_behavior="@string/appbar_scrolling_view_behavior"를 NestedScrollView에

추가한다. 이 속성이 없다면 NestedScrollView 항목의 일부가 툴바에 의해 가려질 수 있다. 이 속성이 없는 경우 〈그림 4-12〉처럼 툴바에 의해 NestedScrollView가 가려질 수 있다.

그림 4-12 layout_behaviour가 없는 경우

이 속성이 있는 경우에는 〈그림 4-13〉처럼 NestedScrollView가 AppBarLayout과 조화롭게 배치된다.

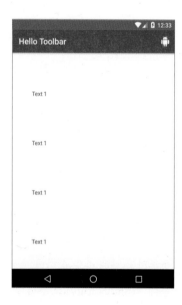

그림 4-13 layout_behaviour가 있는 경우

특별한 일이 없다면 AppBarLayout과 NestedScrollView가 조화롭게 배치되도록 app:layout_behavior 항목을 제대로 설정하자.

4.4.3 레이아웃 스크롤 플래그

제대로 수행이 되었다면 툴바에 추가했던 app:layout_scrollFlags 속성을 변경하고 스크롤의 변화를 확인하여 보자.

app:layout_scrollFlags를 삭제하면 스크롤할 때 〈그림 4-14〉와 같아진다.

그림 4-14 layout _scrollFlags 설정이 없는 경우

화면을 스크롤해도 앱바 레이아웃에 있는 툴바는 고정된 위치에 반영된다.

app:layout_scrollFlags="scroll"을 설정하면 〈그림 4-15〉와 같아진다.

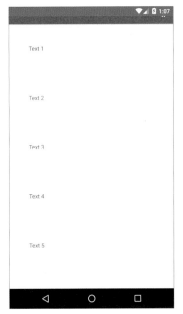

그림 4-15 app:layout_scrollFlags="scroll" 설정

app:layout_scrollFlags="scroll|enterAlways"로 설정해본다. 화면을 위로 올려보면 scroll으로 설정했을 때와 같이 앱바 레이아웃이 사라진다. 하지만 화면을 아래로 내리는 순간 앱바 레이아웃이 〈그림 4-16〉과 같이 등장하기 시작한다.

그림 4-16 app:layout_scrollFlags="scroll|enterAlways"

컬랩싱 툴바

구글이 머터리얼 디자인을 선보이며 툴바를 펼쳤다 접을 수 있게 컬랩싱 툴바가 도입되었다. 기존의 툴바를 컬랩싱 툴바 레이아웃^{CollapsingToolbarLayout}에 담고 앱 바 레이아웃^{AppBarLayout}에 넣어 이를 구현해보자.

4.5.1 기본적인 레이아웃

레이아웃의 구성은 기본적으로 다음과 같다.

AppBarLayout 〉 CollapsingToolbarLayout 〉 Toolbar

앱바 레이아웃 안에 컬랩싱 툴바 레이아웃을 위치시키고 그 안에 다시 툴바를 위치시키는 것이다. 기존 레이아웃을 확장해보자.

```
<androidx.coordinatorlayout.widget.CoordinatorLayout
    xmlns:android="http://schemas.android.com/apk/res/android"
    xmlns:app="http://schemas.android.com/apk/res-auto"
    xmlns:tools="http://schemas.android.com/tools"
    android:layout_width="match_parent"
    android:layout_height="match_parent"
    tools:context=".MainActivity">

    <com.google.android.material.appbar.AppBarLayout
        android:layout_width="match_parent"
        android:layout_height="200dp">

        <com.google.android.material.appbar.CollapsingToolbarLayout
            android:id="@+id/collapsing_toolbar"
            android:layout_width="match_parent"
            android:layout_height="match_parent"
            app:contentScrim="?attr/colorPrimary"
            app:expandedTitleMarginEnd="64dp"
            app:expandedTitleMarginStart="48dp"
            app:layout_scrollFlags="scroll|exitUntilCollapsed">
```

```xml
    <androidx.appcompat.widget.Toolbar
        android:id="@+id/toolbar"
        android:layout_width="match_parent"
        android:layout_height="?attr/actionBarSize"
        app:layout_collapseMode="pin")

    </androidx.appcompat.widget.Toolbar>
  </com.google.android.material.appbar.CollapsingToolbarLayout>
</com.google.android.material.appbar.AppBarLayout>

<androidx.core.widget.NestedScrollView
    android:layout_width="match_parent"
    android:layout_height="match_parent"
    app:layout_behavior="@string/appbar_scrolling_view_behavior")

  <LinearLayout
      android:layout_width="match_parent"
      android:layout_height="wrap_content"
      android:orientation="vertical")

    <TextView
        android:layout_width="wrap_content"
        android:layout_height="wrap_content"
        android:layout_margin="50dp"
        android:text="Text 1"/)

    ...

  </LinearLayout>
</androidx.core.widget.NestedScrollView>

</androidx.coordinatorlayout.widget.CoordinatorLayout>
```

리스트 4-16 **확장된 레이아웃**

앱바의 세로 사이즈를 200dp로 설정하였는데 처음에 그 정도 크기로 펼쳐져 있는 것을 의미한다.
툴바의 app:layout_collapseMode="pin" 항목은 스크롤에 따라 툴바를 감싸고 있는 Collapsing
ToolbarLayout이 스크롤되는 동안에 툴바는 고정된 위치를 지키고 있다는 것을 의미한다. 이 값 등은
나중에 제거하거나 다른 값으로 바꾸어 가며 변화를 확인하자.
텍스트 뷰는 반복되기 때문에 하나만 표시하였다. 충분히 내용을 채우고 소스 코드를 다음과 같이 수
정한다.

```kotlin
override fun onCreate(savedInstanceState: Bundle?) {
 super.onCreate(savedInstanceState)
 setContentView(R.layout.activity_main)
 val collapsingToolbarLayout = findViewById<CollapsingToolbarLayout>(R.id.collaps
ing_toolbar)
 collapsingToolbarLayout.title = "Collapsing"
 collapsingToolbarLayout.setExpandedTitleColor(0xffffffff.toInt());
 val toolbar = findViewById<Toolbar>(R.id.toolbar)
 toolbar.title = "Hello Toolbar"
 toolbar.inflateMenu(R.menu.menu_main);
 toolbar.setOnMenuItemClickListener { item ->
  if (item.itemId == R.id.android) {
   Toast.makeText(this, "Hello Android!", Toast.LENGTH_SHORT).show()
   true
  } else {
   false
  }
 }
}
```
코틀린

- -

```java
@Override
protected void onCreate(Bundle savedInstanceState) {
   super.onCreate(savedInstanceState);
   setContentView(R.layout.activity_main);
   CollapsingToolbarLayout collapsingToolbarLayout = findViewById(R.id.collapsing_
toolbar);
  collapsingToolbarLayout.setTitle("Collapsing");
  collapsingToolbarLayout.setExpandedTitleColor(0xffffffff);
  Toolbar toolbar = findViewById(R.id.toolbar);
  toolbar.inflateMenu(R.menu.menu_main);
  toolbar.setOnMenuItemClickListener(item -> {
    if (item.getItemId() == R.id.android) {
      Toast.makeText(MainActivity.this, "Hello Android!", Toast.LENGTH_SHORT).show();
      return true;
    }
    return false;
  });
}
```
자바

리스트 4-17 컬랩싱 레이아웃 설정과 이벤트 처리가 등록된 코드 코틀린 코드에서 특이한 점은 0xffffffff를 직접 입력할 수 없다는 것이다. 자바의 경우 int 양수 범위를 넘어서는 값을 자동으로 음수로 변환하는데, 코틀린의 경우에는 FFFFFFFF는 Int 양수의 범위를 넘어서는 Long의 양수 값으로 보기 때문이다.

툴바가 아닌 CollapsingToolbarLayout에 대해 타이틀을 설정하였다.

켜져 있을 때 색상^{setExpandedTitleColor}을 지정한 것을 유념하자. 컬랩싱 툴바 레이아웃을 사용할 때는 타이틀 등을 툴바가 아닌 컬랩싱 툴바 레이아웃에 추가한다.

레이아웃과 코드 변경을 하였으면 실행하고 화면을 위아래로 스크롤해보자. 다음은 스크롤의 단계에 따라 변화하는 장면을 순차적으로 찍은 것이다.

그림 4-17 **컬랩싱 레이아웃 1단계**

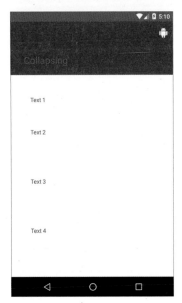

그림 4-18 **컬랩싱 레이아웃 2단계**

Collapsing

Text 2

Text 3

Text 4

Text 5

그림 4-19 **컬랩싱 레이아웃 3단계**

4.5.2 이미지를 담은 컬랩싱 툴바 레이아웃

컬랩싱 툴바 레이아웃에는 복수의 뷰를 자식으로 추가할 수 있다. 이전 코드에서는 툴바만을 가지고 있어서 단조로운데 이번에 변화를 줘보자.

먼저 이미지를 다운로드해야 한다. 여기에서는 구글의 개발자 행사인 구글 IO 16 이미지를 사용한다. 웹사이트(https://bit.ly/376rjRu)에서 이미지를 다운로드해서 사용하면 된다.

다운을 완료한 후 안드로이드 스튜디오의 왼편의 페인pane에서 Project Files 탭을 선택하고 app 〉 src/main 〉 drawable-xhdpi를 열고 해당 폴더로 파일을 드래그 앤 드롭하면 복사가 된다.

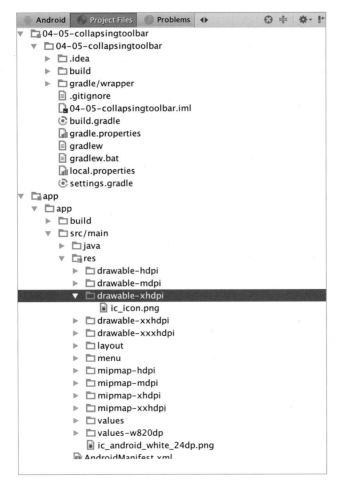

그림 4-20 Project Files의 drawable-xhdpi

이미지를 넣고 나면 레이아웃을 다음과 같이 수정한다.

```xml
<com.google.android.material.appbar.AppBarLayout
    android:layout_width="match_parent"
    android:layout_height="200dp">

    <com.google.android.material.appbar.CollapsingToolbarLayout
        android:id="@+id/collapsing_toolbar"
        android:layout_width="match_parent"
        android:layout_height="match_parent"
        app:contentScrim="?attr/colorPrimary"
        app:expandedTitleMarginEnd="64dp"
        app:expandedTitleMarginStart="48dp"
        app:layout_scrollFlags="scroll|exitUntilCollapsed">
```

```
    <ImageView
      android:layout_width="match_parent"
      android:layout_height="match_parent"
      android:src="@drawable/io16_social"/>

    <androidx.appcompat.widget.Toolbar
      android:id="@+id/toolbar"
      android:layout_width="match_parent"
      android:layout_height="?attr/actionBarSize"
      app:layout_collapseMode="pin">

    </androidx.appcompat.widget.Toolbar>
  </com.google.android.material.appbar.CollapsingToolbarLayout>
</com.google.android.material.appbar.AppBarLayout>
```

리스트 4-18 **컬랩싱 툴바 레이아웃에 이미지를 추가**

앱바 레이아웃부터 표시하였다. 컬랩싱 툴바 레이아웃 속에 원래 툴바만 있었는데 툴바 직전에 이미지
뷰를 위치시켰다.

레이아웃을 바꾼 김에 앱바에 표시될 타이틀도 조금 수정해보자.

```
override fun onCreate(savedInstanceState: Bundle?) {
  super.onCreate(savedInstanceState)
  setContentView(R.layout.activity_main)
  val collapsingToolbarLayout = findViewById<CollapsingToolbarLayout>(R.id.collaps
ing_toolbar)
  collapsingToolbarLayout.title = "IO16"
  val toolbar = findViewById<Toolbar>(R.id.toolbar)
  toolbar.title = "Hello Toolbar"
  toolbar.inflateMenu(R.menu.menu_main);
  toolbar.setOnMenuItemClickListener { item ->
    if (item.itemId == R.id.android) {
      Toast.makeText(this, "Hello Android!", Toast.LENGTH_SHORT).show()
      true
    } else {
      false
    }
  }
}
코틀린
```

```
@Override
protected void onCreate(Bundle savedInstanceState){
  super.onCreate(savedInstanceState);
  setContentView(R.layout.activity_main);
  CollapsingToolbarLayout collapsingToolbarLayout = findViewById(R.id.collapsing_
toolbar);
  collapsingToolbarLayout.setTitle("IO16");
  Toolbar toolbar = findViewById(R.id.toolbar);
  toolbar.inflateMenu(R.menu.menu_main);
  toolbar.setOnMenuItemClickListener(item −>
    if (item.getItemId() == R.id.android){
      Toast.makeText(this, "Hello Android!", Toast.LENGTH_SHORT).show();
      return true;
    }
    return false;
  });
}
  자바
```

리스트 4-19 **문구 수정과 글씨 색상 설정**

문구를 IO16으로 수정하였고 확장된 글씨 색상 설정을 제거했다. 제대로 수정이 완료되었다면 수행하고 스크롤을 해보자.

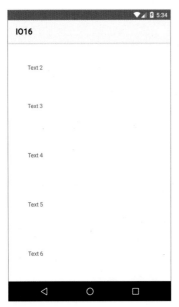

그림 4-21 **이미지가 있는 컬랩싱 1단계**

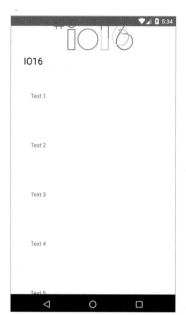

그림 4-22 이미지가 있는 컬랩싱 2단계

그림 4-23 이미지가 있는 컬랩싱 3단계

4.5.3 패럴럭스 스크롤

앞의 예제에서 이미지는 스크롤의 속도와 동일하게 움직인다. 근래에는 전체적인 움직임과 별개의 속도로 그 속에 담긴 이미지가 움직이는 패럴럭스 스크롤이 많이 쓰인다. 이미지에 app:layout_collapseMode="parallax"를 지정하면 되는데, 수정된 레이아웃은 다음과 같다.

```
<com.google.android.material.appbar.AppBarLayout
    android:layout_width="match_parent"
    android:layout_height="200dp">

    <com.google.android.material.appbar.CollapsingToolbarLayout
        android:id="@+id/collapsing_toolbar"
        android:layout_width="match_parent"
        android:layout_height="match_parent"
        app:contentScrim="?attr/colorPrimary"
        app:expandedTitleMarginEnd="64dp"
        app:expandedTitleMarginStart="48dp"
        app:layout_scrollFlags="scroll|exitUntilCollapsed">

    <ImageView
            android:layout_width="match_parent"
            android:layout_height="match_parent"
            android:src="@drawable/io16_social"
            app:layout_collapseMode="parallax"/>

        <androidx.appcompat.widget.Toolbar
            android:id="@+id/toolbar"
            android:layout_width="match_parent"
            android:layout_height="?attr/actionBarSize"
            app:layout_collapseMode="pin">

        </androidx.appcompat.widget.Toolbar>
    </com.google.android.material.appbar.CollapsingToolbarLayout>
</com.google.android.material.appbar.AppBarLayout>
```

리스트 4-20 **패럴럭스 레이아웃 코드**

실행하고 스크롤을 해보면 이미지의 움직임이 이전보다 느려진 것을 확인할 수 있다.

그림 4-24 **패럴럭스가 적용된 화면**

패럴럭스 정도를 바꾸고 싶다면 ImageView에 app:layout_collapseParallaxMultiplier="0.5"와 같은 옵션을 추가하면 된다. 숫자가 0에 가까울수록 스크롤한 만큼 움직이며 1에 가까울수록 움직이지 않는다. 0.5를 기준으로 조금씩 값을 바꾸어 적정한 값을 실험해보길 바란다.

데이터 바인딩

05장
데이터 바인딩

SUMMARY 현대적인 애플리케이션 개발에는 앱 상태와 UI 상태의 상호 작용과 동기화가 필요하다.
2015년부터 도입된 데이터 바인딩을 통해 UI를 위한 여러 상태를 관리해보자.

현대적인 애플리케이션 개발에서는 앱의 상태가 바뀌면 UI의 상태가 변경되어야 한다. 예를 들면 앱이 가지고 있는 데이터 항목 개수가 5개에서 10개로 바뀐다면 화면에 있는 텍스트 뷰에 5개라고 표시된 항목이 10개로 바뀌어야 한다. 반대의 경우도 성립한다. 사용자가 이름을 공백에서 "이태민"으로 수정했다면 UI뿐만 아니라 내부의 상태도 "이태민"으로 수정되어야 한다.

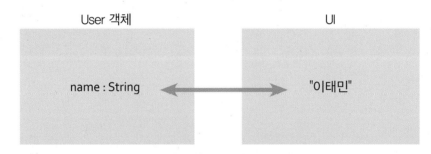

그림 5-1 User 객체와 UI 항목의 상호 동기화

이런 작업을 그 상황에 맞추어서 코딩을 하는 것은 번거로운 작업이다. 모든 UI 항목에 대해 내부의 상태와 사용자 인터페이스의 값을 서로 맞추는 일은 매우 귀찮고 반복적인 작업이다.

현대적인 프레임워크는 대부분 이 일들을 추상화시켜 데이터 바인딩이라는 개념으로 만들어, 이를 통해 이 과정을 손쉽게 처리한다. 구글의 웹 프레임워크인 앵귤러.js^{Angular.js}나 마이크로소프트의 프레임워크인 윈도우즈 프레젠테이션 파운데이션(WPF, Windows Presentation Foundation)은 초기부터 데이터 바인딩을 지원했다. WPF는 애플의 Cocoa와 유사하게 PC 환경과 모바일 환경 모두를 위한 프레임워크다.

안드로이드는 조금 늦었지만 2015년부터 데이터 바인딩을 지원했다. 데이터 바인딩 기능을 2015년 구글 IO에서 공개했다.

데이터 바인딩을 위해서는 애플리케이션의 최소 3 영역에 대한 수정이 필요하다.

(1) (뷰 모델을 이해하도록) 레이아웃
(2) (데이터 바인딩 레이아웃을 사용하도록) View에서 레이아웃을 초기화하는 코드
(3) (내부 데이터와 동기화될 수 있는 객체인) 뷰 모델

5.1.1 데이터 바인딩을 위한 레이아웃

세 영역 중 먼저 레이아웃부터 살펴본다. 레이아웃이 어떤 형태의 뷰 계층을 가지고 있느냐는 데이터 바인딩과 큰 상관이 없다. 기존 최상의 뷰 대신 〈layout〉을 가져야 한다.

예를 들어 〈리스트 5-1〉과 같은 레이아웃이 있다고 하자.

```xml
<?xml version="1.0" encoding="utf-8"?>
<androidx.constraintlayout.widget.ConstraintLayout
    xmlns:android="http://schemas.android.com/apk/res/android"
    xmlns:app="http://schemas.android.com/apk/res-auto"
    xmlns:tools="http://schemas.android.com/tools"
    android:layout_width="match_parent"
    android:layout_height="match_parent"
    tools:context="com.example.hello.MainActivity">

    <TextView
        android:layout_width="wrap_content"
        android:layout_height="wrap_content"
        android:text="Hello World!"
        app:layout_constraintBottom_toBottomOf="parent"
        app:layout_constraintEnd_toEndOf="parent"
        app:layout_constraintStart_toStartOf="parent"
        app:layout_constraintTop_toTopOf="parent" />

</androidx.constraintlayout.widget.ConstraintLayout>
```

리스트 5-1 activity_main.xml

속성들이 있어 한눈에 들어오지 않는다. 설명에 필요한 요소만 남겨두자.

```
<androidx.constraintlayout.widget.ConstraintLayout>

  <TextView … />

</androidx.constraintlayout.widget.ConstraintLayout>
```

리스트 5-2 **중요 요소만 표현**

ConstraintLayout이 최상위 요소이며 그 자식으로 TextView가 있다.
데이터 바인딩을 위해서는 최상위 요소가 〈layout〉 레이아웃이 되어야 한다.

```
<layout>
  <androidx.constraintlayout.widget.ConstraintLayout>

    <TextView … />

  </androidx.constraintlayout.widget.ConstraintLayout>
</layout>
```

리스트 5-3 **layout이 최상위 요소가 된 레이아웃**

〈layout〉이 최상위 요소로 추가되었을 뿐 전체적인 구조는 크게 달라지지 않는다. 생략했던 요소들을
다시 추가해보자.

```
<?xml version="1.0" encoding="utf-8"?>
<layout xmlns:android="http://schemas.android.com/apk/res/android"
  xmlns:app="http://schemas.android.com/apk/res-auto"
  xmlns:tools="http://schemas.android.com/tools"
  tools:context="com.example.hello.MainActivity">
  <androidx.constraintlayout.widget.ConstraintLayout
    android:layout_width="match_parent"
    android:layout_height="match_parent">
```

```
    <TextView
        android:layout_width="wrap_content"
        android:layout_height="wrap_content"
        android:text="Hello World!"
        app:layout_constraintBottom_toBottomOf="parent"
        app:layout_constraintEnd_toEndOf="parent"
        app:layout_constraintStart_toStartOf="parent"
        app:layout_constraintTop_toTopOf="parent" />

    </androidx.constraintlayout.widget.ConstraintLayout>
</layout>
```

리스트 5-4 activity_main.xml

xmlns들이 있던 부분과 tools:context가 최상위 요소에 배치되어야 하기 때문에 ConstraintLayout에
있던 것을 layout으로 옮겼다.

5.1.2 뷰 모델 객체 만들기

먼저 뷰 모델 객체를 만들기 전에 데이터 바인딩을 활성화해야 한다. app/build.gradle 파일에서 데이
터 바인딩을 활성화한다.

```
apply plugin: 'com.android.application'
apply plugin: 'kotlin-android'
apply plugin: 'kotlin-kapt'

android {
    compileSdkVersion 30
    defaultConfig {
        applicationId "com.example.databinding"
        minSdkVersion 17
        targetSdkVersion 30
        versionCode 1
        versionName "1.0"
    }
```

```
  buildTypes {
    release {
      minifyEnabled false
      proguardFiles getDefaultProguardFile('proguard-android.txt'), 'proguard-
rules.pro'
    }
  }
  buildFeatures {
    dataBinding = true
  }
}

dependencies {
  implementation fileTree(dir: 'libs', include: ['*.jar'])
  implementation 'androidx.appcompat:appcompat:1.2.0'
  implementation 'androidx.constraintlayout:constraintlayout:1.1.3'
  implementation "org.jetbrains.kotlin:kotlin-stdlib-jdk7:$kotlin_version"
}
```

코틀린

```
apply plugin: 'com.android.application'

android {
  compileSdkVersion 30
  defaultConfig {
    applicationId "com.example.databinding"
    minSdkVersion 17
    targetSdkVersion 30
    versionCode 1
    versionName "1.0"
  }

  buildTypes {
    release {
      minifyEnabled false
      proguardFiles getDefaultProguardFile('proguard-android.txt'), 'proguard-
rules.pro'
    }
  }
  buildFeatures {
    dataBinding = true
  }
}
```

```
dependencies {
    implementation fileTree(dir: 'libs', include: ['*.jar'])
    implementation 'androidx.appcompat:appcompat:1.2.0'
    implementation 'androidx.constraintlayout:constraintlayout:1.1.3'
}
```
자바

리스트 5-5 데이터 바인딩 활성화

전체적인 다른 코드는 버전에 따라 다를 수 있는데 중요한 것은 android 안에 dataBinding 블록을 넣으면 된다.

```
buildFeatures {
    dataBinding = true
}
```

리스트 5-6 데이터 바인딩 블록

이제 안드로이드 앱 빌드 과정에 데이터 바인딩 처리를 위한 코드들이 추가되어 데이터 바인딩을 자유롭게 사용할 수 있다.
메인 액티비티에서 레이아웃을 사용하기 위해 초기화하는(inflate) 방식도 바꾸자.
기존에는 setContentView 메서드를 onCreate에서 호출하는 형태였다.

```
override fun onCreate(savedInstanceState: Bundle?) {
    super.onCreate(savedInstanceState)
    setContentView(R.layout.activity_main)
}
```
코틀린

```
@Override
protected void onCreate(Bundle savedInstanceState) {
    super.onCreate(savedInstanceState);
    setContentView(R.layout.activity_main);
}
```
자바

리스트 5-7 데이터 바인딩을 사용하지 않는 레이아웃 인플레이트 데이터 바인딩을 사용할 때는 다른 형태로 뷰를 만든다.

```kotlin
override fun onCreate(savedInstanceState: Bundle?){
  super.onCreate(savedInstanceState)
  val binding: ActivityMainBinding = DataBindingUtil.setContentView(this,
R.layout.activity_main)
}
```
코틀린

```java
@Override
protected void onCreate(Bundle savedInstanceState) {
    super.onCreate(savedInstanceState);
    ActivityMainBinding binding = DataBindingUtil.setContentView(this,
R.layout.activity_main);
}
```
자바

리스트 5-8 데이터 바인딩을 사용하는 레이아웃 인플레이트

ActivityMainBinding은 R.layout.activity_main으로부터 자동 생성되는 파일인데 activity_main이었던 이름을 ActivityMain의 형태로 바꾸고 그 뒤에 Binding을 붙여 객체를 생성한다.

언더바(_)가 들어 있는 표현 방식을 뱀과 닮았다고 하여 스네이크 케이스Snake case라 부르며 ActivityMain처럼 첫 글자와 중간 글자들이 대문자인 경우를 파스칼 언어의 표기법과 유사하다고 해서 파스칼 케이스Pascal case라고 부른다. 파스칼 케이스와 유사하게 중간 글자들은 대문자로 시작하지만 첫 글자가 소문자인 경우는 등이 휜 낙타와 모양이 비슷하다고 해서 카멜 케이스Camel case라 부른다.

레이아웃의 이름은 스네이크 케이스로 지었지만, 자동 생성된 객체의 이름은 파스칼 케이스에 Binding이 붙은 형태다.

만약 ActivityMainBinding을 찾을 수 없다면 해당 라인을 주석 처리하고 리빌드 프로젝트Rebuild Project를 실행한 후 풀면 된다. 데이터 바인딩 객체를 추가할 때 상황에 따라 제대로 인식하지 못하는 경우가 있다.

val binding으로 시작하는 문장을 하나씩 짚어보자. val binding: ActivityMainBinding 형태로 null이 없는 ActivityMainBinding 타입으로 지정되어 있다. 코틀린은 형 추론Type inference이 가능하면 형Type을 적지 않아도 되는 점이 장점이다.

하지만 DataBindingUtil.setContentView 정적 메서드는 제너릭하게 구현되었기 때문에 이 정적 메서드를 통해 형을 추론하기 어려우므로 그냥 val binding: ActivityMainBinding의 형태로 타입을 적어주자. 이제 뷰 모델 객체를 만들어 본다.

```
inner class ViewModel {
    var title = ObservableField<String>()
}
```
코틀린

```
public static class ViewModel {
    public ObservableField<String> title = new ObservableField<>();
}
```
자바

리스트 5-9 **뷰 모델**

여기서는 뷰 모델을 MainActivity 안에 내부 클래스로 만들었다. 별도로 분리된 클래스로 만들어도 큰 차이는 없다(자바의 static inner 클래스와 코틀린의 inner 클래스가 동일하다).

ObservableField는 값이 바뀌면 연동된 DataBinding에게 정보를 전달하고 이를 이용해 UI를 업데이트할 수 있다. ObservableField와 이후 설명할 LiveData가 값의 변동을 전파할 수 있다.

코틀린의 경우에는 var title=ObservableField⟨String⟩( )으로 생성한다. Observable⟨String⟩( )의 형태에서 타입을 추론할 수 있기 때문에 타입을 적지 않고 var title로 하는 것이다. 뷰 모델을 만들었으면 레이아웃에서 뷰 모델을 참조한다.

```
<layout xmlns:android="http://schemas.android.com/apk/res/android"
    xmlns:app="http://schemas.android.com/apk/res-auto"
    xmlns:tools="http://schemas.android.com/tools"
    tools:context="com.example.databinding.MainActivity">

    <data>
        <variable
            name="viewModel"
            type="com.example.databinding.MainActivity.ViewModel"/>
    </data>

    <androidx.constraintlayout.widget.ConstraintLayout
    ...
```

리스트 5-10 **레이아웃에서 뷰 모델 참조**

레이아웃에서 뷰 모델을 참조하기 위해서는 변수를 만들어야 한다. ⟨layout⟩ 아래 ⟨data⟩를 넣고 그 아래 변수들을 ⟨variable⟩의 형태로 넣는다 variable은 두 가지 속성을 가지는데 변수명 name과

그 변수의 타입인 type이다. 변수명을 viewModel로 지정하고 type을 com.example.databindin
g.MainActivity.ViewModel로 지정하였다. 뷰 모델 객체의 위치가 다른 곳에 있거나 객체 이름이
다르다면 이를 적절히 변경해서 적용한다. 레이아웃이 참조하는 변수는 자동으로 대입되지 않는다.
MainActivity의 onCreate으로 돌아와 연결시킨다.

```kotlin
override fun onCreate(savedInstanceState: Bundle?){
    super.onCreate(savedInstanceState)
    val binding: ActivityMainBinding = DataBindingUtil.setContentView(this,
R.layout.activity_main)
    binding.viewModel = ViewModel()
}
```
코틀린

```java
@Override
protected void onCreate(Bundle savedInstanceState){
    super.onCreate(savedInstanceState);
    ActivityMainBinding binding = DataBindingUtil.setContentView(this,
R.layout.activity_main);
    binding.setViewModel(new ViewModel());
}
```
자바

리스트 5-11 **뷰 모델 객체의 인스턴스를 레이아웃 viewModel 변수로 연동**

binding 인스턴스는 setXXX 메서드를 가지고 있고 이 메서드의 이름은 레이아웃에 만들어 둔 변수 이
름에 근간한다. 레이아웃에 〈variable name="viewModel" ⋯〉을 만들었다면 setViewModel 메서드
가 자동으로 만들어진다.

가끔은 setViewModel이 없을 수도 있다. 불행히도 안드로이드 스튜디오에서 레이아웃이 변경될 때
제때 빌드를 못하는 경우가 있다. 이 경우 해당 라인을 주석 처리하고 리빌드 프로젝트Rebuild Project를
수행한다.

뷰 모델 데이터를 조금 더 자유자재로 변경하기 위해 뷰 모델을 액티비티의 필드로 바꾸어보자.

```kotlin
private val viewModel: ViewModel by lazy{
  ViewModel()
}

override fun onCreate(savedInstanceState: Bundle?){
  super.onCreate(savedInstanceState)
  val binding: ActivityMainBinding = DataBindingUtil.setContentView(this,
R.layout.activity_main)
  binding.viewModel = viewModel
}
```
코틀린

```java
private ViewModel viewModel;
@Override
protected void onCreate(Bundle savedInstanceState){
  super.onCreate(savedInstanceState);
  ActivityMainBinding binding = DataBindingUtil.setContentView(this,
R.layout.activity_main);
  viewModel = new ViewModel();
  binding.setViewModel(viewModel);
}
```
자바

리스트 5-12 **뷰 모델을 필드로 변경**

코틀린 버전에서는 lazy란 키워드를 이용해서 초기화하였다. lazy { 코드 블록 }은 해당 변수/필드가 실제로 사용될 때 코드 블록의 내용으로 초기화를 진행한다. viewModel이란 필드에 실제로 접근하게 될 때 lazy { ViewModel() }의 코드 블록인 viewModel()이 호출되어 그 값이 사용된다.

lazy 블록은 초기화 시점과 상관없이 필드의 정의에 초기화 코드를 보여줄 수 있어 인식하기 쉬우며, viewModel의 타입을 null을 허용하는 ViewModel? 대신 null을 허용하지 않는 ViewModel로 쓸 수 있게 해준다.

ActivityMainBinding에 뷰 모델을 등록할 때도 Java 코드에서는 setViewModel 메서드를 통해 등록하지만 코틀린에서는 프로퍼티가 있기 때문에 binding.viewModel = viewModel로 등록한다. 자바 클래스에 표준적인 getter와 setter가 있어 getXXXX와 setXXXX의 형태로 메서드가 짝을 이루고 있다고 하자. 그 클래스를 코루틴에서 사용하면 프로퍼티가 자동으로 구성이 되어 마치 공개 필드에 접근하듯 자연스럽게 사용할 수 있다.

이제 뷰 모델의 값을 설정해 본다.

```
binding.viewModel = viewModel
viewModel.title.set("Hello Android")
```
코틀린

```
binding.setViewModel(viewModel);
viewModel.title.set("Hello Android");
```
자바

리스트 5-13 **뷰 모델의 값을 설정**

직관적으로는 문자열을 viewModel.title = "Hello Android"로 대입할 것처럼 보이지만 String 타입이
아닌 ObservableField〈String〉 타입이기 때문에 set 메서드로 설정해야 하다. 〈리스트 5-13〉에서는
viewModel.title.set으로 설정했다.

5.1.3 뷰 모델 필드를 뷰에 연동하기

뷰 모델에 넣은 Hello World 글자를 화면에 출력해보자.

```
<TextView
    android:layout_width="wrap_content"
    android:layout_height="wrap_content"
    android:text="@{viewModel.title}"
    app:layout_constraintBottom_toBottomOf="parent"
    app:layout_constraintEnd_toEndOf="parent"
    app:layout_constraintStart_toStartOf="parent"
    app:layout_constraintTop_toTopOf="parent" />
```
리스트 5-14 **뷰 모델 필드와 연동시킨 텍스트 뷰**

android:text에 대입된 값이 @{viewModel.title}로 바뀌었다. 뷰 모델의 값을 대입하기 위해 @{}를
사용하는 것이며 viewModel의 title 필드 값을 표시하는 것이다. title 필드의 값이 Hello Android이기
때문에 화면에 Hello Android로 표시된다.

그림 5-2 **뷰 바인딩에 연결된 텍스트**

5.1.4 클릭 이벤트 처리하기

뷰에서 클릭 이벤트를 처리하는 다양한 방법이 있다. 첫 번째로 액티비티에서 이벤트를 처리하는 방법이 있다.

5.1.4.1 액티비티 이벤트 처리

먼저 뷰에 이벤트 핸들러를 등록한다.

```
<TextView
    android:layout_width="wrap_content"
    android:layout_height="wrap_content"
    android:onClick="sayHello"
    android:text="@{viewModel.title}"
    app:layout_constraintBottom_toBottomOf="parent"
    app:layout_constraintEnd_toEndOf="parent"
    app:layout_constraintStart_toStartOf="parent"
    app:layout_constraintTop_toTopOf="parent" />
```

리스트 5-15 **텍스트 뷰에 메인 액티비티 이벤트 핸들러 등록**

이렇게 android:onClick으로 이벤트 핸들러를 등록하면 액티비티에 이벤트를 처리할 메서드를 추가한다. 많은 사람들이 텍스트 뷰^{TextView}에서 onClick 이벤트를 받을 수 있다는 것을 모르는데, 클릭 이벤트는 View 객체에 처리되기 때문에 모든 뷰에서 처리가 가능하다.

```kotlin
fun sayHello(view: View){
    Toast.makeText(this, "Hello ", Toast.LENGTH_SHORT).show()
}
```
코틀린

```java
public void sayHello(View view){
    Toast.makeText(this, "Hello ", Toast.LENGTH_SHORT).show();
}
```
자바

리스트 5-16 **액티비티에 추가된 이벤트 핸들러**

메서드에서 주의할 점은 인자로 View를 받아야 한다는 점이다.

이 메서드의 형식은 View.OnClickListener의 onClick 메서드와 인자가 동일하다.

토스트를 출력하는 것은 의미가 적으니 뷰 모델의 값을 바꾸도록 수정해보자.

```kotlin
class MainActivity : AppCompatActivity() {
  private val viewModel: ViewModel by lazy {
    ViewModel()
  }

  private var count = 0

  override fun onCreate(savedInstanceState: Bundle?) {
    super.onCreate(savedInstanceState)
    val binding: ActivityMainBinding =
      DataBindingUtil.setContentView(
        this, R.layout.activity_main
      )
    binding.viewModel = viewModel
    viewModel.title.set("Hello Android")
  }

  fun sayHello(view: View) {
    count++
    viewModel.title.set("안녕하세요. " + count + "번째 클릭입니다.")
  }

  inner class ViewModel {
    var title = ObservableField<String>()
  }
}
```
코틀린

- -

```java
public class MainActivity extends AppCompatActivity {
  private ViewModel viewModel;
  private int count = 0;

  @Override
  protected void onCreate(Bundle savedInstanceState) {
    super.onCreate(savedInstanceState);
    ActivityMainBinding binding =
      DataBindingUtil.setContentView(
        this, R.layout.activity_main
      );
```

```java
      viewModel = new ViewModel();
      binding.setViewModel(viewModel);
      viewModel.title.set("Hello Android");
   }

   public void sayHello(View view) {
      count++;
      viewModel.title.set("안녕하세요. ". count + "번째 클릭입니다.");
   }

   public static class ViewModel {
      public ObservableField<String> title = new ObservableField<>();
   }
}
```
자바

리스트 5-17 **이벤트 핸들러에서 뷰를 다루기**

클릭 이벤트를 처리하는 sayHello에서 뷰 모델의 데이터를 변경한 것이다. 뷰 모델의 데이터가 바뀌면 자동으로 뷰의 값이 바뀌어서 갱신된다. 더 이상 뷰의 속성을 바꾸기 위해 뷰의 메서드를 호출할 필요가 없다.

그림 5-3 **데이터 바인딩으로 인한 뷰 갱신**

데이터 바인딩으로 인해 값이 자동으로 바뀌게 되면 뷰의 처리가 자동화되어 뷰의 처리를 편하게 할 수 있다.

이런 장점은 유닛 테스트 등에서도 적용이 되는데 sayHello 메서드가 뷰에 의존성이 없기 때문에 더 이상 뷰를 테스트할 필요가 없다. sayHello가 뷰 모델 객체를 제대로 변경했는지 확인하면 된다.
TextView가 아닌 다른 뷰와 연동을 할 때도 쉽게 적용할 수 있다. 우리는 특정 뷰에 대해 의존적인 메
서드를 호출하지 않았고 뷰에서 우리의 뷰 모델을 가져간다. 그래서 코드에서는 수정할 부분이 없다.
뷰 수준의 변경만 필요한데 다른 뷰와 연동할 경우 뷰의 레이아웃이 수정된다. 어차피 뷰는 수정할 것
이었기에 이중 작업이 아니다.

5.1.4.2 뷰 모델에서 이벤트 처리

이벤트 핸들러가 액티비티에 있을 필요는 없다. 뷰 모델 객체에서 데이터를 직접 수정할 수 있다면 액
티비티가 뷰 모델에 대해 잘 몰라도 된다. 이번에는 이벤트 핸들러를 뷰 모델로 옮겨보자.
먼저 이벤트 핸들러를 뷰 모델로 옮기자.

```kotlin
inner class ViewModel{
  private var count = 0

  var title: ObservableField<String> = ObservableField()

  fun sayHello(view: View?){
    count++
    title.set("안녕하세요. " + count + "번째 클릭입니다.")
  }
}
```
코틀린

```java
public static class ViewModel{
  private int count = 0;

  public ObservableField<String> title = new ObservableField<>();

  public void sayHello(View view){
    count++;
    title.set("안녕하세요. " + count + "번째 클릭입니다.");
  }
}
```
자바

리스트 5-18 뷰 모델로 옮긴 sayHello 이벤트 핸들러

뷰 모델에 있는 이벤트 핸들러를 뷰에 연결하는 방법은 액티비티를 연결할 때와 조금 다르다.

```
<TextView
    android:layout_width="wrap_content"
    android:layout_height="wrap_content"
    android:onClick="@{viewModel::sayHello}"
    android:text="@{viewModel.title}"
    app:layout_constraintBottom_toBottomOf="parent"
    app:layout_constraintEnd_toEndOf="parent"
    app:layout_constraintStart_toStartOf="parent"
    app:layout_constraintTop_toTopOf="parent" />
```

리스트 5-19 **뷰 모델의 이벤트 핸들러 연결**

뷰 모델의 이벤트 핸들러를 연결할 때는 뷰 모델의 데이터를 연결할 때처럼 @{}가 필요하다. 그리고 "변수명::메서드명"의 형태가 되어야 하는데 이런 표기를 메서드 레퍼런스라고 하며 메서드를 넘겨주기 위해 지정하는 방식으로 종종 사용된다. 그런데 뷰 모델의 *sayHello*가 View 타입의 파라미터를 받는 데 전혀 사용하지 않는 것이 신경 쓰인다. 뷰에서 이벤트 핸들러를 연결할 때 메서드 레퍼런스로 지정하지 않고 람다를 직접 사용하면 이 파라미터를 제거할 수 있다.

```
inner class ViewModel{
    private var count = 0

    var title: var title = ObservableField<String>()

    fun sayHello(){
        count++
        title.set("안녕하세요. " + count + "번째 클릭입니다.")
    }
}
```
코틀린

```
public static class ViewModel{
    private int count = 0;

    public ObservableField<String> title = new ObservableField<>();

    public void sayHello(){
        count++;
        title.set("안녕하세요. " + count + "번째 클릭입니다.");
    }
}
```
자바

리스트 5-20 **람다 정의**

```
<TextView
    android:layout_width="wrap_content"
    android:layout_height="wrap_content"
    android:onClick="@{() -> viewModel.sayHello()}"
    android:text="@{viewModel.title}"
    app:layout_constraintBottom_toBottomOf="parent"
    app:layout_constraintEnd_toEndOf="parent"
    app:layout_constraintStart_toStartOf="parent"
    app:layout_constraintTop_toTopOf="parent" />
```

리스트 5-21 **람다를 호출하는 데이터 바인딩**

데이터 바인딩에서 람다를 사용할 수 있다. @{() -> viewModel.sayHello()} 람다에서 뷰 모델의 메서드를 호출하게 해주면 더 이상 뷰 모델은 View 객체를 알 필요가 없다.

값에 @{내용}을 입력해서 데이터 바인딩을 사용할 경우 데이터 바인딩은 해당 뷰에 연결되어 있는 메서드를 수행해야 한다.

연결되는 메서드는 두 가지 종류가 있다. 첫 번째는 속성과 비슷한 이름을 가지는 메서드다. 예를 들어 android:text에 값을 대입했다면 데이터 바인딩은 setText 메서드를 찾는다. 속성 android:text에서 전치사 "android:"를 제외하고 "text" 앞에 "set"를 붙여 "setText"를 만들어서 찾아본다. 이 항목이 있다면 이 메서드를 수행한다.

두 번째는 바인딩 어댑터이다. 뷰 속성에 맞는 메서드가 그 뷰에 없을 수도 있다. 바인딩 어댑터는 어떤 뷰의 속성을 어떻게 처리할지 뷰 외부에서 정의한다.

5.2.1 정방향 바인딩 어댑터

TextView에 app:reverseText라는 속성이 있다고 가정해보자. android:text 속성이 TextView에 정의한 순서대로 글자를 보여줄 때, app:reverseText는 거꾸로 보여준다고 가정해보자.

5.2.1.1 바인딩 어댑터 메서드의 정의

app:reverseText를 처리하는 바인딩 어댑터의 모양은 다음과 같다.

```kotlin
object TextViewBindingAdapters{
  @BindingAdapter("reverseText")
  fun setReverseText(view: TextView, toReverse: String){
    val reversed = StringBuilder(toReverse).reverse().toString()
    view.text = reversed
  }
}
```
코틀린

```java
public class TextViewBindingAdapters {
    @BindingAdapter("reverseText")
    public static void setReverseText(TextView view, String toReverse) {
        String reversed = new StringBuilder(toReverse).reverse().toString();
        view.setText(reversed);
    }
}
```
자바

리스트 5-22 app:reverseText를 위한 바인딩 어댑터

바인딩 어댑터는 어떤 클래스에 포함되든 어떤 이름의 메서드를 가지든 상관없다. 클래스와 메서드가 외부에서 볼 수 있게 개방되어 있고 @BindingAdapter로 지정된 스태틱 메서드가 있으면 된다.

코틀린 버전의 경우에는 클래스 선언 대신 object로 선언했는데 상수나 스태틱 메서드만 가지는 클래스는 object로 선언한다. fun에는 static 키워드를 붙이지 않는다.

속성을 해석할 때 접두어가 무엇인지 판단하지 않기 때문에 app:reverseText 속성을 지정하면 @BindingAdapter("reverseText") 메서드와 비교한다.

```kotlin
@BindingAdapter("reverseText")
fun setReverseText(view: TextView, toReverse: String)
```
코틀린

```java
@BindingAdapter("reverseText")
public static void setReverseText(TextView view, String toReverse)
```
자바

리스트 5-23 바인딩 어댑터 메서드

이 바인딩 어댑터용 메서드는 무조건 대상 뷰가 첫 번째 인자가 된다. 이 바인딩 어댑터는 TextView를 위한 것이기 때문에 첫 번째 인자는 TextView 타입을 받는다. 두 번째 인자부터는 @BindingAdapter에 적어 둔 속성이 된다. 여기에서는 reverseText를 받는 필드를 toReverse라는 이름으로 지정했다.

만약 여러 인자가 필요한 경우에는 @BindingAdapter 뒤에 중괄호를 적어주면 된다.

```kotlin
@BindingAdapter({"reverseText", "shouldReverse"})
fun setReverseText(view: TextView, toReverse: String, shouldReverse: Boolean)
```
코틀린

```java
@BindingAdapter({"reverseText", "shouldReverse"})
public static void setReverseText(TextView view, String toReverse, boolean
shouldReverse)
```
자바

리스트 5-24 **여러 인자를 처리하는 바인딩 어댑터**

이렇게 2개의 속성에 의존하는 메서드는 대상 뷰를 포함하여 총 3개의 속성을 사용해야 함은 물론이다.

5.2.1.2 바인딩 어댑터 속성을 뷰에서 사용

이제 바인딩 어댑터 속성을 뷰에서 사용하자.

```xml
<TextView
    android:layout_width="wrap_content"
    android:layout_height="wrap_content"
    app:reverseText="@{viewModel.title}"
    app:layout_constraintBottom_toBottomOf="parent"
    app:layout_constraintStart_toStartOf="parent"
    app:layout_constraintEnd_toEndOf="parent"
    app:layout_constraintTop_toTopOf="parent" />
```

리스트 5-25 **바인딩 어댑터를 사용한 TextView**

app:reverseText 속성에 뷰 모델의 속성 title을 데이터 바인딩으로 연결하였다. 바인딩 어댑터가 쉽지 않기 때문에 지금까지 작업한 코드를 다시 정리해보자. 먼저 바인딩 어댑터가 필요하다.

```
package com.example.bindingadapter

import androidx.databinding.BindingAdapter
import android.widget.TextView

object TextViewBindingAdapters {
  @BindingAdapter("reverseText")
  fun setReverseText(view: TextView, toReverse: String) {
    val reversed = StringBuilder(toReverse).reverse().toString()
    view.text = reversed
  }
}
```
코틀린

```
package com.example.bindingadapter;

import android.widget.TextView;

import androidx.databinding.BindingAdapter;

public class TextViewBindingAdapters {
  @BindingAdapter("reverseText")
  public static void setReverseText(TextView view, String toReverse) {
    String reversed = new StringBuilder(toReverse).reverse().toString();
    view.setText(reversed);
  }
}
```
자바

리스트 5-26 바인딩 어댑터 TextViewBindingAdapters

다음으로 뷰 모델이 정의된 액티비티가 필요하다.

```kotlin
package com.example.bindingadapter

import androidx.databinding.DataBindingUtil
import androidx.databinding.ObservableField
import androidx.appcompat.app.AppCompatActivity
import android.os.Bundle

import com.example.dalinaum.bindingadapter.R
import com.example.dalinaum.bindingadapter.databinding.*

class MainActivity : AppCompatActivity() {

    override fun onCreate(savedInstanceState: Bundle?) {
        super.onCreate(savedInstanceState)
        val binding = DataBindingUtil.setContentView<ActivityMainBinding>(this,
R.layout.activity_main)
        val viewModel = ViewModel()
        binding.viewModel = viewModel
        viewModel.title.set("Reverse String")
    }

    class ViewModel {
        var title = ObservableField<String>()
    }
}
```
코틀린

```java
package com.example.bindingadapter;

import android.os.Bundle;

import androidx.appcompat.app.AppCompatActivity;
import androidx.databinding.DataBindingUtil;
import androidx.databinding.ObservableField;

import com.example.dalinaum.bindingadapter.R;
import com.example.dalinaum.bindingadapter.databinding.ActivityMainBinding;

public class MainActivity extends AppCompatActivity {

  @Override
  protected void onCreate(Bundle savedInstanceState) {
    super.onCreate(savedInstanceState);
    ActivityMainBinding binding = DataBindingUtil.setContentView(this,
R.layout.activity_main);
    ViewModel viewModel = new ViewModel();
    binding.setViewModel(viewModel);
    viewModel.title.set("Reverse String");
  }

  public static class ViewModel {
    public ObservableField<String> title = new ObservableField<>();
  }
}
```
자바

리스트 5–27 **뷰 모델이 정의되고 값이 설정된 액티비티**

마지막으로 바인딩 어댑터에 관련된 속성 app:reverseText가 등록된 레이아웃이 필요하다.

```
<?xml version="1.0" encoding="utf-8"?>
<layout xmlns:android="http://schemas.android.com/apk/res/android"
  xmlns:app="http://schemas.android.com/apk/res-auto"
  xmlns:tools="http://schemas.android.com/tools"
  tools:context=".MainActivity">

  <data>
    <variable
      name="viewModel"
      type="com.example.bindingadapter.MainActivity.ViewModel" />
  </data>

  <androidx.constraintlayout.widget.ConstraintLayout
    android:layout_width="match_parent"
    android:layout_height="match_parent">

    <TextView
      android:layout_width="wrap_content"
      android:layout_height="wrap_content"
      app:reverseText="@{viewModel.title}"
      app:layout_constraintBottom_toBottomOf="parent"
      app:layout_constraintStart_toStartOf="parent"
      app:layout_constraintEnd_toEndOf="parent"
      app:layout_constraintTop_toTopOf="parent" />

  </androidx.constraintlayout.widget.ConstraintLayout>
</layout>
```

리스트 5-28 속성 app:reverseText가 사용된 레이아웃

앱을 수행해 보면 다음과 같은 결과를 볼 수 있다.

그림 5-4
app:reverseText가 바인딩 어댑터에 의해 처리된 결과

리사이클러 뷰

06장
리사이클러 뷰

SUMMARY   이제 화면에 표시될 뷰 계층에 대해 살펴본다. 기존에는 리스트 뷰가 즐겨 사용되었다. 하지만 리스트 뷰는 여러 가지 가정을 가지고 개발된 도구였기 때문에, 그 가정에서 벗어나는 커스터마이징이 어려운 구조였으며 확장하기가 매우 어려웠다. 리스트 뷰는 표시되는 방향을 수직 혹은 수평으로 바꾸기도 어려웠으며, 한 줄에 여러 항목을 보기에도 어려웠고, 그 여러 항목의 사이즈가 다를 경우에도 대응하기 어려웠다. 이런 단점을 해결하기 위해 리사이클러 뷰가 대안으로 제시되었다. 이 장에서는 리사이클러 뷰를 살펴본다.

그 다음으로 여러 페이지로 구성된 콘텐츠를 다루기 위해 페이징 개념을 익혀본다. 페이징 개념을 다루기 위한 여러 가지 구현이 있었지만 여기에서는 구글이 2017년에 제안한 페이징 라이브러리를 이용한다. 데이터소스를 기반으로 한 페이징 라이브러리는 이제 페이지를 다루는 새로운 안드로이드의 표준이 되어가고 있다.

마지막으로 구세대의 유물인 리스트 뷰도 어떤 모양인지 짧게 훑어본다.

6.1   리사이클러 뷰

1장의 Hello 예제를 다시 확장하여 리사이클러 뷰를 담아보자.

먼저 app/build.gradle 파일을 확장한다. dependencies에 다음과 같이 AndroidX 라이브러리들을 추가한다.

```
dependencies {
    implementation fileTree(dir: 'libs', include: ['*.jar'])
    implementation 'androidx.appcompat:appcompat:1.2.0'
    implementation 'androidx.constraintlayout:constraintlayout:1.1.3'
    implementation 'androidx.recyclerview:recyclerview:1.1.0'
    implementation "org.jetbrains.kotlin:kotlin-stdlib-jdk7:$kotlin_version"
}
```
코틀린

```
dependencies {
    implementation fileTree(dir: 'libs', include: ['*.jar'])
    implementation 'androidx.appcompat:appcompat:1.2.0'
    implementation 'androidx.constraintlayout:constraintlayout:1.1.3'
    implementation 'androidx.recyclerview:recyclerview:1.1.0'
}
```
자바

리스트 6-1 **리사이클러 뷰를 위한 의존성 설정**

$kotlin_version은 코틀린 버전의 루트 레벨 build.gradle에 정의되어 있다.

```
buildscript {
    ext.kotlin_version = '1.3.72'
    repositories {
        google()
        jcenter()
    }
    dependencies {
        classpath 'com.android.tools.build:gradle:4.0.1'
        classpath "org.jetbrains.kotlin:kotlin-gradle-plugin:$kotlin_version"

        // NOTE: Do not place your application dependencies here; they belong
        // in the individual module build.gradle files
    }
}

allprojects {
    repositories {
        google()
        jcenter()
    }
}
```

리스트 6-2 **코틀린 버전의 build.gradle**

AndroidX 라이브러리는 신버전이 계속 출시되기 때문에 버전은 달라질 수 있다.

```
apply plugin: 'com.android.application'
apply plugin: 'kotlin-android'

android {
  compileSdkVersion 30

  defaultConfig {
    applicationId "com.example.recyclerview"
    minSdkVersion 17
    targetSdkVersion 30
    versionCode 1
    versionName "1.0"
  }
  buildTypes {
    release {
      minifyEnabled false
      proguardFiles getDefaultProguardFile('proguard-android.txt'), 'proguard-
rules.pro'
    }
  }
}

dependencies {
  implementation fileTree(dir: 'libs', include: ['*.jar'])
  implementation 'androidx.appcompat:appcompat:1.2.0'
  implementation 'androidx.constraintlayout:constraintlayout:1.1.3'
  implementation 'androidx.recyclerview:recyclerview:1.1.0'
  implementation "org.jetbrains.kotlin:kotlin-stdlib-jdk7:$kotlin_version"
}
```

코틀린

```
apply plugin: 'com.android.application'

android {
    compileSdkVersion 30

    defaultConfig {
        applicationId "com.example.recyclerview"
        minSdkVersion 17
        targetSdkVersion 30
        versionCode 1
        versionName "1.0"
    }
    buildTypes {
        release {
```

```
            minifyEnabled false
        proguardFiles getDefaultProguardFile('proguard-android.txt'), 'proguard-
rules.pro'
    }
  }
}

dependencies {
  implementation fileTree(dir: 'libs', include: ['*.jar'])
  implementation 'androidx.appcompat:appcompat:1.2.0'
  implementation 'androidx.constraintlayout:constraintlayout:1.1.3'
  implementation 'androidx.recyclerview:recyclerview:1.1.0'
}
```
자바

리스트 6-3 리사이클러뷰 사용을 위한 build.gradle

res/layout/activity_main.xml 파일은 다음과 같이 구성한다.

```
<androidx.constraintlayout.widget.ConstraintLayout xmlns:android="http://
schemas.android.com/apk/res/android"
  xmlns:app="http://schemas.android.com/apk/res-auto"
  xmlns:tools="http://schemas.android.com/tools"
  android:layout_width="match_parent"
  android:layout_height="match_parent"
  android:paddingBottom="@dimen/activity_vertical_margin"
  android:paddingStart="@dimen/activity_horizontal_margin"
  android:paddingEnd="@dimen/activity_horizontal_margin"
  android:paddingTop="@dimen/activity_vertical_margin"
  tools:context=".MainActivity">

  <androidx.recyclerview.widget.RecyclerView
    android:id="@+id/recyclerView"
    android:layout_width="match_parent"
    android:layout_height="match_parent"
    app:layout_constraintBottom_toBottomOf="parent"
    app:layout_constraintEnd_toEndOf="parent"
    app:layout_constraintStart_toStartOf="parent"
    app:layout_constraintTop_toTopOf="parent" />

</androidx.constraintlayout.widget.ConstraintLayout>
```

리스트 6-4 확장된 레이아웃 파일

6.1.1 항목에 대한 레이아웃

리사이클러 뷰에 표시될 항목마다 레이아웃을 구성해야 한다.
레이아웃 파일 res/layout/item_recyclerview.xml을 구성하자.
먼저 레이아웃 폴더에서 우 클릭을 하여 레이아웃을 만든다.

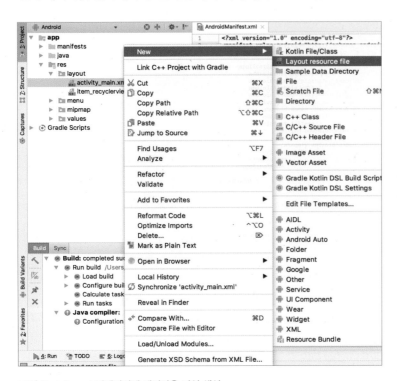

그림 6-1 layout 디렉터리에 레이아웃 파일 생성

이름은 item_recyclerview, 유형은 RecyclerView로 지정한다.

그림 6-2 item_recyclerview.xml 파일 생성

item_recyclerview.xml의 내용은 다음과 같이 구성한다.

```xml
<?xml version="1.0" encoding="utf-8"?>
<androidx.constraintlayout.widget.ConstraintLayout xmlns:android="http://
schemas.android.com/apk/res/android"
  xmlns:app="http://schemas.android.com/apk/res-auto"
  android:layout_width="wrap_content"
  android:layout_height="wrap_content"
  android:padding="10dp">

  <TextView
    android:id="@+id/title"
    android:layout_width="wrap_content"
    android:layout_height="wrap_content"
    android:layout_alignParentTop="true"
    android:text="아이템 제목"
    app:layout_constraintBottom_toTopOf="@id/text"
    app:layout_constraintStart_toStartOf="parent"
    app:layout_constraintTop_toTopOf="parent" />

  <TextView
    android:id="@+id/text"
    android:layout_width="wrap_content"
    android:layout_height="wrap_content"
    android:layout_marginTop="10dp"
    android:text="이것은 본문입니다"
    app:layout_constraintBottom_toBottomOf="parent"
    app:layout_constraintStart_toStartOf="parent"
    app:layout_constraintTop_toBottomOf="@id/title" />

</androidx.constraintlayout.widget.ConstraintLayout>
```

리스트 6-5 아이템을 구성하는 item_recyclerview.xml

ConstraintLayout에 두 개의 TextView가 배열되어 있다. 첫 번째는 상위인 ConstraintLayout의 상단
을 기준으로 배치되고, 두 번째는 첫 번째 뷰인 title을 기준으로 마진을 두어 배치된다.

6.1.2 리사이클러 뷰에 대한 프로그램 코드

이제 코틀린/자바 코드에 리사이클러 뷰를 사용하도록 수정한다.

먼저 MainActivity에 RecyclerView에 대한 필드를 추가한다.

```kotlin
private lateinit var recyclerView: RecyclerView
```
코틀린

```java
private RecyclerView recyclerView;
```
자바

리스트 6-6 **리사이클러 뷰를 받기 위한 필드**

onCreate() 메서드의 mRecyclerView에 RecyclerView를 연결한다.

```kotlin
recyclerView = findViewById(R.id.recyclerView)
```
코틀린

```java
recyclerView = findViewById(R.id.recyclerView);
```
자바

리스트 6-7 **recyclerView 필드에 리사이클러 뷰 연결**

이제 RecyclerView에 등록할 어댑터를 만든다.

```kotlin
private class MainRecyclerViewAdapter : RecyclerView.Adapter<MainRecyclerViewVi
ewHolder>(){
  override fun onCreateViewHolder(parent: ViewGroup, viewType: Int): MainRecyclerV
iewViewHolder {
    val itemView =LayoutInflater.from(parent.context).inflate(R.layout.item_recyclerv
iew, parent, false)
    return MainRecyclerViewViewHolder(itemView)
  }

  override fun onBindViewHolder(holder: MainRecyclerViewViewHolder?, position:
Int){
  }

  override fun getItemCount(): Int {
    return 10
  }
}
```
코틀린

```java
private static class MainRecyclerViewAdapter extends RecyclerView.Adapter<
MainRecyclerViewViewHolder>{
  @Override
  public MainRecyclerViewViewHolder onCreateViewHolder(ViewGroup parent, int
viewType){
    View itemView = LayoutInflater.from(parent.getContext()).inflate(R.layout.item_rec
yclerview, parent, false);
    return new MainRecyclerViewViewHolder(itemView);
  }

  @Override
  public void onBindViewHolder(MainRecyclerViewViewHolder holder, int position)
{
  }

  @Override
  public int getItemCount(){
    return 10;
  }
}
```
자바

리스트 6-8 recyclerView에 등록할 어댑터 만들기

어댑터를 제대로 만들기 위해서는 세 가지 메서드를 오버라이드 해야 한다.

각각 onCreateViewHolder, onBindViewHolder, getItemCount이다. 세 메서드는 다음의 역할을 한다.

(1) onCreateViewHolder 레이아웃을 만들고 해당 아이템에 관련된 자료를 담을 뷰 홀더(ViewHolder)를 만든다. 뷰 홀더를 만드는 과정에 LayoutInflater.from을 호출하여 레이아웃 R.layout.item_recyclerview에 해당하는 뷰(View)를 만든다. 이후 생성된 뷰에 대한 정보를 가지고 있는 뷰 홀더를 만든다. 뷰 홀더는 아이템에 대한 뷰와 그와 관련된 메타데이터를 가지고 있는 객체이다.

(2) onBindViewHolder 뷰 홀더가 실제로 연결(bind)될 때 호출된다. onCreateViewHolder 후에 호출될 수 있고 이전에 만들어진 뷰 홀더를 재사용할 수 있다. 뷰와 뷰 홀더는 재사용 되기 때문이다. 리스트가 (상하나 좌우로) 스크롤되며 이전에 보였던 아이템이 사라지게 되면 그 뷰와 그 뷰에 관련된 뷰 홀더는 다른 아이템을 위해 재사용될 수 있다.

(3) getItemCount 리스트에 표시될 아이템의 개수를 리턴한다.

뷰 홀더 객체인 MainRecyclerViewViewHolder가 없기 때문에 앞의 코드는 실제로는 동작하지 않는다. 뷰 홀더 객체인 MainRecyclerViewViewHolder를 정의해야 제대로 동작하게 된다.

```kotlin
private class MainRecyclerViewViewHolder(itemView: View) : RecyclerView.ViewHolder(itemView){
}
```
코틀린

```java
private static class MainRecyclerViewViewHolder extends RecyclerView.ViewHolder{
  public MainRecyclerViewViewHolder(View itemView){
    super(itemView);
  }
}
```
자바

리스트 6-9 **뷰 홀더 객체**

뷰 홀더는 아이템에 대한 뷰와 그와 관련된 메타데이터를 가지는 객체이다. 여기에서는 RecyclerView.ViewHolder를 상속받고 특별한 것을 추가하지 않았다.

이제 어댑터와 레이아웃 매니저를 설정한다.

코틀린 버전에는 생성자에서 부모의 생성자를 호출해야 할 때 private class MainRecyclerViewViewHolder(itemView: View) : RecyclerView.ViewHolder(itemView)의 형태로 간략히 정의할 수 있다.

```kotlin
recyclerView.adapter = MainRecyclerViewAdapter()
val layoutManager = LinearLayoutManager(this)
recyclerView.layoutManager = layoutManager
```
코틀린

```java
recyclerView.setAdapter(new MainRecyclerViewAdapter());
RecyclerView.LayoutManager layoutManager = new LinearLayoutManager(this);
recyclerView.setLayoutManager(layoutManager);
```
자바

리스트 6-10 **어댑터와 레이아웃 매니저 설정**

어댑터는 화면에 표시될 내용을 다루고 레이아웃 매니저는 화면에 어떤 방식으로 나열될지 결정한다. 여기에서는 LinearLayoutManager로 배치되어 있고 이것은 순차적으로 배치되는 것을 의미한다.

레이아웃 매니저는 세 종류로 다음과 같은 레이아웃 매니저가 있다.

(1) LinearLayoutManager   순서대로 배치한다.

(2) GridLayoutManager   격자로 배치한다.

(3) StaggeredGridLayoutManager   크기가 다른 여러 요소를 격자로 배치한다.

실행 결과는 다음과 같다.

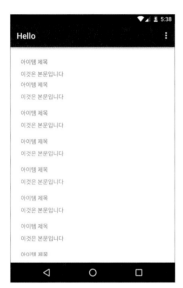

그림 6-3 기본적인 레이아웃 수행 결과

6.1.3 아이템 순번을 반영하여 화면에 표시하기

이제 아이템의 순번에 따라 화면에 'X번째 아이템입니다'라고 표시해보자. 이를 위해서는 뷰 홀더를 확장하여야 한다.

```kotlin
private class MainRecyclerViewViewHolder(itemView: View) : RecyclerView.ViewHolder(itemView){

  private val title: TextView = itemView.findViewById(R.id.title)

  fun setTitle(title: String){
    this.title.text = title
  }
}
```
코틀린

```java
private static class MainRecyclerViewViewHolder extends RecyclerView.ViewHolder
{

  private final TextView title;

  public MainRecyclerViewViewHolder(View itemView){
    super(itemView);
    title = itemView.findViewById(R.id.title);
  }

  public void setTitle(String title){
    this.title.setText(title);
  }
}
```
자바

리스트 6-11 **확장된 뷰 홀더**

R.id.title 아이디로 지정된 텍스트 뷰를 가져와서 담아두기 위해 TextView 타입인 title 필드를 Main RecyclerViewViewHolder 객체 안에 만들었다. 그리고 findViewById를 호출하여 그 뷰의 레퍼 런스를 가져왔다.

수정된 setTitle 메소드는 텍스트 뷰의 text 프로퍼티 혹은 setText를 호출하여 표시된 문자열을 바꾼 다. 이제 어댑터에서 확장된 뷰 홀더를 사용하도록 수정한다.

```kotlin
private class MainRecyclerViewAdapter : RecyclerView.Adapter<MainRecyclerViewVi
ewHolder>(){
  override fun onCreateViewHolder(parent: ViewGroup, viewType: Int): MainRecyclerV
iewViewHolder{
      val itemView = LayoutInflater.from(parent.context).inflate(R.layout.item_recyclerv
iew, parent, false)
    return MainRecyclerViewViewHolder(itemView)
  }

  override fun onBindViewHolder(holder: MainRecyclerViewViewHolder, position:
Int){
    holder.setTitle((position + 1).toString() + "번째 아이템입니다.")
  }

  override fun getItemCount(): Int {
    return 10
  }
}
```
코틀린

```java
private static class MainRecyclerViewAdapter extends RecyclerView.Adapter(Main
RecyclerViewViewHolder) {
  @Override
  public MainRecyclerViewViewHolder onCreateViewHolder(ViewGroup parent, intvie
wType) {
    View itemView = LayoutInflater.from(parent.getContext()).inflate(R.layout.item_rec
yclerview, parent, false);
    return new MainRecyclerViewViewHolder(itemView);
  }

  @Override
  public void onBindViewHolder(MainRecyclerViewViewHolder holder, int position)
{
    holder.setTitle((position + 1) + "번째 아이템입니다.");
  }

  @Override
  public int getItemCount() {
    return 10;
  }
}
```
자바

리스트 6-12 완성된 어댑터

실행된 결과는 다음과 같다.

그림 6-4 완성된 뷰 홀더와 어댑터가 적용된 화면

아이템 데코레이션은 아이템을 하나하나 꾸며줄 수 있는 객체이다. 일반적으로 아이템 데코레이션은 그렇게 널리 사용되지 않는데, 일반적인 뷰와 뷰 홀더를 통해 해결하기 어려운 유즈 케이스(사용 예시)가 많지 않기 때문이다.

이 장에서는 조금은 작위적일 수 있는 예제를 통해 아이템 데코레이션 사용법을 설명한다. 리스트 뷰 항목을 하나하나 출력할 때 개별 아이템 아래에 밑줄을 추가하는 것을 예로 들겠다.

6.2.1 모든 항목에 밑줄을 추가하기

ItemDecoration은 개별 항목을 모두 꾸며주는 객체이다. 이 객체를 확장하여 DivideDecoration을 만든다.

```kotlin
private class DivideDecoration(context: Context) : RecyclerView.ItemDecoration(){

  private val paint: Paint = Paint()

  init {
    paint.strokeWidth = context.resources.displayMetrics.density * 5
  }

  override fun onDraw(c: Canvas, parent: RecyclerView, state: RecyclerView.State){
    for(i in 0 until parent.childCount){
      val view = parent.getChildAt(i)
      c.drawLine(view.left.toFloat(), view.bottom.toFloat(), view.right.toFloat(),
view.bottom.toFloat(), paint)
    }
  }
}
```
코틀린

```java
private static class DivideDecoration extends RecyclerView.ItemDecoration{

  private final Paint paint;
```

```java
      paint.setStrokeWidth(context.getResources().getDisplayMetrics().density * 5);
    }

    @Override
    public void onDraw(Canvas c, RecyclerView parent, RecyclerView.State state){
      for(int i = 0; i < parent.getChildCount(); i++){
        final View view = parent.getChildAt(i);
        c.drawLine(view.getLeft(), view.getBottom(), view.getRight(), view.getBottom(),
paint);
      }
    }
}
```
자바

리스트 6-13 **데코레이션 코드**

생성자에서 Paint 객체를 생성하고 setStrokeWidth를 호출하여 5dp의 두께로 설정하였다. dp 단위는 단말기마다 수치가 다르기 때문에 context.getResources().getDisplayMetrics().density를 통해 단말기마다 다른 수치를 계산하도록 하였다.

onDraw 메서드는 각각의 뷰에서 어떻게 그려져야 할지 처리하는 메서드다. 이 메서드에 전달되는 parent를 통해 리스트에 표시되는 항목들을 가져오고 그 영역에 c.drawLine을 통해 선을 그었다. 실행 결과는 다음과 같다.

그림 6-5 **아이템 데코레이션이 적용된 수행화면**

6.3 페이징 라이브러리

여러 페이지로 되어 있는 리스트는 안드로이드 앱 초기부터 필수적인 요구사항
이다. 자주 사용하는 유즈 케이스인 것에 비해 안드로이드 자체적인 지원이 없었는
데 2017년 구글은 페이징 라이브러리^{Paging Library}를 발표하여 페이징을 공식 지원
하기 시작했다.

6.3.1 환경 설정

페이징 라이브러리를 사용하기 위해서는 환경 설정이 필요하다. app/build.gradle 파일에 android.
arch.paging:runtime에 대한 의존성을 추가한다.

```
dependencies {
    implementation fileTree(dir: 'libs', include: ['*.jar'])
    implementation 'androidx.appcompat:appcompat:1.2.0'
    implementation 'androidx.constraintlayout:constraintlayout:1.1.3'
    implementation 'androidx.recyclerview:recyclerview:1.1.0'
    implementation 'androidx.paging:paging-runtime:2.1.2'
    implementation 'com.squareup.retrofit2:retrofit:2.9.0'
    implementation 'com.squareup.retrofit2:converter-gson:2.9.0'
    implementation "org.jetbrains.kotlin:kotlin-stdlib-jdk7:$kotlin_version"
}
```
코틀린

```
dependencies {
    implementation fileTree(dir: 'libs', include: ['*.jar'])
    implementation 'androidx.appcompat:appcompat:1.2.0'
    implementation 'androidx.constraintlayout:constraintlayout:1.1.3'
    implementation 'androidx.recyclerview:recyclerview:1.1.0'
    implementation 'androidx.paging:paging-runtime:2.1.2'
    implementation 'com.squareup.retrofit2:retrofit:2.9.0'
    implementation 'com.squareup.retrofit2:converter-gson:2.9.0'
}
```
자바

리스트 6-14 페이징 의존성 설정

만약에 테스트를 하거나 RxJava2와 연동을 한다면 다음의 의존성이 필요하다.

```
testImplementation 'androidx.paging:paging-common:2.1.2'
```

리스트 6-15 **테스트용 페이징 의존성 설정**


```
implementation "androidx.paging:paging-rxjava2:2.1.2"
```

리스트 6-16 **RxJava2용 의존성 설정**

가끔 라이브러리의 RC 버전이 최신 버전인 경우도 있다. RC 버전은 Release Candidate의 약어로 릴리스 후보라는 뜻이다. RC 버전은 몇 차례의 확인 수정 절차를 거치고 문제가 없다면 출시를 진행한다. 예를 들어 1.0.0-rc1에 문제가 있었다면 다음으로 1.0.0-rc2가 나온다. 그 후에 rc2에 특별한 문제가 없었다면 rc를 떼어내고 정식 버전인 1.0.0으로 출시한다.

6.3.2 페이징 라이브러리의 구성

페이징 라이브러리를 사용하기 위해서는 데이터소스^{DataSource}, 라이브 데이터^{LiveData}, 페이지드 리스트^{PagedList}, 페이지드 리스트 어댑터^{PagedListAdapter}가 필요하다.

기존의 어댑터에서는 데이터를 직접 채우고 이용했는데, 페이징 라이브러리의 어댑터는 페이지드 리스트를 사용하기만 한다. 페이지드 리스트에 속한 항목들은 데이터소스만 채우고 지울 수 있다.

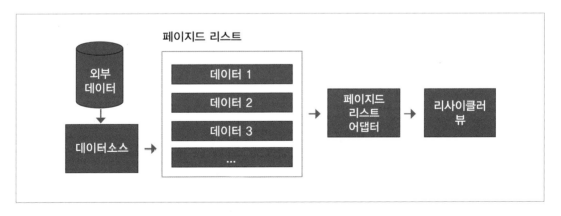

그림 6-6 **페이징 리스트의 구조**

기존의 어댑터가 자유도가 높았다면 페이징 리스트는 데이터소스를 도입하여 데이터를 가져오는 책임을 맡겨 추상화 수준을 올린다. 기존의 구조들이 자유도가 높은 반면 잘못된 패턴으로 사용될 가능성이 있었는데 새로운 라이브러리들은 어느정도 구글의 가이드라인에 맞춰 쓰기를 강요하는 면이 있다.

6.3.3 데이터소스

제일 먼저 구현할 것은 페이지드 리스트에 데이터를 공급할 데이터소스이다. 데이터소스는 다음 세 가지 인터페이스 중 하나를 구현해야 한다.

> (1) PositionalDataSource   항목의 개수가 정해져 있고 항목의 번호(예: 글 번호)를 기준으로 가져올 수 있을 때 유리하다.
> (2) ItemKeyedDataSource   개별 항목마다 이전/다음 항목의 키를 가진 경우
> (3) PageKeyedDataSource   페이지별로 다음 페이지와 이전 페이지를 가진 경우

경험에 비춰보면 데이터베이스를 제외하고는 PositionalDataSource에 어울리는 경우를 보지 못했는데 일반적으로 이전 페이지 / 다음 페이지를 읽을 때는 PageKeydDataSource가 어울렸고 페이스북의 타임라인처럼 마지막 글의 다음 글들, 처음 글의 이전 글들을 읽을 때는 ItemKeyedDataSource가 어울렸다.

인터넷 서비스의 경우에 PageKeydDataSource와 ItemKeyedDataSource를 동시에 지원하는 데이터 형태도 있었다. 한 페이지를 받아오면 그 다음 페이지와 그 이전 페이지의 키도 알려주는 한편, 아이템 자체를 가지고 그 이전의 아이템과 이후의 아이템을 가져올 수 있는 식이다.

이번 장에서 테스트 데이터를 가져올 사이트는 PokéAPI(https://www.pokeapi.co/)인데 포케몬 캐릭터 정보를 제공하는 웹 서비스다. 특별한 인증을 할 필요 없이 데이터를 가져올 수 있다. 이 사이트는 결과물을 JSON이라고 불리는 형태로 반환한다(JSON 데이터는 곧 보게 될 것이다).

JSON으로 데이터를 반환하는 웹 서비스를 흔히 REST 서비스라고 부른다. REST는 Representational State Transfer의 줄임말인데, 복잡한 규격이나 쿠키 등의 상태 없이 웹을 통해서 호출되는 API를 뜻한다. 엄밀히 말하면 상태를 가지지 않는 경우만 REST이지만, 거친 리얼 월드(?)에서는 아무도 그런 것을 따지지 않는다. XML이나 JSON으로 주고받으면 REST라고 생각하면 된다.

우리가 사용할 주소는 https://pokeapi.co/api/v2/pokemon/다. 웹 브라우저에 입력해 어떤 식으로 데이터를 받아오는지 확인해보자.

```
{
    "count": 949,
    "previous": null,
    "results": [
        {
            "url": "https://www.pokeapi.co/api/v2/pokemon/1/",
            "name": "bulbasaur"
        },
        {
            "url": "https://www.pokeapi.co/api/v2/pokemon/2/",
            "name": "ivysaur"
        },
        ...
    ],
    "next": "https://www.pokeapi.co/api/v2/pokemon/?limit=20&offset=20"
}
```

리스트 6-17 **호출된 JSON 결과**

중괄호({ })는 객체이고 대괄호([ ])는 배열인데 객체 내 데이터는 키:값의 형태로 저장된다. 따라서 객체는 "count" 키에 949값, "previous" 키에 null값, "next" 키에는 https://www.pokeapi.co/api/v2/pokemon/?limit=20&offset=20가 들어 있다.

그리고 "results" 키에는 배열이 들어있는데 최대 20개 정도의 객체가 들어 있으며, 각 객체는 url과 name을 가진다.

6.3.3.1 JSON 객체를 처리할 자바 객체

먼저 밖에서부터 안으로 가며 자바 객체를 만들자. count, previous, next, results 4개의 필드를 가진 객체를 만들면 된다.

새 객체로 Response를 만들었다.

```kotlin
package com.example.paging

data class Response(
    var count: Int,
    var previous: String,
    var next: String,
    var results: List<Object>
)
```
코틀린

```java
package com.example.paging;

import java.util.List;

public class Response {
    public int count;
    public String previous;
    public String next;
    public List<Object> results;
}
```
자바

리스트 6-18 1단계로 만든 Response 객체

results에 들어갈 객체를 아직 정의하지 않았기 때문에 일단은 Object를 담는 배열이라고 정의했다. 이는 잠시 후에 구체적인 클래스로 수정하기로 한다.

코틀린에서는 일반적인 클래스 대신 데이터 클래스Data class를 사용하였다. data class 인자 리스트에 적어준 항목대로 필드를 생성하며 equals, hashCode, toString, componenN, copy 메서드 등을 자동으로 생성한다.

인자 리스트를 적을 때 앞에 var나 val을 적어줘야 한다. var를 적을 경우 값을 바꿀 수 있는 필드로 구성이 되고 val을 붙일 경우 값을 바꿀 수 없는 필드로 구성된다. 데이터 클래스를 사용할 때 중괄호로 시작하는 본문 없이 인자 리스트로 끝내는 경우가 많으며 그렇게 사용하는 것으로도 데이터를 저장하고 주고받기에 충분하다.

이제 results에 속할 객체를 정의한다. url 필드와 name 필드를 만들면 된다.

```kotlin
package com.example.paging

data class Result(
    var url: String,
    var name: String
)
```
코틀린

```java
package com.example.paging;

public class Result{
  public String url;
  public String name;
}
```
자바

리스트 6-19 results 배열 속 하나의 요소를 담당할 Result 객체

이제 Response의 results 필드를 알맞게 정정한다.

```kotlin
package com.example.paging

data class Response(
  var count: Int,
  var previous: String,
  var next: String,
  var results: List<Result>
)
```
코틀린

```java
package com.example.paging;

import java.util.List;

public class Response{
  public int count;
  public String previous;
  public String next;
  public List<Result> results;
}
```
자바

리스트 6-20 Result 객체를 적용한 Response 객체

이렇게 REST 호출의 내용을 받아 담을 준비가 되었다.

6.3.3.2 웹 서비스 API 호출하기

이제 REST 호출 코드를 작성해보자.

REST 호출을 하는 것은 HTTP 호출을 하고 결과 JSON을 파싱해서 담아야 하는 번거로운 과정을 포함한다. 이 과정을 예전에는 한 땀 한 땀 이탈리아 장인(?)처럼 작업했으나 요즘에는 아무도 그렇게 하지 않는다.

지금은 천재(?) 안드로이드 개발자 제이크 와튼Jake Wharton이 개발한 스퀘어 사의 라이브러리 레트로핏 (Retrofit, https://github.com/square/retrofit)이 이 과정을 모두 추상화하기 때문이다.

그림 6-7 안드로이드 오픈소스 개발자 제이크 와튼

레트로핏을 사용하기 위해서는 다음 의존성을 추가해야 한다.

```
implementation 'com.squareup.retrofit2:retrofit:2.6.2'
implementation 'com.squareup.retrofit2:converter-gson:2.6.2'
```

리스트 6-21 레트로핏과 Gson 컨버터 의존성 추가

Gson은 구글이 만든 JSON 리더다. 레트로핏은 다양한 컨버터를 지원한다.

- Gson   com.squareup.retrofit2:converter-gson

- Jackson   com.squareup.retrofit2:converter-jackson

- Moshi   com.squareup.retrofit2:converter-moshi

- Protobuf   com.squareup.retrofit2:converter-protobuf

- Wire   com.squareup.retrofit2:converter-wire

- Simple XML   com.squareup.retrofit2:converter-simplexml

- Scalars (primitives, boxed, and String)   com.squareup.retrofit2:converter-scalars

아마 전체 의존성은 다음과 같은 모양이 될 것이다.

```
dependencies {
    implementation fileTree(dir: 'libs', include: ['*.jar'])
    implementation 'androidx.appcompat:appcompat:1.2.0'
    implementation 'androidx.constraintlayout:constraintlayout:1.1.3'
    implementation 'androidx.recyclerview:recyclerview:1.1.0'
    implementation 'androidx.paging:paging-runtime:2.1.2'
    implementation 'com.squareup.retrofit2:retrofit:2.9.0'
    implementation 'com.squareup.retrofit2:converter-gson:2.9.0'
    implementation "org.jetbrains.kotlin:kotlin-stdlib-jdk7:$kotlin_version"
}
```
코틀린

```
dependencies {
    implementation fileTree(dir: 'libs', include: ['*.jar'])
    implementation 'androidx.appcompat:appcompat:1.2.0'
    implementation 'androidx.constraintlayout:constraintlayout:1.1.3'
    implementation 'androidx.recyclerview:recyclerview:1.1.0'
    implementation 'androidx.paging:paging-runtime:2.1.2'
    implementation 'com.squareup.retrofit2:retrofit:2.9.0'
    implementation 'com.squareup.retrofit2:converter-gson:2.9.0'
}
```
자바

리스트 6-22 **레트로핏 의존성까지 추가**

의존성이 준비되었으니 다음으로는 메니페스트 파일에 권한permission을 추가한다. 인터넷을 사용하기 위해서는 메니페스트에 권한을 등록해야 한다.

```
<uses-permission android:name="android.permission.INTERNET" />
```

리스트 6-23 인터넷을 위한 퍼미션

해당 퍼미션은 루트 요소인 manifest에 직접 추가해야 한다. 그 하위 요소인 application에 추가하면 안 된다. 전체적인 모양은 다음과 같다.

```
<?xml version="1.0" encoding="utf-8"?>
<manifest xmlns:android="http://schemas.android.com/apk/res/android"
  package="com.example.paging">

  <uses-permission android:name="android.permission.INTERNET" />

  <application
    android:allowBackup="true"
    android:icon="@mipmap/ic_launcher"
    android:label="@string/app_name"
    android:supportsRtl="true"
    android:theme="@style/AppTheme">
    <activity
      android:name=".MainActivity"
      android:label="@string/app_name">
      <intent-filter>
        <action android:name="android.intent.action.MAIN" />

        <category android:name="android.intent.category.LAUNCHER" />
      </intent-filter>
    </activity>
  </application>
</manifest>
```

리스트 6-24 퍼미션이 추가된 메니페스트

이제 인터페이스를 만들 차례다. 자바 클래스를 만들지 않고 인터페이스를 만들어야 한다. 필요한 코드는 레트로핏이 가지고 있다.

```kotlin
package com.example.paging

import retrofit2.Call
import retrofit2.http.GET
import retrofit2.http.Query

interface PokeAPI {
    @GET("pokemon/")
    fun listPokemons(): Call<Response>
}
```
코틀린

```java
package com.example.paging;

import retrofit2.Call;
import retrofit2.http.GET;
import retrofit2.http.Query;

public interface PokeAPI {
    @GET("pokemon/")
    Call<Response> listPokemons();
}
```
자바

리스트 6–25 **레트로핏을 위한 인터페이스**

여기서 호출할 주소가 https://www.pokeapi.co/api/v2/pokemon/의 형태인데 다른 호출 주소에서도
앞부분인 https://www.pokeapi.co/api/v2/까지는 동일하기 때문에 뒷 부분인 pokemon/만 떼어와
@GET에 붙인다. GET은 HTTP 호출 방식 중 GET을 쓰겠다는 의미이다. @POST도 쓸 수 있다.

인터페이스와 메서드의 이름은 아무거나 사용해도 무방하다. 어떻게 지정하였는지 잘 기억하고 나중
에 제대로 사용하기만 하면 문제가 없다. 중요한 것은 @GET 어노테이션이 맞으며, 주고받는 객체가
적절한지의 여부다.

이렇게 만든 객체를 쓰기 위해서는 Retrofit 초기화 과정이 필요하다.

```kotlin
val retrofit = Retrofit.Builder()
    .baseUrl("https://pokeapi.co/api/v2/")
    .addConverterFactory(GsonConverterFactory.create())
    .build()
pokeAPI = retrofit.create(PokeAPI::class.java)
```
코틀린

```
Retrofit retrofit = new Retrofit.Builder()
    .baseUrl("https://pokeapi.co/api/v2/")
    .addConverterFactory(GsonConverterFactory.create())
    .build();
pokeAPI = retrofit.create(PokeAPI.class);
```
자바

리스트 6-26 **레트로핏 초기화 과정**

Retrofit 빌더에 아까 남겨준 주소의 변하지 않는 앞 부분을 넣어두고 그 다음으로는 addConverter
Factory를 제공한다. 어떤 컨버터를 사용할지 지정하는 부분인데 우리는 Gson을 사용할 것이다.
그 후 생성된 인스턴스에 우리가 만든 인터페이스에 해당하는 자바 클래스를 전달하면 포케 API 객체
가 준비된다. 코틀린의 경우에 인터페이스 이름에 "::class.java"를 붙이고 자바의 경우에는 ".class"를
붙인다. 사용법은 간단하다.

```
pokeAPI.listPokemons().execute().body()?.next
```
코틀린

```
pokeAPI.listPokemons().execute().body().next;
```
자바

리스트 6-27 **동기 인터페이스**

listPokemon()을 동기로 호출하고 body()를 호출하여 값을 가져온 후 next 필드에 접근한다.
코틀린의 경우에는 body()가 null을 리턴했을 수 있기 때문에 ?.next 필드로 접근한다.

```
pokeAPI.listPokemons().enqueue(object: Callback⟨Response⟩ {
   override fun onResponse(call: Call⟨Response⟩, response:
retrofit2.Response⟨Response⟩) {
      // response.body().next
   }

   override fun onFailure(call: Call⟨Response⟩, t: Throwable) {
   }
})
```
코틀린

```java
pokeAPI.listPokemons().enqueue(new Callback<Response>() {
    @Override
    public void onResponse(Call<Response> call, retrofit2.Response<Response> response)
{
        // response.body().next
    }

    @Override
    public void onFailure(Call<Response> call, Throwable t) {

    }
});
```
자바

리스트 6-28 **비동기 인터페이스**

결과물을 바로 리턴하는 인터페이스는 execute로 호출하고 비동기 인터페이스는 enqueue로 호출한
다. 비동기 인터페이스에는 성공했을 때와 실패했을 때 수행할 콜백을 등록한다.

6.3.3.3 데이터소스와 레트로핏의 결합

페이지당 이전 페이지 키와 다음 페이지 키를 제공하기 때문에 MainActivityPageKeyedDataSource를
사용하여 구현한다. 이 클래스는 MainActivity 안에 구현하였다.

```kotlin
private inner class DataSource : PageKeyedDataSource<String, Result>() {

    override fun loadInitial(params: PageKeyedDataSource.LoadInitialParams<String>,
callback: PageKeyedDataSource.LoadInitialCallback<String, Result>) {

    }

    override fun loadBefore(params: PageKeyedDataSource.LoadParams<String>, callback:
PageKeyedDataSource.LoadCallback<String, Result>) {

    }

    override fun loadAfter(params: PageKeyedDataSource.LoadParams<String>, callback:
PageKeyedDataSource.LoadCallback<String, Result>) {

    }
}
```
코틀린

```java
private class DataSource extends PageKeyedDataSource<String, Result> {

    @Override
    public void loadInitial(@NonNull LoadInitialParams<String> params, @NonNull
LoadInitialCallback<String, Result> callback) {

    }

    @Override
    public void loadBefore(@NonNull LoadParams<String> params, @NonNull LoadCallback
<String, Result> callback) {

    }

    @Override
    public void loadAfter(@NonNull LoadParams<String> params, @NonNull LoadCallback
<String, Result> callback) {

    }
}
```
`자바`

리스트 6-29 **페이지 키 기반의 데이터소스 얼개**

PageKeyedDataSource<String, Result>에서 String과 Result를 주목하자. 첫 번째 타입인 String은 키
의 타입을 의미하고, 두 번째 타입인 Result는 리스트 뷰에 표현될 한 행[row]의 타입이 된다. 우리가 받
아온 Response 객체에서 List<Result> results 필드에 한 번에 최대 20개씩 데이터가 담겨있는데 이 리
스트에 사용된 Result 타입으로 행의 타입을 지정한다.
PokeAPI를 호출해야 하기 때문에 PokeAPI 타입으로 pokeAPI 필드를 만들었다.

```kotlin
private lateinit var pokeAPI: PokeAPI
```
`코틀린`

```java
private PokeAPI pokeAPI;
```
`자바`

리스트 6-30 **PokeAPI용 필드 추가**

코틀린 버전에서는 null을 허용하지 않는 대신 lateinit를 적어 초기화가 뒤에 이루어진다고 명시적으로
알려두었다.
onCreate에 레트로핏 초기화를 위한 코드를 추가한다.

```kotlin
val retrofit = Retrofit.Builder()
    .baseUrl("https://pokeapi.co/api/v2/")
    .addConverterFactory(GsonConverterFactory.create())
    .build()
pokeAPI = retrofit.create(PokeAPI::class.java)
```
코틀린

```java
Retrofit retrofit = new Retrofit.Builder()
    .baseUrl("http://pokeapi.co/api/v2/")
    .addConverterFactory(GsonConverterFactory.create())
    .build();
pokeAPI = retrofit.create(PokeAPI.class);
```
자바

리스트 6-31 onCreate 메서드에 추가된 레트로핏 초기화 코드

```kotlin
private inner class DataSource : PageKeyedDataSource<String, Result>() {

  override fun loadInitial(params: PageKeyedDataSource.LoadInitialParams<String>, callback: PageKeyedDataSource.LoadInitialCallback<String, Result>) {
    try {
      val body = pokeAPI.listPokemons().execute().body()
      body?.let { body ->
        callback.onResult(body.results, body.previous, body.next)
      }
    } catch (e: IOException) {
      e.printStackTrace()
    }

  }

  override fun loadBefore(params: PageKeyedDataSource.LoadParams<String>, callback: PageKeyedDataSource.LoadCallback<String, Result>) {

  }

  override fun loadAfter(params: PageKeyedDataSource.LoadParams<String>, callback: PageKeyedDataSource.LoadCallback<String, Result>) {

  }
}
```
코틀린

```java
private class DataSource extends PageKeyedDataSource<String, Result> {

    @Override
    public void loadInitial(@NonNull LoadInitialParams<String> params, @NonNull
LoadInitialCallback<String, Result> callback) {
        try {
            Response body = pokeAPI.listPokemons().execute().body();
            callback.onResult(body.results, body.previous, body.next);
        } catch (IOException e) {
            e.printStackTrace();
        }
    }

    @Override
    public void loadBefore(@NonNull LoadParams<String> params, @NonNull
LoadCallback<String, Result> callback) {
    }
    @Override
    public void loadBefore(@NonNull LoadParams<String> params, @NonNull
LoadCallback<String, Result> callback) {
    }

    @Override
    public void loadAfter(@NonNull LoadParams<String> params, @NonNull
LoadCallback<String, Result> callback) {

    }
}
```
자바

리스트 6-32 PokeAPI 초기 호출 부분 구현

loadInitial 메서드를 구현해 처음으로 호출할 부분을 처리했다. params를 활용하여 loadInitial 메서드 내에서 자료를 얻은 후 그 자료와 키들을 callback.onResult로 전달하는 식이다.

여기에서 주목할 점은 레트로핏에 동기식 인터페이스를 쓴 것이다. 데이터소스는 백그라운드에서 수행되기 때문에 별도의 비동기 인터페이스를 사용할 필요가 없다.

이전 페이지를 loadBefore 메서드, 다음 페이지를 loadAfter 메서드에 구현해야 한다.

기존의 pokeAPI.listPokemons()로 이전 페이지와 다음 페이지를 구현할 수 없기 때문에 레트로핏 인터페이스를 확장한다.

코틀린 버전에서는 let이란 키워드를 썼는데 null일 수 있는 타입을 null을 허용하지 않는 타입으로 바꾸지 않기 위해 사용하였다. 〈리스트 6-33〉을 보자.

```
annyung?.let { haseyo ->
    // any
}
```

리스트 6-33 **let의 용법**

let은 annyung이란 이름의 null을 사용할 수 있는 필드가 null이 아닌 경우만 다음 블록에 null이 아닌 타입인 haseyo란 변수를 전달한다.

let은 null을 허용하는 타입에서 null이 아닌 것을 확인하고 null이 아닌 경우에만 실행하는 코드블록의 용도로 사용하는 경우가 많다.

또 다른 let의 대표적인 용법은 특정 인스턴스의 필드 등을 지역 변수처럼 사용하는 것이다.

```
interface PokeAPI {
    @GET("pokemon/")
    fun listPokemons(): Call<Response>

    @GET("pokemon/")
    fun listPokemons(@Query("offset") offset: String, @Query("limit") limit: String):
Call<Response>
}
```
코틀린

```
public interface PokeAPI {
    @GET("pokemon/")
    Call<Response> listPokemons();

    @GET("pokemon/")
    Call<Response> listPokemons(@Query("offset") String offset, @Query("limit") String
limit);
}
```
자바

리스트 6-34 **PokeAPI 초기 로딩 부분 구현**

이제 loadBefore, loadAfter를 구현하자.

```kotlin
override fun loadBefore(params: LoadParams<String>, callback: LoadCallback<String,
Result>){
  val queryPart = params.key.split("?")[1]
  val queries = queryPart.split("&")
  val map = mutableMapOf<String, String>()
  for(query in queries){
    val parts = query.split("=")
    map[parts[0]] = parts[1]
  }
  try{
    val body = pokeAPI.listPokemons(map["offset"]!!, map["limit"]!!).execute().body()
    body?.let { body ->
      callback.onResult(body.results, body.previous)
    }
  } catch(e: IOException){
    e.printStackTrace()
  }

}

override fun loadAfter(params: LoadParams<String>, callback: LoadCallback<String,
Result>){
  val queryPart = params.key.split("?")[1]
  val queries = queryPart.split("&")
  val map = mutableMapOf<String, String>()
  for(query in queries){
    val parts = query.split("=")
    map[parts[0]] = parts[1]
  }
  try{
    val body = pokeAPI.listPokemons(map["offset"]!!, map["limit"]!!).execute().body()
    body?.let { body ->
      callback.onResult(body.results, body.next)
    }
  } catch(e: IOException){
    e.printStackTrace()
  }
}
```
코틀린

```java
@Override
public void loadBefore(@NonNull LoadParams<String> params, @NonNull
LoadCallback<String, Result> callback) {
  String queryPart = params.key.split("\\?")[1];
  String[] queries = queryPart.split("&");
  Map<String, String> map = new HashMap<>();
  for (String query : queries) {
    String[] splited = query.split("=");
    map.put(splited[0], splited[1]);
  }
  try {
    Response body = pokeAPI.listPokemons(map.get("offset"), map.get("limit")).execute().body();
    callback.onResult(body.results, body.previous);
  } catch (IOException e) {
    e.printStackTrace();
  }
}

@Override
public void loadAfter(@NonNull LoadParams<String> params, @NonNull
LoadCallback<String, Result> callback) {
  String queryPart = params.key.split("\\?")[1];
  String[] queries = queryPart.split("&");
  Map<String, String> map = new HashMap<>();
  for (String query : queries) {
    String[] splited = query.split("=");
    map.put(splited[0], splited[1]);
  }
  try {
    Response body = pokeAPI.listPokemons(map.get("offset"), map.get("limit")).execute().body();
    callback.onResult(body.results, body.next);
  } catch (IOException e) {
    e.printStackTrace();
  }
}
```

자바

리스트 6-35 PokeAPI 이전 페이지, 다음 페이지 부분 구현

previous와 next 키가 주소?offset=숫자&limit=숫자 형태로 전달되어 오기 때문에 ?를 기준으로 잘라 ("\\?") 쿼리 부분만 얻는다. "\\?"의 형태로 전달하는 것은 split 메서드가 ?를 와일드 카드로 해석해서 아무 문자열을 받아들이기 때문에 \?를 전달하는 것이며, 문자열 내에서 \를 표현하기 위해 \를 두 번 겹쳐 넣은 것이다.

다시 "&"을 기준으로 쿼리를 하나하나 잘라내며, 다음으로 "="을 기준으로 잘라 키 밸류를 분리해서 사용한다.

loadBefore와 loadAfter는 유사한데 loadBefore는 params로 이전 키(previous)를 받고 콜백에도 새 이전 키를 반환해야 하며 loadAfter는 다음 키(next)를 받고 콜백에도 새 다음 키를 반환해야 한다.

6.3.4 데이터소스에서 페이지드 리스트 생성

데이터소스를 이용해서 페이지드 리스트를 생성한다. 페이지드 리스트는 PagedList.Config 설정과 데이터소스를 만들기 위한 DataSource.Factory를 만들어 LivePagedListBuilder를 사용한다. 빌더의 반환값은 LiveData에 담긴 페이지 리스트다.

```kotlin
private fun createLiveData(): LiveData<PagedList<Result>> {
  val config = PagedList.Config.Builder()
      .setInitialLoadSizeHint(20)
      .setPageSize(20)
      .setPrefetchDistance(10)
      .build()
  return LivePagedListBuilder(object : androidx.paging.DataSource.Factory<String,
Result>() {
      override fun create(): androidx.paging.DataSource<String, Result> {
        return DataSource()
      }
  }, config).build()
}
```
코틀린

```java
private LiveData<PagedList<Result>> createLiveData() {
  PagedList.Config config = new PagedList.Config.Builder()
      .setInitialLoadSizeHint(20)
      .setPageSize(20)
      .setPrefetchDistance(10)
      .build();
```

```java
    return new LivePagedListBuilder<>(new androidx.paging.DataSource.Factory<Stri
ng, Result>(){
      @Override
      public androidx.paging.DataSource<String, Result> create(){
        return new MainActivity.DataSource();
      }
    }, config).build();
}
```
자바

리스트 6-36 **페이지드 리스트 생성 코드**

설정부터 하나씩 끊어서 살펴보자.


```kotlin
val config = PagedList.Config.Builder()
    .setInitialLoadSizeHint(20)
    .setPageSize(20)
    .setPrefetchDistance(10)
    .build()
```
코틀린

```java
PagedList.Config config = new PagedList.Config.Builder()
    .setInitialLoadSizeHint(20)
    .setPageSize(20)
    .setPrefetchDistance(10)
    .build();
```
자바

리스트 6-37 **페이지드 리스트 설정**

- setInitialLoadSizeHint 첫 번째 로딩할 사이즈다. 20개 항목을 가져오라고 정의했는데 정의하지 않으면 페이지 사이즈의 3배를 가져온다. PositionalDataSource에서는 이 값을 2배 이상으로 설정해야 하며, 다른 타입의 데이터소스에는 이런 제약이 없다.
- setPageSize 페이지 사이즈이며 한 페이지당 몇 개의 데이터를 가져와야 하는지 설정한 것이다.
- setPrefetchDistance 몇 개의 데이터가 남았을 때 새로운 페이지를 로딩할지 결정한다. 이 값을 5로 설정하고 페이지 사이즈가 20이라면 15(20-5)개의 데이터를 보았을 때 새 페이지 로딩을 시작한다. 이 값이 작으면 부드럽게 넘기며 사용하기가 어렵고, 반대로 너무 크면 백그라운드 로딩이 너무 잦아진다.

다음은 데이터소스 팩토리다.

```
return LivePagedListBuilder(object : androidx.paging.DataSource.Factory<String,
Result>() {
  override fun create(): androidx.paging.DataSource<String, Result> {
    return DataSource()
  }
}, config).build()
```
코틀린

```
return new LivePagedListBuilder<>(new androidx.paging.DataSource.Factory<String,
Result>() {
  @Override
  public androidx.paging.DataSource<String, Result> create() {
    return new MainActivity.DataSource();
  }
}, config).build();
```
자바

리스트 6-38 **데이터소스 팩토리 코드**

이 코드는 직관적이다. 데이터소스를 어떻게 생성해야 하는지 알려주는 것이다.

6.3.5 페이지드 리스트 어댑터

데이터소스와 페이지드 리스트가 준비되었으면 페이지드 리스트 어댑터를 설정한다.

```
private class MainRecyclerViewAdapter : PagedListAdapter<Result, MainRecyclerVie
wViewHolder>(object : DiffUtil.ItemCallback<Result>() {
  override fun areItemsTheSame(oldItem: Result, newItem: Result): Boolean {
    return oldItem.name == newItem.name
  }

  override fun areContentsTheSame(oldItem: Result, newItem: Result): Boolean {
    return oldItem.name == newItem.name && oldItem.url == newItem.url
  }
}) {

  override fun onCreateViewHolder(parent: ViewGroup, viewType: Int): MainRecyclerView
ViewHolder {
      val itemView = LayoutInflater.from(parent.context).inflate(R.layout.item_recycler
view, parent, false)
      return MainRecyclerViewViewHolder(itemView)
  }
```

```kotlin
    override fun onBindViewHolder(holder: MainRecyclerViewViewHolder, position: Int)
{
    val item = getItem(position)
    holder.setTitle(item?.name)
    }
}
```
코틀린

```java
private static class MainRecyclerViewAdapter extends PagedListAdapter<Result,
MainRecyclerViewViewHolder> {
    protected MainRecyclerViewAdapter() {
        super(new DiffUtil.ItemCallback<Result>() {
            @Override
            public boolean areItemsTheSame(Result oldItem, Result newItem) {
                return oldItem.name.equals(newItem.name);
            }

            @Override
            public boolean areContentsTheSame(Result oldItem, Result newItem) {
                return oldItem.name.equals(newItem.name) && oldItem.url.equals(newItem.url);
            }
        });
    }

    @NonNull
    @Override
    public MainRecyclerViewViewHolder onCreateViewHolder(@NonNull ViewGroup
parent, int viewType) {
        View itemView = LayoutInflater.from(parent.getContext()).inflate(R.layout.item_rec
yclerview, parent, false);
        return new MainRecyclerViewViewHolder(itemView);
    }

    @Override
    public void onBindViewHolder(@NonNull MainRecyclerViewViewHolder holder, int
position) {
        Result item = getItem(position);
        holder.setTitle(item.name);
    }
}
```
자바

리스트 6-39 이전의 어댑터를 확장한 페이지드 리스트 어댑터

페이지드 리스트 어댑터에서는 onCreateViewHolder, onBindViewHolder, 생성자에 집중하면 된다. 개수를 세거나 새로운 페이지를 가져오는 등의 작업은 페이지드 리스트와 거기에 연결된 데이터소스에서 자동으로 처리된다. 여기에서 생소한 부분은 생성자일 것이다.

생성자는 DiffUtil.ItemCallback을 구현해야 하는데 아이템이 같은 것인지를 알아보는 메서드 areItemsTheSame과 내용이 같은지 확인하는 areContentsTheSame을 구현해야 한다. 전자는 보통 아이디 등으로 구별을 하고 후자는 모든 내용을 비교해서 확인한다. areContentsTheSame은 areItemsTheSame이 참인 경우만 호출된다. 이 비교 메서드들만 넣어주면 데이터가 갱신이 되었는지 새 데이터인지 확인하여 자동으로 처리한다.

이제 마지막 단계가 남았다. 페이지드 리스트와 어댑터를 연결하자.

```kotlin
createLiveData().observe(this, Observer { results ->
    adapter.submitList(results)
})
```
코틀린

```java
createLiveData().observe(this, results ->{
    adapter.submitList(results);
});
```
자바

리스트 6-40 **페이지드 리스트와 어댑터**

페이지드 리스트는 라이브 데이터^{LiveData}의 형태로 오는데 라이브 데이터는 값이 바뀔 때 observe 메서드를 통해 관측할 수 있다. observe의 첫 번째 인자에 액티비티를 적어주면 액티비티가 더 이상 유효하지 않을 때 옵서버가 제거되어 더 이상 관측하지 않는다.

라이브 데이터가 값이 바뀔 때마다 어댑터에 새로 통보되는데, 이 시점은 첫 번째로 데이터를 얻는 시점과 데이터소스가 새로 바뀌었을 때 호출된다.

주의할 점은 다음 데이터를 가져오더라도 라이브 데이터 자체가 새 페이지드 리스트로 갱신되지는 않는다는 점이다. 페이지드 리스트에 이전 페이지나 다음 페이지가 추가되더라도 현재 페이지로 유지된다.

데이터소스의 invalidate 메서드를 호출하여 처음에 loadInitial부터 호출할 때 라이브 데이터의 페이지드 리스트가 새로 바뀌고 observe의 콜백이 호출된다. loadInitial부터 새롭게 호출하고 라이브데이터를 통해 새 results를 가져오고, submitList를 호출하여 리스트 어댑터를 갱신한다.

onCreate의 전체적인 모습은 다음과 같다.

```kotlin
override fun onCreate(savedInstanceState: Bundle?) {
    super.onCreate(savedInstanceState)
    setContentView(R.layout.activity_main)
    recyclerView = findViewById(R.id.recyclerView)
    val adapter = MainRecyclerViewAdapter()
    recyclerView.adapter = adapter
    val layoutManager = LinearLayoutManager(this)
    recyclerView.layoutManager = layoutManager

    val retrofit = Retrofit.Builder()
        .baseUrl("https://pokeapi.co/api/v2/")
        .addConverterFactory(GsonConverterFactory.create())
        .build()
    pokeAPI = retrofit.create(PokeAPI::class.java)

    createLiveData().observe(this, Observer { results ->
        adapter.submitList(results)
    })
}
```
코틀린

```java
@Override
protected void onCreate(Bundle savedInstanceState) {
    super.onCreate(savedInstanceState);
    setContentView(R.layout.activity_main);
    recyclerView = findViewById(R.id.recyclerView);
    final MainRecyclerViewAdapter adapter = new MainRecyclerViewAdapter();
    recyclerView.setAdapter(adapter);
    RecyclerView.LayoutManager layoutManager = new LinearLayoutManager(this);
    recyclerView.setLayoutManager(layoutManager);

    Retrofit retrofit = new Retrofit.Builder()
        .baseUrl("http://pokeapi.co/api/v2/")
        .addConverterFactory(GsonConverterFactory.create())
        .build();
    pokeAPI = retrofit.create(PokeAPI.class);

    createLiveData().observe(this, results -> {
        adapter.submitList(results);
    });
}
```
자바

리스트 6-41 페이지드 리스트와 어댑터가 연결된 onCreate 전체

그림 6-8 데이터 바인딩으로 포케몬의 이름을 출력

6.4 페이징 라이브러리와 데이터 바인딩

제목에 포케몬의 이름이 나오게 했는데 다른 정보인 URL이 그 아래에 출력되게 수정한다. 그 과정에 데이터 바인딩도 겸사겸사 도입한다.

6.4.1 액티비티 레이아웃에 데이터 바인딩 도입

액티비티 레이아웃에 먼저 데이터 바인딩을 도입하자.

```
<layout xmlns:android="http://schemas.android.com/apk/res/android"
  xmlns:app="http://schemas.android.com/apk/res-auto"
  xmlns:tools="http://schemas.android.com/tools"
  tools:context=".MainActivity">

  <androidx.constraintlayout.widget.ConstraintLayout
    android:layout_width="match_parent"
    android:layout_height="match_parent"
    android:paddingStart="@dimen/activity_horizontal_margin"
    android:paddingTop="@dimen/activity_vertical_margin"
    android:paddingEnd="@dimen/activity_horizontal_margin"
    android:paddingBottom="@dimen/activity_vertical_margin">

    <androidx.recyclerview.widget.RecyclerView
      android:id="@+id/recyclerView"
      android:layout_width="match_parent"
      android:layout_height="match_parent"
      app:layout_constraintBottom_toBottomOf="parent"
      app:layout_constraintEnd_toEndOf="parent"
      app:layout_constraintStart_toStartOf="parent"
      app:layout_constraintTop_toTopOf="parent" />

  </androidx.constraintlayout.widget.ConstraintLayout>
</layout>
```

리스트 6-42 데이터 바인딩을 도입한 액티비티 레이아웃

특별히 전달할 데이터가 없기 때문에 뷰 모델을 등록하기 위한 〈data〉 섹션을 만들지는 않았다. 이번에는 데이터 바인딩을 위해 사용하지 않고 findViewById를 쓰지 않기 위해 데이터 바인딩 라이브러리를 사용한다.

build.gradle 파일을 수정해 데이터 바인딩을 사용하게 한다.

```
android {
  ...
  buildFeatures {
    dataBinding = true
  }
}
```

리스트 6-43 데이터 바인딩 활성화

다음으로는 findViewById 파트를 제거한다.

```
override fun onCreate(savedInstanceState: Bundle?) {
  super.onCreate(savedInstanceState)
  val binding = DataBindingUtil.setContentView(ActivityMainBinding)(this, R.layout.activity_main)
  val adapter = MainRecyclerViewAdapter()
  binding.recyclerView.adapter = adapter
  val layoutManager = LinearLayoutManager(this)
  binding.recyclerView.layoutManager = layoutManager

  val retrofit = Retrofit.Builder()
      .baseUrl("https://pokeapi.co/api/v2/")
      .addConverterFactory(GsonConverterFactory.create())
      .build()
  pokeAPI = retrofit.create(PokeAPI::class.java)

  createLiveData().observe(this, Observer { results ->
    adapter.submitList(results)
  })
}
```
코틀린
```
@Override
protected void onCreate(Bundle savedInstanceState) {
  super.onCreate(savedInstanceState);
  ActivityMainBinding binding = DataBindingUtil.setContentView(this, R.layout.activity_main);
```

```
final MainRecyclerViewAdapter adapter = new MainRecyclerViewAdapter();
binding.recyclerView.setAdapter(adapter);
RecyclerView.LayoutManager layoutManager = new LinearLayoutManager(this);
binding.recyclerView.setLayoutManager(layoutManager);

Retrofit retrofit = new Retrofit.Builder()
    .baseUrl("http://pokeapi.co/api/v2/")
    .addConverterFactory(GsonConverterFactory.create())
    .build();
pokeAPI = retrofit.create(PokeAPI.class);

createLiveData().observe(this, results -> {
    adapter.submitList(results);
});
}
```
자바

리스트 6-44 findViewById 대신 바인딩의 recyclerView 필드 이용

데이터 바인딩 유틸리티에 의해 처리되면 아이디가 있는 뷰들이 필드로 바인딩 객체에 저장된다.

6.4.2 리사이클러 뷰 아이템 데이터 바인딩

다음으로 리사이클러 뷰 내의 아이템에 대해 데이터 바인딩을 적용할 차례다. 먼저 데이터 바인딩에 사용될 뷰 모델 객체를 만든다.
액티비티 안에 다음과 같이 만들었다.

```
class ViewModel {
  var name = ObservableField<String>()
  var url = ObservableField<String>()
}
```
코틀린

```
public static class ViewModel {
  public ObservableField<String> name = new ObservableField<>();
  public ObservableField<String> url = new ObservableField<>();
}
```
자바

리스트 6-45 액티비티에 만든 아이템용 뷰 모델

다음으로 레이아웃을 뷰 모델을 사용하도록 변경한다.

```xml
<?xml version="1.0" encoding="utf-8"?>
<layout xmlns:android="http://schemas.android.com/apk/res/android"
  xmlns:app="http://schemas.android.com/apk/res-auto">

  <data>
    <variable
      name="viewModel"
      type="com.example.pagingWithDatabinding.MainActivity.ViewModel" />
  </data>

  <androidx.constraintlayout.widget.ConstraintLayout
    android:layout_width="wrap_content"
    android:layout_height="wrap_content"
    android:padding="10dp">

    <TextView
      android:id="@+id/name"
      android:layout_width="wrap_content"
      android:layout_height="wrap_content"
      android:layout_alignParentTop="true"
      android:text="@{viewModel.name}"
      app:layout_constraintBottom_toTopOf="@id/url"
      app:layout_constraintStart_toStartOf="parent"
      app:layout_constraintTop_toTopOf="parent" />

    <TextView
      android:id="@+id/url"
      android:layout_width="wrap_content"
      android:layout_height="wrap_content"
      android:layout_marginTop="10dp"
      android:text="@{viewModel.url}"
      app:layout_constraintBottom_toBottomOf="parent"
      app:layout_constraintStart_toStartOf="parent"
      app:layout_constraintTop_toBottomOf="@id/name" />

  </androidx.constraintlayout.widget.ConstraintLayout>
</layout>
```

리스트 6-46 **뷰 모델을 적용한 아이템 레이아웃**

TextView의 아이디들을 각기 name과 url로 변경하였고 viewModel의 viewModel.name과 view
Model.url을 쓰도록 수정하였다.

6.4.3 뷰 홀더에서 뷰 모델을 사용

이제 뷰 홀더가 뷰 모델을 사용하도록 확장한다.

```kotlin
private class MainRecyclerViewViewHolder(binding: ItemRecyclerviewBinding) : RecyclerView.ViewHolder(binding.root) {
  private val viewModel: ViewModel = ViewModel()

  init {
    binding.viewModel = viewModel
  }

  fun bind(item: Result?) {
    item?.let {
      viewModel.name.set(it.name)
      viewModel.url.set(it.url)
    }
  }
}
```
코틀린

```java
private static class MainRecyclerViewViewHolder extends RecyclerView.ViewHolder {
  private final ViewModel viewModel;

  public MainRecyclerViewViewHolder(ItemRecyclerviewBinding binding) {
    super(binding.getRoot());
    viewModel = new ViewModel();
    binding.setViewModel(viewModel);
  }

  public void bind(Result item) {
    viewModel.name.set(item.name);
    viewModel.url.set(item.url);
  }
}
```
지바

리스트 6-47 뷰 모델을 사용하도록 확장한 뷰 홀더

생성자의 차이부터 눈에 들어온다. 그 차이를 살펴보자.

```kotlin
private class MainRecyclerViewViewHolder(binding: ItemRecyclerviewBinding) : Rec
yclerView.ViewHolder(binding.root){
  private val viewModel: ViewModel = ViewModel()

  init {
    binding.viewModel = viewModel
  }
  …
}
```
코틀린

```java
private static class MainRecyclerViewViewHolder extends RecyclerView.ViewHolder
{
  private final ViewModel viewModel;

  public MainRecyclerViewViewHolder(ItemRecyclerviewBinding binding){
    super(binding.getRoot());
    viewModel = new ViewModel();
    binding.setViewModel(viewModel);
  }
  …
}
```
자바

리스트 6-48 데이터 바인딩을 사용하는 뷰 홀더 생성자

생성자에서 주의할 점은 뷰 홀더의 생성자는 부모의 생성자 super를 호출해야 하며, 이 과정에서 뷰를 전달해야 한다는 점이다. 바인딩에서 getRoot로 루트 뷰를 찾아 부모 생성자로 전달한다.

그 외에 뷰 모델을 설정하는 작업도 생성자에서 한다.

Result 객체는 일종의 모델 데이터인데, 이 데이터를 이용해서 뷰 모델을 갱신하는 방법은 여러 가지가 있다. 여기에서는 일단 뷰 홀더에 뷰 모델을 채울 책임을 맡겼다. 이전에도 데이터와 뷰 모두에 대한 이해가 있었기 때문에 뷰 홀더는 바뀌는 부분이 적다.

```kotlin
fun bind(item: Result?){
  item?.let {
    viewModel.name.set(it.name)
    viewModel.url.set(it.url)
  }
}
```
코틀린

```java
public void bind(Result item) {
  viewModel.name.set(item.name);
  viewModel.url.set(item.url);
}
```
자바

리스트 6-49 **모델을 받아 뷰 모델을 채우는 bind 메서드**

6.4.4 어댑터에서 뷰 홀더를 대응

이제 어댑터에서 데이터 바인딩을 도입한 뷰 홀더를 쓰도록 확장한다.

```kotlin
private class MainRecyclerViewAdapter : PagedListAdapter<Result, MainRecyclerVie
wViewHolder>(object : DiffUtil.ItemCallback<Result>() {
  override fun areItemsTheSame(oldItem: Result, newItem: Result): Boolean {
    return oldItem.name == newItem.name
  }

  override fun areContentsTheSame(oldItem: Result, newItem: Result): Boolean {
    return oldItem.name == newItem.name && oldItem.url == newItem.url
  }
}) {

  override fun onCreateViewHolder(parent: ViewGroup, viewType: Int): MainRecyclerVie
wViewHolder {
    val binding = DataBindingUtil.inflate<ItemRecyclerviewBinding>(LayoutInflater.
from(parent.context), R.layout.item_recyclerview, parent, false)
    return MainRecyclerViewViewHolder(binding)
  }

  override fun onBindViewHolder(holder: MainRecyclerViewViewHolder, position:
Int) {
    val item = getItem(position)
    holder.bind(item)
  }
}
```
코틀린

```java
private static class MainRecyclerViewAdapter extends PagedListAdapter<Result,
MainRecyclerViewViewHolder> {
  protected MainRecyclerViewAdapter() {
    super(new DiffUtil.ItemCallback<Result>() {
      @Override
      public boolean areItemsTheSame(Result oldItem, Result newItem) {
        return oldItem.name.equals(newItem.name);
      }

      @Override
      public boolean areContentsTheSame(Result oldItem, Result newItem) {
        return oldItem.name.equals(newItem.name) && oldItem.url.equals(newItem.url);
      }
    });
  }

  @NonNull
  @Override
  public MainRecyclerViewViewHolder onCreateViewHolder(@NonNull ViewGroup
parent, int viewType) {
    ItemRecyclerviewBinding binding = DataBindingUtil.inflate(LayoutInflater.from(
parent.getContext()), R.layout.item_recyclerview, parent, false);
    return new MainRecyclerViewViewHolder(binding);
  }

  @Override
  public void onBindViewHolder(@NonNull MainRecyclerViewViewHolder holder, int
position) {
    Result item = getItem(position);
    holder.bind(item);
  }
}
```

자바

리스트 6–50 데이터 바인딩을 사용하는 어댑터

onCreateViewHolder를 다시 살펴보자.

```kotlin
override fun onCreateViewHolder(parent: ViewGroup, viewType: Int): MainRecyclerVie
wViewHolder {
    val binding = DataBindingUtil.inflate<ItemRecyclerviewBinding>(LayoutInflater.fr
om(parent.context), R.layout.item_recyclerview, parent, false)
    return MainRecyclerViewViewHolder(binding)
}
```
코틀린

```java
@NonNull
@Override
public MainRecyclerViewViewHolder onCreateViewHolder(@NonNull ViewGroup parent,
int viewType) {
    ItemRecyclerviewBinding binding = DataBindingUtil.inflate(LayoutInflater.from(pa
rent.getContext()), R.layout.item_recyclerview, parent, false);
    return new MainRecyclerViewViewHolder(binding);
}
```
자바

리스트 6-51 데이터 바인딩을 사용하는 onCreateViewHolder

액티비티에서 데이터 바인딩을 생성할 때와 달리 DataBindingUtil.inflate를 사용해 메서드를 생성한
다. 이 메서드의 첫 번째 인자로 LayoutInflater.from(parent.getContext())을 전달하는데, 이때 뷰를
만들 수(inflate) 있도록 LayoutInflater 객체의 from 메서드를 사용한다.

```kotlin
override fun onBindViewHolder(holder: MainRecyclerViewViewHolder, position: Int) {
    val item = getItem(position)
    holder.bind(item)
}
```
코틀린

```java
@Override
public void onBindViewHolder(@NonNull MainRecyclerViewViewHolder holder, int
position) {
    Result item = getItem(position);
    holder.bind(item);
}
```
자바

리스트 6-52 뷰 모델을 채우기 위해 뷰 홀더 객체에 위임하는 onBindViewHolder

holder.bind를 호출하여 뷰 홀더를 채운다. 뷰 모델을 채워서 화면을 어떻게 보이게 할지는 뷰 홀더가 담당한다.

실행을 하면 다음과 같은 화면을 볼 수 있다.

그림 6-9 **페이징 라이브러리와 데이터 바인딩을 적용한 결과**

네트워크의 이미지 처리하기

이제까지 네트워크에서 글을 가져와 출력을 했는데 이번에는 이미지를 출력해본다. 이미지를 출력하기 위해서는 레트로핏^{Retrofit}에서 가져온 텍스트에서 URL을 가져오고 해당하는 URL에 맞는 이미지를 불러와야 한다. 이런 과정들을 직접 한다면 번거롭다. 그렇기 때문에 많은 안드로이드 앱 개발자들은 몇 년 전부터 이런 작업을 Glide 라이브러리를 통해 처리하고 있다.

6.5.1 글라이드 라이브러리 설치

글라이드^{Glide}는 Bumptech(구글 자회사)가 만든 이미지 라이브러리인데 비동기, 애니메이션 처리 등에 장점이 있고 사용하기도 쉽다. 현재 많은 애플리케이션들이 글라이드를 사용하고 있다.

레트로핏을 사용하기 위해서는 먼저 라이브러리를 설정해야 한다.

```
dependencies {
  ...
  implementation 'com.github.bumptech.glide:glide:4.10.0'
  annotationProcessor 'com.github.bumptech.glide:compiler:4.10.0'
}
```

리스트 6-53 글라이드 빌드 스크립트 설정

app/build.gradle을 수정했다면 이제 글라이드를 사용할 수 있다.

6.5.2 메인 레이아웃 설정

기존 레이아웃에 여러 속성들을 좀 더 편리하게 이용할 수 있는 편의 사항을 추가해보자.

```
<?xml version="1.0" encoding="utf-8"?>
<layout xmlns:android="http://schemas.android.com/apk/res/android"
  xmlns:app="http://schemas.android.com/apk/res-auto"
  xmlns:tools="http://schemas.android.com/tools">
```

```xml
<data>

  <variable
    name="viewModel"
    type="com.example.pagingWithDatabinding.MainActivity.ViewModel" />
</data>

<androidx.constraintlayout.widget.ConstraintLayout
  android:layout_width="wrap_content"
  android:layout_height="wrap_content"
  android:padding="10dp">

  <TextView
    android:id="@+id/name"
    android:layout_width="wrap_content"
    android:layout_height="wrap_content"
    android:text="@{viewModel.name}"
    app:layout_constraintBottom_toTopOf="@id/url"
    app:layout_constraintStart_toStartOf="parent"
    app:layout_constraintTop_toTopOf="parent"
    tools:text="포케" />

  <TextView
    android:id="@+id/url"
    android:layout_width="wrap_content"
    android:layout_height="wrap_content"
    android:layout_marginTop="10dp"
    android:text="@{viewModel.url}"
    app:layout_constraintBottom_toBottomOf="parent"
    app:layout_constraintStart_toStartOf="parent"
    app:layout_constraintTop_toBottomOf="@id/name"
    tools:text="https://google.com"/>

</androidx.constraintlayout.widget.ConstraintLayout>
</layout>
```

리스트 6–54 xmlns:tools와 tools:text가 추가된 레이아웃

최상단인 layout 태그를 보자.

```xml
<layout xmlns:android="http://schemas.android.com/apk/res/android"
  xmlns:app="http://schemas.android.com/apk/res-auto"
  xmlns:tools="http://schemas.android.com/tools">
```

리스트 6–55 xmlns:tools가 추가된 최상단 layout 태그

layout 태그 속성에 xmlns:tools가 있는 것을 볼 수 있다. xmlns:tools가 추가되면 tools라는 접두어 prefix가 붙은 속성을 사용할 수 있다. tools:context, tools:text 같은 것을 layout 태그의 자식으로 추가할 수 있다. layout은 ConstraintLayout을 자식으로 가지는데, 이는 TextView를 다시 자식으로 가지고 있다. 이 구성 요소 모두에 tools: 접두사가 붙은 속성을 사용할 수 있다.

여기에서 사용할 속성은 tools:text인데 TextView와 같이 android:text 속성을 가진 뷰에 사용할 수 있다. android:text 속성은 실제 앱에서 어떤 글귀가 표시될지를 결정하는 반면, tools:text는 안드로이드 스튜디오의 디자인 편집에만 영향을 준다.

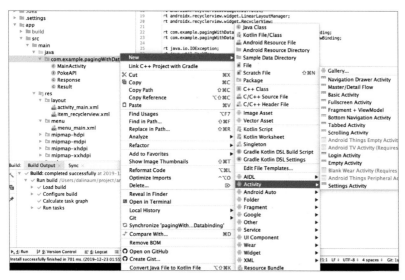

그림 6-10 tools:text가 반영된 레이아웃 화면

6.5.3 상세 액티비티

이미지를 표시할 액티비티를 생성한다. Empty Activity로 생성하자.

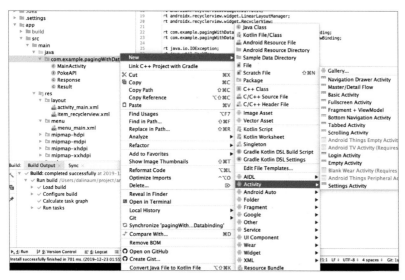

그림 6-11 Empty Activity 생성

DetailActivity란 이름으로 액티비티를 생성했다.

이제 포케몬의 이름과 이미지를 표시하기 위해 레이아웃을 구성하여야 한다.

```xml
<?xml version="1.0" encoding="utf-8"?>
<androidx.constraintlayout.widget.ConstraintLayout xmlns:android="http://
schemas.android.com/apk/res/android"
    xmlns:app="http://schemas.android.com/apk/res-auto"
    xmlns:tools="http://schemas.android.com/tools"
    android:layout_width="match_parent"
    android:layout_height="match_parent"
    tools:context=".DetailActivity">

    <TextView
        android:id="@+id/text"
        android:layout_width="wrap_content"
        android:layout_height="wrap_content"
        android:layout_marginStart="10dp"
        android:layout_marginTop="10dp"
        app:layout_constraintStart_toStartOf="parent"
        app:layout_constraintTop_toTopOf="parent"
        tools:text="포케몬" />

    <ImageView
        android:id="@+id/image"
        android:layout_width="wrap_content"
        android:layout_height="wrap_content"
        android:layout_marginStart="10dp"
        android:layout_marginTop="5dp"
        android:layout_marginEnd="10dp"
        app:layout_constraintStart_toStartOf="parent"
        app:layout_constraintTop_toBottomOf="@id/text"
        tools:background="#ff0000"
        tools:layout_height="100dp"
        tools:layout_width="100dp" />

</androidx.constraintlayout.widget.ConstraintLayout>
```

리스트 6-56 **포케몬의 이름과 이미지를 표시하기 위한 activity_detail.xml**

텍스트 뷰 아래에 이미지 뷰를 위치시키고, 둘 다 적극적으로 tools: 키워드를 사용했다. tools는 편집 툴에서만 표시된다. 이미지 뷰의 너비와 높이를 콘텐츠 크기에 의존하는 wrap_content로 설정했지만 편집툴에서는 콘텐츠가 없기 때문에 tools:layout_width와 tools:layout_height로 너비와 높이를 설정한 식이다.

6.5.4 상세 액티비티를 위한 API

상세 액티비티에서는 pokemon/1/식으로 API를 호출한다.

https://pokeapi.co/에서 pokemon/1/을 입력해보자.

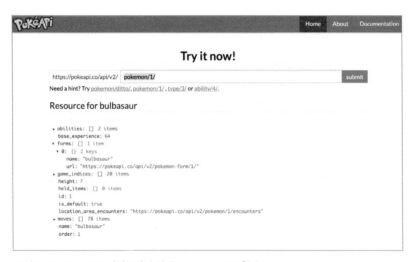

그림 6-12 PokeAPI 사이트에서 상세 pokemon API 확인

여러 항목이 있지만 여기서 필요한 것은 Species와 Sprites 항목이다. 이 두 항목에 대해서만 데이터 객체를 만들어 받는다.

```kotlin
package com.example.pagingWithDatabinding

data class PokemonResponse(
    var species: Species,
    var sprites: Sprites
){
  data class Species(var name: String)
  data class Sprites(@SerializedName("front_default") var frontDefault: String)
}
```
코틀린

```java
public class PokemonResponse {
  public Species species;
  public Sprites sprites;

  public static class Species {
    public String name;
  }

  public static class Sprites {
    @SerializedName("front_default") public String frontDefault;
  }
}
```
자바

리스트 6-57 **상세 항목을 위한 모델 PokemonResponse**

목록을 위해 만들었던 Response는 별도로 정의된 클래스 Result를 참조하였지만 PokemonResponse
는 필요한 Species와 Sprites를 모두 PokemonResponse 안에 정의하였다. 어느 쪽이 더 맞다는 정답
은 없다. 하고 싶은 대로 선택하면 된다.

또 한 가지 특이한 점은 frontDefault 필드 앞에 @SerializedName을 붙였다는 점이다. 서버에서
보내준 JSON 데이터의 필드명이 front_default이기 때문에, 이를 자동으로 받아오기 위해서는
front_default로 필드를 만들어야 한다. 하지만 여기서는 frontDefault로 받기 위해 예제와 같이 만들
었다. 좀 더 나은 방법이 있긴 하지만 일단 이렇게 진행한다.

이제 PokeAPI를 확장할 차례다.

```kotlin
package com.example.pagingWithDatabinding

import retrofit2.Call
import retrofit2.http.GET
import retrofit2.http.Path
import retrofit2.http.Query

interface PokeAPI {
  @GET("pokemon/")
  fun listPokemons(): Call<Response>

  @GET("pokemon/")
  fun listPokemons(@Query("offset") offset: String, @Query("limit") limit: String):
Call<Response>
```

```kotlin
    @GET("pokemon/{pid}")
    fun getPokemon(@Path("pid") pid: Int): Call<PokemonResponse>
}
```
코틀린

```java
import retrofit2.Call;
import retrofit2.http.GET;
import retrofit2.http.Path;
import retrofit2.http.Query;
public interface PokeAPI {
    @GET("pokemon/")
    Call<Response> listPokemons();

    @GET("pokemon/")
    Call<Response> listPokemons(@Query("offset") String offset, @Query("limit") String
limit);

    @GET("pokemon/{pid}/")
    Call<PokemonResponse> getPokemon(@Path("pid") int pid);
}
```
자바

리스트 6-58 getPokemon을 추가한 PokeAPI 인터페이스

Pokemon/1/의 형태로 호출해야 하기 때문에 pokemon/{pid}/라고 주소를 정하고 파라미터 pid
를 @Path(pid)로 지정했다. 파라미터 pid가 {pid}에 대입된다.
파라미터가 1이면 호출 주소가 pokemon/1/로 변환된다.

6.5.5 API 호출

이제 API를 액티비티에서 호출해보자. 상세 액티비티를 한 번에 완성하지 않고 먼저 API만 호출한다.

```kotlin
package com.example.pagingWithDatabinding

import android.os.Bundle
import android.widget.Toast
import androidx.appcompat.app.AppCompatActivity
import retrofit2.Call
import retrofit2.Callback
import retrofit2.Response
import retrofit2.Retrofit
import retrofit2.converter.gson.GsonConverterFactory

class DetailActivity : AppCompatActivity() {
  override fun onCreate(savedInstanceState: Bundle?) {
    super.onCreate(savedInstanceState)
    setContentView(R.layout.activity_detail)

    val retrofit = Retrofit.Builder()
        .baseUrl("https://pokeapi.co/api/v2/")
        .addConverterFactory(GsonConverterFactory.create())
        .build()
    val pokeAPI = retrofit.create(PokeAPI::class.java)

    val intent = intent
    val pid = intent.getIntExtra("pid", 1)
    pokeAPI.getPokemon(pid).enqueue(object : Callback<PokemonResponse?> {
      override fun onResponse(call: Call<PokemonResponse?>, response:
Response<PokemonResponse?>) {
        val pokemonResponse = response.body()
        Toast.makeText(this@DetailActivity, pokemonResponse!!.species.name,
Toast.LENGTH_LONG).show()
      }

      override fun onFailure(call: Call<PokemonResponse?>, t: Throwable) {}
    })
  }
}
```
코틀린

```java
package com.example.pagingWithDatabinding;

import android.content.Intent;
import android.os.Bundle;
import android.widget.Toast;

import androidx.appcompat.app.AppCompatActivity;

import retrofit2.Call;
import retrofit2.Callback;
import retrofit2.Response;
import retrofit2.Retrofit;
import retrofit2.converter.gson.GsonConverterFactory;

public class DetailActivity extends AppCompatActivity {

    @Override
    protected void onCreate(Bundle savedInstanceState) {
        super.onCreate(savedInstanceState);
        setContentView(R.layout.activity_detail);

        Retrofit retrofit = new Retrofit.Builder()
                .baseUrl("https://pokeapi.co/api/v2/")
                .addConverterFactory(GsonConverterFactory.create())
                .build();
        PokeAPI pokeAPI = retrofit.create(PokeAPI.class);

        Intent intent = getIntent();
        int pid = intent.getIntExtra("pid", 1);
        pokeAPI.getPokemon(pid).enqueue(new Callback<PokemonResponse>() {
            @Override
            public void onResponse(Call<PokemonResponse> call,
Response<PokemonResponse> response) {
                PokemonResponse pokemonResponse = response.body();
                Toast.makeText(DetailActivity.this, pokemonResponse.species.name,
Toast.LENGTH_LONG).show();
            }

            @Override
            public void onFailure(Call<PokemonResponse> call, Throwable t) {
            }
        });
    }
}
```
자바

리스트 6-59 **API를 호출하게 수정한 상세 액티비티**

여기에서 인텐트를 다루는 코드와 API 호출 코드만 따로 보자.

```kotlin
package com.example.pagingWithDatabinding
val intent = intent
val pid = intent.getIntExtra("pid", 1)
pokeAPI.getPokemon(pid).enqueue(object : Callback<PokemonResponse?> {
  override fun onResponse(call: Call<PokemonResponse?>, response:
Response<PokemonResponse?>) {
    val pokemonResponse = response.body()
    Toast.makeText(this@DetailActivity, pokemonResponse!!.species.name,
Toast.LENGTH_LONG).show()
  }

  override fun onFailure(call: Call<PokemonResponse?>, t: Throwable) {}
})
```
코틀린

```java
Intent intent = getIntent();
int pid = intent.getIntExtra("pid", 1);
pokeAPI.getPokemon(pid).enqueue(new Callback<PokemonResponse>() {
  @Override
  public void onResponse(Call<PokemonResponse> call, Response<PokemonResponse>
response) {
    PokemonResponse pokemonResponse = response.body();
    Toast.makeText(DetailActivity.this, pokemonResponse.species.name,
Toast.LENGTH_LONG).show();
  }

  @Override
  public void onFailure(Call<PokemonResponse> call, Throwable t) {
  }
});
```
자바

리스트 6-60 인텐트 정보를 가져와서 API를 호출하는 코드

인텐트에서 정보를 가져오기 위해 intent.getIntExtra("pid", 1)를 호출하였다. pid를 넘겨받지 못했을 때 1로 처리한 것이다. 넘겨받지 못했을 때 명시적으로 에러 화면을 보여줄 수 있겠지만 여기에서는 디버깅의 편의를 위해 1로 지정했다. 다른 액티비티에서 pid를 실어 제대로 넘겼다면 해당 pid를 호출하겠지만 DetailActivity만 띄우는 경우에는 1을 받았다고 가정하고 이후를 진행한다.

pokeAPI.getPokemon(pid).enqueue는 콜백을 인자로 받아 getPokemon을 비동기로 처리한다. getPokemon의 호출이 성공하면 콜백의 onResponse가 호출되고, 실패하면 onFailure가 호출된다.

여기에서는 성공했을 때의 상황만 구현했다. 실제품에서는 가능한 한 onFailure도 구현하도록 하자. onResponse는 반환값을 가져와 pokemonResponse.species.name을 토스트로 띄운다. 이번 예제를 통해 확인할 것이 결과 중 일부만 토스트로 띄우는 것은 아니지만, 첫 단계는 쉽게 가는 것이 좋다. 이제 DetailActivity가 제대로 동작하는지 확인하기 위해 메니페스트를 임시로 수정한다.

```xml
<?xml version="1.0" encoding="utf-8"?>
<manifest xmlns:android="http://schemas.android.com/apk/res/android"
  package="com.example.pagingWithDatabinding">

  <uses-permission android:name="android.permission.INTERNET" />

  <application
    android:allowBackup="true"
    android:icon="@mipmap/ic_launcher"
    android:label="@string/app_name"
    android:theme="@style/AppTheme">
    <activity android:name=".DetailActivity">
      <intent-filter>
        <action android:name="android.intent.action.MAIN" />

        <category android:name="android.intent.category.LAUNCHER" />
      </intent-filter>
    </activity>
    <activity
      android:name=".MainActivity"
      android:label="@string/app_name">
    </activity>
  </application>

</manifest>
```

리스트 6-61 MainActivity 대신 DetailActivity를 런치 액티비티로 지정

intent-filter를 DetailActivity로 옮긴 것을 볼 수 있다. 이 설정은 개발 중에 실행했을 때 MainActivity 대신 DetailActivity를 실행하도록 임시로 바꾼 것이다. 나중에는 다시 MainActivity가 수행되도록 복구한다.

실행하면 다음과 같은 결과가 나타난다.

그림 6-13 포케몬의 정보가 **토스트로 뜬 화면**

6.5.6 이미지의 표현

아직까지는 토스트를 표현하는 기능 정도로 만족하지는 못했을 것이다. 이제 이름과 이미지를 화면에
표시해보자. 이를 위해 저 레이아웃을 수정한다.

```xml
<?xml version="1.0" encoding="utf-8"?>
<layout xmlns:android="http://schemas.android.com/apk/res/android"
  xmlns:app="http://schemas.android.com/apk/res-auto"
  xmlns:tools="http://schemas.android.com/tools"
  tools:context=".DetailActivity">

  <data>

    <variable
      name="viewModel"
      type="com.example.pagingWithDatabinding.DetailActivity.ViewModel" />
  </data>

  <androidx.constraintlayout.widget.ConstraintLayout
    android:layout_width="match_parent"
    android:layout_height="match_parent">
```

```
    〈TextView
        android:id="@+id/text"
        android:layout_width="wrap_content"
        android:layout_height="wrap_content"
        android:layout_marginStart="10dp"
        android:layout_marginTop="10dp"
        app:layout_constraintStart_toStartOf="parent"
        app:layout_constraintTop_toTopOf="parent"
        tools:text="포케몬" />

    〈ImageView
        android:id="@+id/image"
        android:layout_width="wrap_content"
        android:layout_height="wrap_content"
        android:layout_marginStart="10dp"
        android:layout_marginTop="5dp"
        android:layout_marginEnd="10dp"
        app:layout_constraintStart_toStartOf="parent"
        app:layout_constraintTop_toBottomOf="@id/text"
        tools:background="#ff0000"
        tools:layout_height="100dp"
        tools:layout_width="100dp" />

  〈/androidx.constraintlayout.widget.ConstraintLayout〉
〈/layout〉
```

리스트 6-62 데이터 바인딩을 쓰도록 확장된 activity_detail.xml

눈치챈 사람도 있겠지만 viewModel이란 이름으로 ViewModel 타입이 지정된 것을 확인할 수 있다. 이제 setContentView 문을 DataBindingUtil.setContentView으로 바꾸고 ViewModel 객체를 만든다.

```kotlin
override fun onCreate(savedInstanceState: Bundle?) {
  super.onCreate(savedInstanceState)
  val binding = DataBindingUtil.setContentView<ActivityDetailBinding>(this,
R.layout.activity_detail)
  val viewModel = ViewModel()
  binding.viewModel = viewModel

  val retrofit = Retrofit.Builder()
      .baseUrl("https://pokeapi.co/api/v2/")
      .addConverterFactory(GsonConverterFactory.create())
      .build()
  val pokeAPI = retrofit.create(PokeAPI::class.java)

  val intent = intent
  val pid = intent.getIntExtra("pid", 1)
  pokeAPI.getPokemon(pid).enqueue(object : Callback<PokemonResponse?> {
    override fun onResponse(call: Call<PokemonResponse?>, response:
Response<PokemonResponse?>) {
      val pokemonResponse = response.body()
      viewModel.response.set(pokemonResponse)
    }

    override fun onFailure(call: Call<PokemonResponse?>, t: Throwable) {}
  })
}

class ViewModel {
  var response = ObservableField<PokemonResponse>()
}
```
코틀린

- -

```java
@Override
protected void onCreate(Bundle savedInstanceState) {
  super.onCreate(savedInstanceState);
  ActivityDetailBinding binding =
      DataBindingUtil.setContentView(this, R.layout.activity_detail);
  ViewModel viewModel = new ViewModel();
  binding.setViewModel(viewModel);

  Retrofit retrofit = new Retrofit.Builder()
      .baseUrl("https://pokeapi.co/api/v2/")
      .addConverterFactory(GsonConverterFactory.create())
      .build();
  PokeAPI pokeAPI = retrofit.create(PokeAPI.class);

  Intent intent = getIntent();
  int pid = intent.getIntExtra("pid", 1);
```

```java
    pokeAPI.getPokemon(pid).enqueue(new Callback<PokemonResponse>() {
        @Override
        public void onResponse(Call<PokemonResponse> call, Response<PokemonResponse>
response) {
            PokemonResponse pokemonResponse = response.body();
            viewModel.response.set(pokemonResponse);
        }

        @Override
        public void onFailure(Call<PokemonResponse> call, Throwable t) {
        }
    });
}

public static class ViewModel {
    public ObservableField<PokemonResponse> response = new ObservableField<>();
}
```
자바

리스트 6-63 데이터 바인딩과 뷰 모델을 구현한 DetailActivity

먼저 ViewModel을 살펴보고, 다음으로 레트로핏 API 호출 코드를 살펴본다.

```kotlin
class ViewModel {
    var response = ObservableField<PokemonResponse>()
}
```
코틀린

```java
public static class ViewModel {
    public ObservableField<PokemonResponse> response = new ObservableField<>();
}
```
자바

리스트 6-64 레트로핏 데이터를 전달하기 위한 ViewModel

이전에 MainActivity를 위해 만들었던 ViewModel은 name: String과 url: String을 위한 Observable 필드를 각각 따로 만들었다. 반면 이번에 만든 ViewModel은 response: PokemonResponse 하나에 대해서만 ObservableField로 지정하였다.

필드마다 ObservableField를 만드는 것은 좀 더 불편할 수 있지만 필요한 것만 골라서 제공할 수 있다는 장점이 있다. 반대로 객체 전체를 ObservableField에 지정하면 불필요한 필드도 ViewModel을 통해 뷰에 노출될 수 있지만 간단하나는 장점이 있다.

이제 PokeAPI를 레트로핏을 통해 호출하는 코드를 살펴본다.

```kotlin
pokeAPI.getPokemon(pid).enqueue(object : Callback<PokemonResponse?> {
  override fun onResponse(call: Call<PokemonResponse?>, response:
Response<PokemonResponse?>) {
    val pokemonResponse = response.body()
    viewModel.response.set(pokemonResponse)
  }

  override fun onFailure(call: Call<PokemonResponse?>, t: Throwable) {}
})
```
코틀린

```java
pokeAPI.getPokemon(pid).enqueue(new Callback<PokemonResponse>() {
  @Override
  public void onResponse(Call<PokemonResponse> call, Response<PokemonResponse>
response) {
    PokemonResponse pokemonResponse = response.body();
    viewModel.response.set(pokemonResponse);
  }

  @Override
  public void onFailure(Call<PokemonResponse> call, Throwable t) {
  }
});
```
자바

리스트 6-65 PokemonAPI의 getPokeMon 호출하고 결과를 뷰모델에 설정

설정된 뷰 모델의 response 필드를 사용하기 위해 레이아웃 파일의 TextView를 수정한다.

```xml
<TextView
  android:id="@+id/text"
  android:layout_width="wrap_content"
  android:layout_height="wrap_content"
  android:layout_marginStart="10dp"
  android:layout_marginTop="10dp"
  android:text="@{viewModel.response.species.name}"
  app:layout_constraintStart_toStartOf="parent"
  app:layout_constraintTop_toTopOf="parent"
  tools:text="포케몬" />
```

리스트 6-66 뷰 모델의 필드를 사용하는 TextView

그림 6-14 **API 호출된 결과로 TextView 갱신**

TextView는 갱신이 되었는데 ImageView는 갱신되지 않았다. 이유가 무엇일까? 안드로이드의
ImageView는 기본적으로 앱 내의 리소스만 연결할 수 있고 URL에 있는 이미지를 표현할 수 없다.
이미지를 표현하기 위해서는 글라이드 라이브러리를 사용해야 한다. 글라이드 라이브러리는 6.5.1장
에서 설치를 해두었으니, 이번에는 API 호출 과정에 글라이드 코드를 호출한다.

```kotlin
override fun onResponse(call: Call<PokemonResponse?>, response:
Response<PokemonResponse?>) {
  val pokemonResponse = response.body()
  viewModel.response.set(pokemonResponse)
  Glide.with(this@DetailActivity)
      .load(pokemonResponse!!.sprites.frontDefault)
      .into(binding.image)
}
```
코틀린

```java
public void onResponse(Call<PokemonResponse> call, Response<PokemonResponse>respon
se) {
  PokemonResponse pokemonResponse = response.body();
  viewModel.response.set(pokemonResponse);
  Glide.with(DetailActivity.this)
      .load(pokemonResponse.sprites.frontDefault)
      .into(binding.image);
}
```
자바

리스트 6-67 **Glide 라이브러리로 이미지 표현**

Glide.with에 Context인 Activity를 전달했다. 이후 load에 불러올 이미지의 URL로 into에 적용될 이미지 뷰를 지정하였다.

이 라이브러리가 없었다면 서버에서 URL에 담긴 이미지 파일을 내려받고, 다운이 완료된 후 이미지를 설정하고, 다음에 또 부를지 모르니 이미지 캐시에 저장해야 한다. 이 모든 과정이 Glide 라이브러리를 사용하는 경우에는 체이닝된 메서드를 호출하면 모두 끝나게 된다.

이제 이미지를 볼 수 있다.

그림 6-15 **이미지가 표시된 DetailActivity**

6.5.7 이름 정책 설정

일단 DetailActivity가 원하는 대로 동작은 하지만 코드에 아쉬운 점이 있다.

첫 번째는 PokemonResponse.Sprites의 frontDefault 필드에 대해 @SerializedName을 적용했다는 점이다. 두 번째는 이미지 처리를 데이터 바인딩에서 끝내지 못했다. 먼저 @SerializedName부터 이름 정책을 적용해 제거해보자. 이름 정책을 적용하기 위해 onCreate 메서드의 Retrofit 설정 부분을 수정한다.

```kotlin
val gson = GsonBuilder()
    .setFieldNamingPolicy(FieldNamingPolicy.LOWER_CASE_WITH_UNDERSCORES)
    .create()
val retrofit = Retrofit.Builder()
    .baseUrl("https://pokeapi.co/api/v2/")
    .addConverterFactory(GsonConverterFactory.create(gson))
    .build()
```
코틀린

```java
Gson gson = new GsonBuilder()
    .setFieldNamingPolicy(FieldNamingPolicy.LOWER_CASE_WITH_UNDERSCORES)
    .create();
Retrofit retrofit = new Retrofit.Builder()
    .baseUrl("https://pokeapi.co/api/v2/")
    .addConverterFactory(GsonConverterFactory.create(gson))
    .build();
```
자바

리스트 6-68 이름 정책을 설정한 Gson을 Retrofit에 설정

기존의 레트로핏 설정 과정에 비해 조금 복잡해졌는데, 이는 실제 GsonConverterFactory에 전적으로 Gson을 생성하길 바라지 않고 직접 Gson을 만들어 GsonConverterFactory에 넘겼기 때문이다.

이렇게 한 이유는 Gson의 setFieldNamingPolicy 메서드를 통해 FieldNamingPolicy.LOWER_CASE_WITH_UNDERSCORES라는 이름 정책을 설정하기 위해서이다. 이제 Gson은 언더스코어(_) 혹은 언더바가 있는 소문자 이름을 인식하고 적절하게 다루어 주게 된다. Retrofit은 REST API 호출과정에 Gson을 이용한다.

이제 SerializedName을 제거한다.

```
package com.example.pagingWithDatabinding

data class PokemonResponse(
    var species: Species,
    var sprites: Sprites
){
  data class Species(var name: String)
  data
```
코틀린

```
public class PokemonResponse{
  public Species species;
  public Sprites sprites;

  public static class Species{
    public String name;
  }

  public static class Sprites{
    public String frontDefault;
  }
}
```
자바

리스트 6-69 SerializedName을 제거한 모델 PokemonResponse

6.5.8 바인딩 어댑터

다음 단계는 수작업으로 Gson을 호출하는 대신 5장에서 배웠던 바인딩 어댑터를 통해 데이터 바인딩에 연동해 볼 차례다.

먼저 코틀린을 사용할 경우에는 app/build.gradle의 상단에 apply plugin: 'kotlin-kapt'를 추가한다.

```
apply plugin: 'com.android.application'
apply plugin: 'kotlin-android'
apply plugin: 'kotlin-kapt'

android {
    …
}

dependencies {
    …
}
```

리스트 6-70 **kotlin-kapt를 포함한 app/build.gradle 파일**

이제 BindingAdapters를 만들자.

```kotlin
package com.example.pagingWithDatabinding

import android.widget.ImageView
import androidx.databinding.BindingAdapter
import com.bumptech.glide.Glide

object BindingAdapters {
    @BindingAdapter("imgUrl")
    @JvmStatic
    fun setImgSrc(imageView: ImageView, imgUrl: String?) {
        Glide.with(imageView.context)
            .load(imgUrl)
            .into(imageView)
    }
}
```
코틀린

```
package com.example.pagingWithDatabinding;

import android.widget.ImageView;

import androidx.databinding.BindingAdapter;

import com.bumptech.glide.Glide;
```

```java
public class BindingAdapters{
  @BindingAdapter("imgUrl")
  public static void setImgSrc(ImageView imageView, String imgUrl){
    Glide.with(imageView.getContext())
        .load(imgUrl)
        .into(imageView);
  }
}
```
자바

리스트 6-71 Glide를 적용한 BindingAdapters

자바에서 호출되는 스태틱 메서드이기 때문에 코틀린에서 바인딩 어댑터를 만들 때는 @JvmStatic를 지정할 필요가 있다.

이제 바인딩 어댑터를 쓰도록 레이아웃을 업데이트한다.

```xml
<ImageView
  android:id="@+id/image"
  android:layout_width="wrap_content"
  android:layout_height="wrap_content"
  android:layout_marginStart="10dp"
  android:layout_marginTop="5dp"
  android:layout_marginEnd="10dp"
  app:imgUrl="@{viewModel.response.sprites.frontDefault}"
  app:layout_constraintStart_toStartOf="parent"
  app:layout_constraintTop_toBottomOf="@id/text"
  tools:background="#ff0000"
  tools:layout_height="100dp"
  tools:layout_width="100dp" />
```

리스트 6-72 ImageView가 바인딩 어댑터를 쓰도록 업데이트

데이터 바인딩에서 바인딩 어댑터를 사용할테니 DetailActivity에서 Glide를 호출하는 코드를 제거한다.

```kotlin
pokeAPI.getPokemon(pid).enqueue(object : Callback<PokemonResponse?> {
  override fun onResponse(call: Call<PokemonResponse?>, response:
Response<PokemonResponse?>) {
    val pokemonResponse = response.body()
    viewModel.response.set(pokemonResponse)
  }

  override fun onFailure(call: Call<PokemonResponse?>, t: Throwable) {}
})
```
코틀린

```java
pokeAPI.getPokemon(pid).enqueue(new Callback<PokemonResponse>() {
  @Override
  public void onResponse(Call<PokemonResponse> call, Response<PokemonResponse>
response) {
    PokemonResponse pokemonResponse = response.body();
    viewModel.response.set(pokemonResponse);
  }

  @Override
  public void onFailure(Call<PokemonResponse> call, Throwable t) {
  }
});
```
자바

리스트 6-73 **뷰 모델만 설정하는 Retrofit 호출**

6.5.9 메인 액티비티에서 연결

이제 메인 액티비티에서 디테일 액티비티를 연동시키기 위해 메니페스트부터 다시 원래대로 되돌려
둔다.

```xml
<?xml version="1.0" encoding="utf-8"?>
<manifest xmlns:android="http://schemas.android.com/apk/res/android"
  package="com.example.pagingWithDatabinding">

  <uses-permission android:name="android.permission.INTERNET" />

  <application
    android:allowBackup="true"
    android:icon="@mipmap/ic_launcher"
    android:label="@string/app_name"
    android:theme="@style/AppTheme">
    <activity android:name=".DetailActivity"></activity>
    <activity
      android:name=".MainActivity"
      android:label="@string/app_name">
      <intent-filter>
        <action android:name="android.intent.action.MAIN" />

        <category android:name="android.intent.category.LAUNCHER" />
      </intent-filter>
    </activity>
  </application>

</manifest>
```

리스트 6-74 **다시 원상 복구한 메니페스트 파일**

리스트의 각 항목을 클릭하면 디테일 액티비티로 연동되도록 했다.

Item_recyclerview.xml의 ConstraintLayout은 다음과 같이 수정한다.

```xml
<androidx.constraintlayout.widget.ConstraintLayout
  android:layout_width="wrap_content"
  android:layout_height="wrap_content"
  android:onClick="@{v -> viewModel.openDetail(v)}"
  android:padding="10dp">
```

리스트 6-75 **ConstraintLayout에 onClick 추가**

onClick의 v -> viewModel.openDetail(v)는 클릭 이벤트가 발생할 때 v:View를 받아 viewModel의
메서드 openDetail(v)로 호출한다.

이제 MainActivity의 ViewModel에 openDetail 메서드를 만든다.

```kotlin
class ViewModel {
  var name = ObservableField<String>()
  var url = ObservableField<String>()

  fun openDetail(view: View) {
    val parts = url.get()?.split("/")
    val pid = parts[6]!!.toInt()
    val context = view.context
    val intent = Intent(context, DetailActivity::class.java)
    intent.putExtra("pid", pid)
    context.startActivity(intent)
  }
}
```
코틀린

```java
public static class ViewModel {
  public ObservableField<String> name = new ObservableField<>();
  public ObservableField<String> url = new ObservableField<>();

  public void openDetail(View view) {
    String[] parts = url.get().split("/");
    int pid = Integer.parseInt(parts[6]);
    Context context = view.getContext();
    Intent intent = new Intent(context, DetailActivity.class);
    intent.putExtra("pid", pid);
    context.startActivity(intent);
  }
}
```
자바

리스트 6-76 openDetail을 추가한 ViewModel

URL은 https://pokeapi.co/api/v2/pokemon/1/의 형태로 내려오는데, 이를 / 문자를 기준으로 나누어 7번째 (6)인 1을 pid로 삼아 DetailActivity를 수행한다.

액티비티

07잠
액티비티

SUMMARY 액티비티는 안드로이드의 기본 화면 단위라고 할 수 있다. 하나의 화면을 액티비티라고 부르는데, 안드로이드는 여러 액티비티가 상호 작용하여 하나의 앱을 구성한다.

7.1 액티비티 생명주기

여러 액티비티가 상호 작용하는 동안 개별 액티비티는 상황에 따라 상태를 바꾸게 된다. 이 상태들과 상태가 바뀔 때 호출되는 메서드들은 안드로이드의 액티비티 수명 주기Activity Life cycle를 따른다. 다음의 그림은 기본적인 생명주기를 다룬 것이다.

7.1.1 기본 생명주기

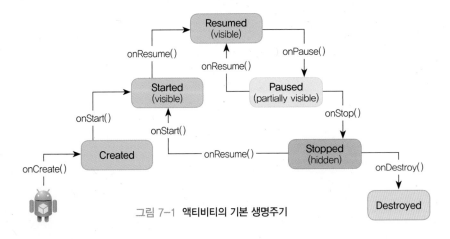

그림 7-1 **액티비티의 기본 생명주기**

세부적인 흐름은 다음과 같다.

- 액티비티가 생성되면 onCreate() 메서드가 호출된다.
- 이후 액티비티는 곧 onStart()와 onResume() 메서드를 호출한다.

- (부분적으로 보이지 않는 등의 이유로) 액티비티가 일시적으로 중단될 때 onPause()가 호출되며, 재개될 때 onResume()이 호출된다.
- (전체가 보이지 않을 경우에) 앱은 중단되며 onStop()이 호출된다.
- 앱이 중단된 후 다시 작동되는 경우 onRestart()가 먼저 호출되고 연달아 onStart()가 호출된다.
- 앱이 완전히 종료될 때 onDestroy()가 호출된다.

7.1.2 전체 생명주기

전체 생명주기의 모양은 다음과 같다.

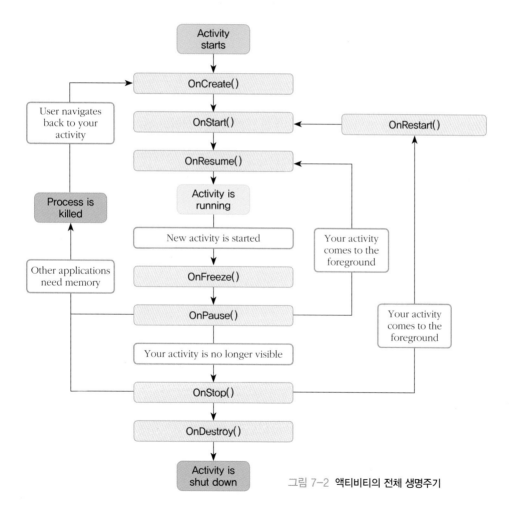

그림 7-2 **액티비티의 전체 생명주기**

각각의 생명주기를 모두 암기하고 적용하기는 어려우나 상황에 따라 어떤 생명주기가 있는지 파악해 두고 필요할 때 부분적으로 활용하는 것이 중요하다.

7.1.3 액티비티 재생성

액티비티가 파괴되고 다시 생성이 될 경우에 액티비티가 가지고 있던 데이터를 잃어버리게 된다. 재사용해야 할 데이터가 있는 경우에는 액티비티 상태를 저장해야 한다.

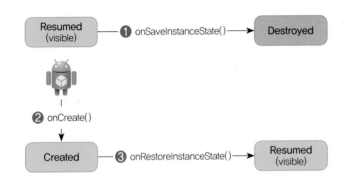

그림 7-3 **액티비티 상태**

액티비티가 파괴될 때 onSaveInstanceState가 호출되고, 액티비티가 다시 생성될 때 순차적으로 onCreate와 onRestoreInstanceState 메서드가 호출된다. 저장은 하나의 메서드에서 이루어지고 복원은 두 메서드에서 이루어지는 셈인데 취향에 따라 한 곳에서 복원시키면 된다.

```kotlin
override fun onSaveInstanceState(savedInstanceState: Bundle?) {
    savedInstanceState.putInt("SCORE", score)
    super.onSaveInstanceState(savedInstanceState)
}
```
코틀린

```java
@Override
public void onSaveInstanceState(Bundle savedInstanceState) {
    savedInstanceState.putInt("SCORE", score);
    super.onSaveInstanceState(savedInstanceState);
}
```
자바

리스트 7-1 **자료(score)를 백업하는 코드**

savedInstanceState는 Bundle 타입으로 저장하고 싶은 데이터에 따라 putInt와 기타 여러 메서드를 제공한다. 인자의 첫 번째가 키이고 두 번째가 값이다.

원하는 상태를 다 수정한 이후에는 반드시 super.onSaveInstanceState(savedInstanceState)를 호출해야 한다.

상태를 읽어오는 방법은 onCreate나 onRestoreInstanceState를 재정의하면 된다.

```kotlin
override fun onCreate(savedInstanceState: Bundle?){
 super.onCreate(savedInstanceState)
 if (savedInstanceState != null){
    score = savedInstanceState.getInt("SCORE")
 }
}
```
코틀린

```java
@Override
protected void onCreate(Bundle savedInstanceState){
    super.onCreate(savedInstanceState);
    if (savedInstanceState != null){
       score = savedInstanceState.getInt("SCORE");
    }
}
```
자바

리스트 7-2 onCreate에서 상태 가져오기

onCreate()는 항상 super.onCreate(savedInstanceState);를 먼저 호출해야 하고 savedInstanceState가 null인지 여부를 확인해야 한다. 반면에 onRestoreInstanceState 자체는 savedInstanceState가 있어야 호출되기 때문에 값이 null인지 확인할 필요가 없다.

```kotlin
override fun onRestoreInstanceState(savedInstanceState: Bundle?){
    super.onRestoreInstanceState(savedInstanceState)
    score = savedInstanceState.getInt("SCORE")
}
```
코틀린

```java
public void onRestoreInstanceState(Bundle savedInstanceState){
    super.onRestoreInstanceState(savedInstanceState);
    score = savedInstanceState.getInt("SCORE");
}
```
자바

리스트 7-3 onRestoreInstanceState에서 상태 가져오기

onRestoreInstanceState 메서드도 super.onRestoreInstanceState(savedInstanceState)를 호출해야 한다. 반면에 onRestoreInstanceState를 쓸 경우에는 savedInstanceState가 있어야 이 메서드가 호출되기 때문에 값이 null인지 확인할 필요가 없다.

7.2 액티비티들

하나의 앱은 보통 여러 액티비티가 상호 작용한다.
먼저 두 개의 액티비티로 시작해보자.

7.2.1 레이아웃

메인 액티비티에 연결된 activity_main.xml을 다음과 같이 수정한다.

```
<androidx.constraintlayout.widget.ConstraintLayout xmlns:android="http://schemas.
android.com/apk/res/android"
    xmlns:app="http://schemas.android.com/apk/res-auto"
    xmlns:tools="http://schemas.android.com/tools"
    android:id="@+id/relativeLayout"
    android:layout_width="match_parent"
    android:layout_height="match_parent"
    android:padding="@dimen/activity_vertical_margin"
    tools:context=".MainActivity">

    <Button
        android:id="@+id/button"
        android:layout_width="wrap_content"
        android:layout_height="wrap_content"
        android:text="Go to second!"
        app:layout_constraintStart_toStartOf="parent"
        app:layout_constraintTop_toTopOf="parent" />

</androidx.constraintlayout.widget.ConstraintLayout>
```

리스트 7-4 **메인 액티비티의 레이아웃**

버튼 하나를 배치했다. 이제 버튼을 클릭했을 때 두 번째 액티비티로 이동하는 것을 추가한다.

7.2.2 새 액티비티 추가

다음 화면과 같이 새 액티비티를 하나 추가한다.

그림 7-4 **액티비티 추가**

마우스 오른쪽 클릭으로 열었던 메뉴에서 새 액티비티를 만들면 된다. 안드로이드 스튜디오 세부 버전에 따라 메뉴 구성은 조금씩 달라지니 적절한 항목을 선택하자.

다음 그림과 비슷한 다이얼로그가 뜬다(이 다이얼로그도 안드로이드 스튜디오 세부 버전에 따라 조금씩은 달라질 수 있다).

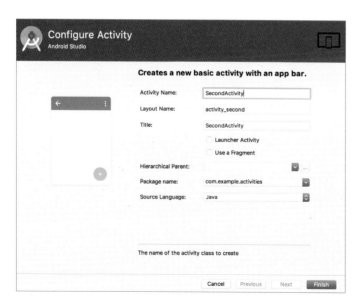

그림 7-5 **새 액티비티 추가 다이얼로그**

액티비티 네임^{Activity name}을 SecondActivity로 지정한다.

AndroidManifest.xml 파일을 확인하면 다음과 같이 추가된다.

```xml
<?xml version="1.0" encoding="utf-8"?>
<manifest xmlns:android="http://schemas.android.com/apk/res/android"
    package="com.example.activities">

    <application
        android:allowBackup="true"
        android:icon="@mipmap/ic_launcher"
        android:label="@string/app_name"
        android:theme="@style/AppTheme">
        <activity
            android:name=".MainActivity"
            android:label="@string/app_name">
            <intent-filter>
                <action android:name="android.intent.action.MAIN" />

                <category android:name="android.intent.category.LAUNCHER" />
            </intent-filter>
        </activity>
        <activity
            android:name=".SecondActivity"
            android:label="@string/title_activity_second"
            android:theme="@style/AppTheme.NoActionBar"></activity>
    </application>

</manifest>
```

리스트 7-5 SecondActivity가 추가된 AndroidManifest.xml 파일

MainActivity와 SecondActivity 액티비티가 애플리케이션에 추가된 것이다.

SecondActivity.java, activity_second.xml, content_second.xml 파일 등이 디렉터리에 추가된다.

7.2.3 두 개의 액티비티를 자바로 연결하기

MainActivity.java의 onCreate를 다음과 같이 확장한다.

```kotlin
override fun onCreate(savedInstanceState: Bundle?){
  super.onCreate(savedInstanceState)
  setContentView(R.layout.activity_main)
  findViewById<Button>(R.id.button).setOnClickListener { view ->
    val intent = Intent(this@MainActivity, SecondActivity::class.java)
    startActivity(intent)
  }
}
```
코틀린

```java
@Override
protected void onCreate(Bundle savedInstanceState){
  super.onCreate(savedInstanceState);
  setContentView(R.layout.activity_main);
  findViewById(R.id.button).setOnClickListener(view -> {
    Intent intent = new Intent(MainActivity.this, SecondActivity.class);
    startActivity(intent);
  });
}
```
자바

리스트 7-6 버튼 클릭 시 SecondActivity를 띄우도록 확장된 onCreate

이제 버튼을 누르면 두 번째 액티비티가 실행된다.

그림 7-6 두 번째 액티비티를 띄울 첫 번째 액티비티

그림 7-7 두 번째 액티비티가 뜬 화면

7.3 생명주기와 뷰 모델

7.1장을 통해 데이터를 적절히 저장했다가 복원할 필요가 있다는 것을 배웠다. 하지만 이렇게 생명주기에 따라 해야 하는 일을 적절히 추가하는 일은 어려운 일이다. 필요한 코드를 onStart, onCreate, onPause, onResume, onDestroy 등의 적절한 생명주기 메서드에 넣는 것은 번거롭고 빼먹기 쉽다.

안드로이드 아키텍처 컴포넌트(AAC, Android Architecture Components) 요소들의 상당수는 생명주기를 이해하고 스스로 생명주기에 맞추어 활동한다. 5장에서 잠깐 보았던 LiveData 객체는 observe 메서드로 구독하면 액티비티가 사라진 후 자동으로 구독이 취소된다(대신 첫 번째 인자로 액티비티 등의 Life CycleOwner를 전달해야 한다).

이번에 살펴볼 ViewModel이라는 객체도 생명주기를 인지한다. ViewModel의 경우도 스스로 생명주기를 따라 데이터를 메모리에 보관하며 액티비티가 실제로 사라질 때 ViewModel 객체가 파괴된다.

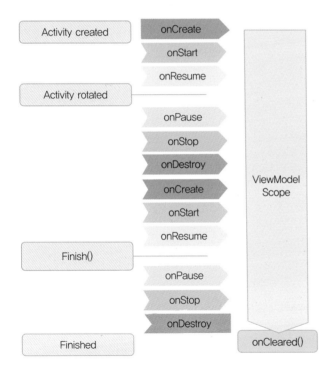

그림 7-8 **오랫동안 살아 있는 ViewModel**

7.1장에서 봤던 onSaveInstanceState, onRestoreInstanceState 패턴은 소량의 데이터를 저장하기 위한 것이지만 ViewModel은 상대적으로 많은 양의 데이터를 처리할 수 있다. 단 ViewModel은 앱이 프레임워크에 의해 종료된 상황 등에 소실되기 때문에 그 경우에는 onSaveInstanceState, onRestoreInstanceState를 사용해야 한다.

이 객체의 이름은 조금 혼란스러운데, 우리가 데이터 바인딩을 할 때 등록에 사용했던 객체의 이름도 ViewModel이었기 때문이다. 전통적으로 ViewModel은 데이터 바인딩에 연동되는 객체의 이름으로도 사용된다.

이 장에서 ViewModel은 구글이 만든 클래스로 액티비티의 생명주기가 끝나기 전까지 데이터를 보관하고 있는 객체라고 생각하자.

7.3.1 의존성 설정

새 프로젝트를 만들고 나서 라이브러리를 추가한다. 6장에서 이미 사용했던 Gson 라이브러리와 Retrofit 라이브러리를 사용할 예정이다.

```
apply plugin: 'com.android.application'
apply plugin: 'kotlin-android'
apply plugin: 'kotlin-kapt'

android {
  compileSdkVersion 30
  defaultConfig {
    applicationId "com.example.viewmodel"
    minSdkVersion 17
    targetSdkVersion 30
    versionCode 1
    versionName "1.0"
  }
  buildTypes {
    release {
      minifyEnabled false
      proguardFiles getDefaultProguardFile('proguard-android.txt'), 'proguard-rules.pro'
    }
  }
  compileOptions {
    targetCompatibility 1.8
    sourceCompatibility 1.8
  }
}
```

```
dependencies {
    implementation 'androidx.appcompat:appcompat:1.2.0'
    implementation 'androidx.constraintlayout:constraintlayout:1.1.3'
    implementation 'com.squareup.retrofit2:retrofit:2.9.0'
    implementation 'com.squareup.retrofit2:converter-gson:2.9.0'
    implementation 'androidx.lifecycle:lifecycle-runtime:2.2.0'
    implementation 'androidx.lifecycle:lifecycle-extensions:2.2.0'
    kapt 'androidx.lifecycle:lifecycle-compiler:2.2.0'
    implementation "org.jetbrains.kotlin:kotlin-stdlib-jdk7:$kotlin_version"
}
```

코틀린

- -

```
apply plugin: 'com.android.application'

android {
    compileSdkVersion 30
    defaultConfig {
        applicationId "com.example.viewmodel"
        minSdkVersion 17
        targetSdkVersion 30
        versionCode 1
        versionName "1.0"
    }
    buildTypes {
        release {
            minifyEnabled false
            proguardFiles getDefaultProguardFile('proguard-android.txt'), 'proguard-
rules.pro'
        }
    }
    compileOptions {
        targetCompatibility 1.8
        sourceCompatibility 1.8
    }
}

dependencies {
    implementation 'androidx.appcompat:appcompat:1.2.0'
    implementation 'androidx.constraintlayout:constraintlayout:1.1.3'
    implementation 'com.squareup.retrofit2:retrofit:2.9.0'
    implementation 'com.squareup.retrofit2:converter-gson:2.9.0'
```

```
    implementation 'androidx.lifecycle:lifecycle-runtime:2.2.0'
    implementation 'androidx.lifecycle:lifecycle-extensions:2.2.0'
    annotationProcessor 'androidx.lifecycle:lifecycle-compiler:2.2.0'
}
```
자바

리스트 7-7 app/build.gradle 파일

각 부분은 개인의 설정에 따라 다를 수 있다. 핵심적인 부분은 dependencies에 6개의 의존성이 들어
간다는 점이다.

먼저 안드로이드와 ConstraintLayout을 위한 레이아웃이 필요하다.

```
    implementation 'androidx.appcompat:appcompat:1.2.0'
    implementation 'androidx.constraintlayout:constraintlayout:1.1.3'
```

리스트 7-8 안드로이드 호환성과 ConstraintLayout을 위한 의존성

다음으로 주어진 라이브러리는 REST 호출과 JSON을 다루기 위한 라이브러리다.

```
    implementation 'com.squareup.retrofit2:retrofit:2.9.0'
    implementation 'com.squareup.retrofit2:converter-gson:2.9.0'
```

리스트 7-9 레트로핏(REST)과 Gson 라이브러리(JSON)

```
    implementation 'androidx.lifecycle:lifecycle-runtime:2.2.0'
    implementation 'androidx.lifecycle:lifecycle-extensions:2.2.0'
    kapt 'androidx.lifecycle:lifecycle-compiler:2.2.0'
```
코틀린
- -
```
    implementation 'androidx.lifecycle:lifecycle-runtime:2.2.0'
    implementation 'androidx.lifecycle:lifecycle-extensions:2.2.0'
    annotationProcessor 'androidx.lifecycle:lifecycle-compiler:2.2.0'
```
자바

리스트 7-10 뷰 모델과 라이브 데이터를 위한 라이브러리

android.arch.lifecycle:extensions와 androidx.lifecycle:lifecycle-compiler를 넣지 않으면 View
ModelProvider를 이용할 수 없다. 람다를 사용하기 위해 자바 1.8을 설정하는 것도 있지 말자.

```
compileOptions {
    targetCompatibility 1.8
    sourceCompatibility 1.8
}
```

리스트 7-11 **람다 사용을 위해 자바 1.8 버전으로 설정**

인터넷을 사용하기 위해 메니페스트 설정도 해야 한다. 다음의 항목을 넣어준다.

```
<uses-permission android:name="android.permission.INTERNET" />
```

리스트 7-12 **인터넷을 사용하기 위한 퍼미션 추가**

퍼미션이 추가된 메니페스트(AndroidManifest.xml) 파일의 모습은 다음과 비슷하다.

```xml
<?xml version="1.0" encoding="utf-8"?>
<manifest xmlns:android="http://schemas.android.com/apk/res/android"
    package="com.example.viewmodel">

    <uses-permission android:name="android.permission.INTERNET" />

    <application
        android:allowBackup="true"
        android:icon="@mipmap/ic_launcher"
        android:label="@string/app_name"
        android:roundIcon="@mipmap/ic_launcher_round"
        android:supportsRtl="true"
        android:theme="@style/AppTheme">
        <activity android:name=".MainActivity">
            <intent-filter>
                <action android:name="android.intent.action.MAIN" />

                <category android:name="android.intent.category.LAUNCHER" />
            </intent-filter>
        </activity>
```

```
    </application>
  </manifest>
```

리스트 7-13 **전체 메니페스트 파일**

7.3.2 REST용 코드 작성하기

이제 6.4장에서 만든 REST 코드를 가져온다.

```kotlin
data class Result(
    var url: String,
    var name: String
)
```
코틀린

```java
public class Result{
  public String url;
  public String name;
}
```
자바

리스트 7-14 **가장 작은 Result 객체**

```kotlin
data class Response(
    var count: Int,
    var previous: String,
    var next: String,
    var results: List(Result)
)
```
코틀린

```java
public class Response{
  public int count;
  public String previous;
  public String next;
  public List<Result> results;
}
```
자바

리스트 7-15 전체 JSON 요청을 받아들일 Response 객체


```kotlin
interface PokeAPI{
  @GET("pokemon/")
  fun listPokemons(): Call<Response>

  @GET("pokemon/")
  fun listPokemons(@Query("offset") offset: String, @Query("limit") limit: String):
Call<Response>
}
```
코틀린

```java
public interface PokeAPI{
  @GET("pokemon/")
  Call<Response> listPokemons();

  @GET("pokemon/")
  Call<Response> listPokemons(@Query("offset") String offset, @Query("limit") String
limit);
}
```
자바

리스트 7-16 REST API 호출을 위한 Retrofit용 인터페이스

7.3.3 뷰 모델 만들기

이제 본격적으로 ViewModel 객체를 만들어보자.

```kotlin
class PokeViewModel : ViewModel(){
  val results: MutableLiveData<List<Result>> by lazy {
    var liveData = MutableLiveData<List<Result>>()
    loadResults()
    liveData
  }
  private val pokeAPI: PokeAPI by lazy {
    val retrofit = Retrofit.Builder()
        .baseUrl("https://pokeapi.co/api/v2/")
        .addConverterFactory(GsonConverterFactory.create())
        .build()
    retrofit.create(PokeAPI::class.java)
  }
  private fun loadResults(){

    pokeAPI.listPokemons().enqueue(object : Callback<Response> {
      override fun onResponse(call: Call<Response>, response:
retrofit2.Response<Response>){
        results.value = response.body()?.results
      }

      override fun onFailure(call: Call<Response>, t: Throwable){}
    })
  }
}
```
코틀린

```java
public class PokeViewModel extends ViewModel {
  private MutableLiveData<List<Result>> results;
  private PokeAPI pokeAPI;

  public LiveData<List<Result>> getResults(){
    if (results == null){
      results = new MutableLiveData<>();

      Retrofit retrofit = new Retrofit.Builder()
          .baseUrl("http://pokeapi.co/api/v2/")
          .addConverterFactory(GsonConverterFactory.create())
          .build();
```

```
            pokeAPI = retrofit.create(PokeAPI.class);
            loadResults();
        }
        return results;
    }

    private void loadResults(){
        pokeAPI.listPokemons().enqueue(new Callback<Response>(){
            @Override
            public void onResponse(Call<Response> call, retrofit2.Response<Response>response)
{
                results.setValue(response.body().results);
            }

            @Override
            public void onFailure(Call<Response> call, Throwable t){
            }
        });
    }
}
```
자바

리스트 7-17 **ViewModel 객체**

ViewModel 객체에서 MutableLiveData〈List〈Result〉〉 타입인 results 필드가 있는 것을 알 수 있다.
ViewModel 내에서는 result의 라이브 데이터를 자유롭게 setValue와 postValue로 수정할 수 있다.
코틀린 코드의 경우에는 초기화하는 부분이 특이하다.

```
val results: MutableLiveData<List<Result>> by lazy {
    var liveData = MutableLiveData<List<Result>>()
    ...
    liveData
}
```

리스트 7-18 **코틀린의 게으른 초기화**

코틀린 코드의 경우에는 by lezy {} 블록을 통해 초기화를 하는데, 이는 results가 처음으로 참조될 때
lazy 블록 속의 내용으로 초기화를 하겠다는 것이다. 마지막 값인 liveData의 값으로 results가 초기화
된다.
컴퓨터 과학에서는 이렇게 필요할 때 초기화를 이루는 방식을 게으른 초기화lazy initialization라 부른다.

액티비티 | 275

다음으로 getResults 메서드를 살펴보자.

```java
public LiveData<List<Result>> getResults() {
    if (results == null) {
        results = new MutableLiveData<>();

        Retrofit retrofit = new Retrofit.Builder()
                .baseUrl("http://pokeapi.co/api/v2/")
                .addConverterFactory(GsonConverterFactory.create())
                .build();

        pokeAPI = retrofit.create(PokeAPI.class);
        loadResults();
    }
    return results;
}
```

리스트 7-19 **뷰 모델의 getResults 메서드**

getResults 메서드는 자바에만 있고 코틀린에서는 results 프로퍼티를 바로 사용한다. 코틀린은 게으른 초기화가 있기 때문에 적절할 때 초기화를 하고 나중에는 그 값을 쓰게 된다. getResults 코드는 게으른 초기화를 수동으로 해주는 셈이다.

getResults 메서드가 객체들을 생성하고 실제 데이터를 로딩하며 LiveData〈List〈Result〉〉 타입으로 라이브 데이터를 반환한다. List〈Result〉 데이터를 라이브 데이터로 반환하는 것이다.

그런데 results 필드 자체는 MutableLiveData〈List〈Result〉〉 형인데 형태가 조금 다르다. ViewModel 내에서는 MutableLiveData를 수정하고 외부에서 getResults를 가져갈 때는 수정하지 못하게 Live-Data를 반환하는 것이다.

물론 굳이 변경하려 한다면 라이브 데이터의 값을 할 수 있지만, 이왕이면 구조적으로 깔끔하게 내부에서만 변경하자.

```
private fun loadResults(){
  pokeAPI.listPokemons().enqueue(object : Callback⟨Response⟩{
    override fun onResponse(call: Call⟨Response⟩, response:
retrofit2.Response⟨Response⟩){
      results.value = response.body()?.results
    }

    override fun onFailure(call: Call⟨Response⟩, t: Throwable){}
  })
}
```
코틀린

```
private void loadResults(){
  pokeAPI.listPokemons().enqueue(new Callback⟨Response⟩(){
    @Override
    public void onResponse(Call⟨Response⟩ call, retrofit2.Response⟨Response⟩ response){
      results.setValue(response.body().results);
    }

    @Override
    public void onFailure(Call⟨Response⟩ call, Throwable t){
    }
  });
}
```
자바

리스트 7-20 데이터를 불러오는 loadResults 메서드

loadResults 메서드의 모양은 상대적으로 심플하다. Retrofit 호출을 통해 데이터를 가져와 라이브 데이터 객체 results에 setValue를 통해 갱신한다.

enqueue의 콜백들은 메인 스레드에서 수행되기 때문에 seValue를 통해 값을 갱신했다. 만약 다른 스레드상에서 라이브 데이터의 값을 바꿔야 한다면 postValue 메서드를 대신 사용한다.

7.3.4 뷰 모델 사용하기

구글의 ViewModel 클래스를 사용하는 것은 일반 객체를 사용하는 것과 다르다. 절대로 생성자를 호출해서 직접 객체를 만들지 않도록 한다.

뷰 모델이 적절히 생명주기에 따라 관리되도록 하기 위해서 ViewModelProviders를 이용해서 생성한다.

```kotlin
override fun onCreate(savedInstanceState: Bundle?){
  super.onCreate(savedInstanceState)
  setContentView(R.layout.activity_main)
  val textView = findViewById<TextView>(R.id.textView)
  val pokeViewModel = ViewModelProvider(this).get<PokeViewModel>(PokeViewModel::class.java)
}
```
코틀린

```java
@Override
protected void onCreate(Bundle savedInstanceState){
  super.onCreate(savedInstanceState);
  setContentView(R.layout.activity_main);
  TextView textView = findViewById(R.id.textView);
  PokeViewModel pokeViewModel = new ViewModelProvider(this).get(PokeViewModel.class);
}
```
자바

리스트 7-21 **ViewModelProvdiers를 이용해 뷰 모델 생성하기**

이제 뷰 모델을 사용해보자.

```kotlin
override fun onCreate(savedInstanceState: Bundle?){
  super.onCreate(savedInstanceState)
  setContentView(R.layout.activity_main)
  val textView = findViewById<TextView>(R.id.textView)
  val pokeViewModel = ViewModelProvider(this).get<PokeViewModel>(PokeViewModel::class.java)
  pokeViewModel.results.observe(this, Observer { results ->
    // UI를 갱신합니다.
  })
}
```
코틀린

```java
@Override
protected void onCreate(Bundle savedInstanceState){
    super.onCreate(savedInstanceState);
    setContentView(R.layout.activity_main);
    TextView textView = findViewById(R.id.textView);
    PokeViewModel pokeViewModel = new ViewModelProvider(this).get(PokeViewModel.class);
    pokeViewModel.getResults().observe(this, results ->{
        // UI를 갱신합니다.
    });
}
```
자바

리스트 7-22 **뷰 모델 내의 라이브 데이터 구독하기**

getResults 메서드를 호출하면 라이브 데이터를 만들어 반환한다.

이 라이브 데이터에 정보가 업데이트 되면 observe 메서드로 관측하다 UI를 갱신한다.

여기에서는 데이터를 한 번만 가져오기 때문에 UI 갱신은 한 번만 이루어지겠지만 라이브 데이터 측에서 데이터를 갱신하도록 구성하면 데이터가 수정될 때마다 UI가 갱신된다.

화면에 TextView가 하나 있는데 이 뷰에 이름을 부여한다.

```xml
<?xml version="1.0" encoding="utf-8"?>
<androidx.constraintlayout.widget.ConstraintLayout xmlns:android="http://schemas.android.com/apk/res/android"
    xmlns:app="http://schemas.android.com/apk/res-auto"
    xmlns:tools="http://schemas.android.com/tools"
    android:layout_width="match_parent"
    android:layout_height="match_parent"
    tools:context=".MainActivity">

    <TextView
        android:id="@+id/textView"
        android:layout_width="wrap_content"
        android:layout_height="wrap_content"
        android:text="Hello World!"
        app:layout_constraintBottom_toBottomOf="parent"
        app:layout_constraintStart_toStartOf="parent"
        app:layout_constraintEnd_toEndOf="parent"
        app:layout_constraintTop_toTopOf="parent" />

</androidx.constraintlayout.widget.ConstraintLayout>
```

리스트 7-23 **TextView에 이름 붙이기**

이제 화면에 가져온 데이터를 출력해보자.

```kotlin
override fun onCreate(savedInstanceState: Bundle?) {
    super.onCreate(savedInstanceState)
    setContentView(R.layout.activity_main)
    val textView = findViewById<TextView>(R.id.textView)
    val pokeViewModel = ViewModelProvider(this).get<PokeViewModel>(PokeViewModel::class.java)
    pokeViewModel.results.observe(this, Observer { results ->
        if (results != null) {
            textView.text = results[0].name
        }
    })
}
```
코틀린

```java
@Override
protected void onCreate(Bundle savedInstanceState) {
    super.onCreate(savedInstanceState);
    setContentView(R.layout.activity_main);
    TextView textView = findViewById(R.id.textView);
    PokeViewModel pokeViewModel = new ViewModelProvider(this).get(PokeViewModel.class);
    pokeViewModel.getResults().observe(this, results -> {
        textView.setText(results.get(0).name);
    });
}
```
자바

리스트 7-24 **첫 번째 아이의 이름을 출력하기**

출력 결과는 다음과 같다.

그림 7-9 **첫 번째 아이만 가져와서 출력**

List〈Result〉 타입을 가지는 라이브 데이터인 LiveData〈List〈Result〉〉였기 때문에, Result의 목록으로
첫 번째 데이터만 출력했다.

하나만 출력되면 조금 심심하다. 이름을 다 가져와서 화면에 뿌려보자.

```kotlin
override fun onCreate(savedInstanceState: Bundle?){
  super.onCreate(savedInstanceState)
  setContentView(R.layout.activity_main)
  val textView = findViewById〈TextView〉(R.id.textView)
  val pokeViewModel = ViewModelProvider(this).get〈PokeViewModel〉(PokeViewModel::class.java)
  pokeViewModel.results.observe(this, Observer { results ->
    var text = ""
    if(results != null){
      for(result in results){
        text += result.name + "\n"
      }
      textView.text = text
    }
  })
}
```
코틀린

```java
@Override
protected void onCreate(Bundle savedInstanceState){
  super.onCreate(savedInstanceState);
  setContentView(R.layout.activity_main);
  TextView textView = findViewById(R.id.textView);
  PokeViewModel pokeViewModel = new ViewModelProvider(this).get(PokeViewModel.class);
  pokeViewModel.getResults().observe(this, results -> {
    String text = "";
    for(Result result : results){
      text += result.name + "\n";
    }
    textView.setText(text);
  });
}
```
자바

리스트 7-25 **여러 이름을 출력하는 코드**

그림 7-10 **한 페이지에 있는 포케몬 이름 전체 출력**

7.3.5 뷰 모델 팩토리

뷰 모델을 만들 때 모델의 특별한 생성자를 호출하는 등의 행위가 필요한 경우가 있다. 이 경우에는 뷰 모델 팩토리를 사용한다.

```kotlin
val pokeViewModel = ViewModelProvider(this, object : ViewModelProvider.Factory {
    override fun <T : ViewModel?> create(modelClass: Class<T>): T {
        return PokeViewModel() as T
    }
}).get(PokeViewModel::class.java)
```
코틀린

```java
PokeViewModel pokeViewModel = new ViewModelProvider(this, new
ViewModelProvider.Factory() {
    @NonNull
    @Override
    public <T extends ViewModel> T create(@NonNull Class<T> modelClass) {
        return (T) new PokeViewModel();
    }
}).get(PokeViewModel.class);
```
자바

리스트 7-26 PokeViewModel을 리턴하는 팩토리의 예

주의할 점은 반환하는 객체를(T) 타입으로 캐스팅해야 한다는 것이다.

이 팩토리가 호출되어 modelClass가 들어오기 전까지 정확한 타입을 모르기 때문이다.

7.4 네트워크, 이미지, 뷰 모델

6.5장에서 작업했던 네트워크, 이미지에서 사용하는 뷰 모델은 안드로이드 뷰 모델이 아니라 여기서 만든 ViewModel이란 이름의 객체였다. 안드로이드 뷰 모델은 로테이션 등의 상황에서도 데이터를 안전하게 보관할 수 있기 때문에 기존 구조를 안드로이드 뷰 모델에 맞추어 변경해보자.

7.4.1 안드로이드 뷰 모델 적용

안드로이드 뷰 모델의 생명주기가 MainRecyclerViewViewHolder와 일치하지 않고, 뷰 모델을 위해 오래 살아 있기 때문에 RecyclerView의 개별 아이템을 위해 안드로이드 뷰 모델을 쓰는 것은 맞지 않다. 이번 장에서는 MainActivity를 바꾸지 않고 DetailActivity에 대해서만 변경을 진행한다.

```kotlin
override fun onCreate(savedInstanceState: Bundle?) {
  super.onCreate(savedInstanceState)
  val binding = DataBindingUtil.setContentView<ActivityDetailBinding>(this,
R.layout.activity_detail)
  val viewModel = ViewModelProvider(this).get(ViewModel::class.java) (1)
  binding.viewModel = viewModel
  binding.lifecycleOwner = this  (2)

  val gson = GsonBuilder()
      .setFieldNamingPolicy(FieldNamingPolicy.LOWER_CASE_WITH_UNDERSCORES)
      .create()
  val retrofit = Retrofit.Builder()
      .baseUrl("https://pokeapi.co/api/v2/")
      .addConverterFactory(GsonConverterFactory.create(gson))
      .build()
  val pokeAPI = retrofit.create(PokeAPI::class.java)

  val intent = intent
  val pid = intent.getIntExtra("pid", 1)
  pokeAPI.getPokemon(pid).enqueue(object : Callback<PokemonResponse?> {
    override fun onResponse(call: Call<PokemonResponse?>, response:
Response<PokemonResponse?>) {
      val pokemonResponse = response.body()
      viewModel.response = pokemonResponse  (3)
    }
```

```kotlin
class ViewModel : androidx.lifecycle.ViewModel() {
    var response = MutableLiveData(PokemonResponse)()  (4)
}
```

코틀린

- -

```java
@Override
protected void onCreate(Bundle savedInstanceState) {
    super.onCreate(savedInstanceState);
    ActivityDetailBinding binding =
        DataBindingUtil.setContentView(this, R.layout.activity_detail);
    ViewModel viewModel = new ViewModelProvider(this).get(ViewModel.class);  (1)
    binding.setViewModel(viewModel);
    binding.setLifecycleOwner(this);  (2)

    Gson gson = new GsonBuilder()
        .setFieldNamingPolicy(FieldNamingPolicy.LOWER_CASE_WITH_UNDERSCORES)
        .create();
    Retrofit retrofit = new Retrofit.Builder()
        .baseUrl("https://pokeapi.co/api/v2/")
        .addConverterFactory(GsonConverterFactory.create(gson))
        .build();
    PokeAPI pokeAPI = retrofit.create(PokeAPI.class);

    Intent intent = getIntent();
    int pid = intent.getIntExtra("pid", 1);
    pokeAPI.getPokemon(pid).enqueue(new Callback<PokemonResponse>() {
        @Override
        public void onResponse(Call<PokemonResponse> call, Response<PokemonResponse>
response) {
            PokemonResponse pokemonResponse = response.body();
            viewModel.response.setValue(pokemonResponse);  (3)
        }

        @Override
        public void onFailure(Call<PokemonResponse> call, Throwable t) {
        }
    });
}

public static class ViewModel extends androidx.lifecycle.ViewModel {
    public MutableLiveData<PokemonResponse> response = new MutableLiveData<>();  (4)
}
```

자바

리스트 7-27 안드로이드 뷰 모델 적용

네 가지 부분에서 변경을 진행했다.

(1) ViewModelProvider를 이용해서 ViewModel을 가져왔다.

(2) ViewModel에 LiveData를 쓰고 있기 때문에 바인딩(binding)에 LifecycleOwner를 등록해서 생명주기에 따라 대응될 수 있도록 한다.

(3) ViewModel의 ObservableField 대신 MutableLiveData를 사용했기 때문에 set 메서드 대신 setValue 메서드로 변경하였다. 〈리스트 7-27〉의 코드에서도 자바 코드는 getValue, 코틀린 코드에서는 value에 접근한다. 라이브 데이터는 생명주기에 따라 자료를 제공할 수 있고, ObservableField처럼 데이터 바인딩에서 참고할 수 있으며, 변경된 자료에 대해 액티비티에서 관찰(Observe)할 수 있다. 이런 장점 때문에 데이터 바인딩이 일반화된 이후 ObservableField보다 LiveData가 더 널리 사용되는 추세다.

(4) ViewModel이 androix.lifecycle.ViewModel을 상속하도록 변경했다. 이 변경으로 인해 ViewModel은 화면 로테이션 등의 변화에서 견딜 수 있다.

7.4.2 리포지토리

〈리스트 7-27〉의 코드에서는 액티비티에서 직접 API 호출을 하고 있다. 액티비티나 프래그먼트를 뷰 View라고 부르는데, 이 뷰에서만 대부분의 작업을 하고 있다면 뷰의 역할은 신이나 다름없다. 그렇게 과도한 역할을 가진 것을 신이라 부른다. 갓 뷰 God View라고 할 수 있는 것이다.

안드로이드 앱 개발이나 다른 어떤 앱 개발이라도 한 객체가 집중적으로 많은 역할을 하는 신을 가지고 있는 것은 좋지 않다. 그래서 적절한 레이어로 분리할 필요가 있다.

이번 장에서는 갓 뷰가 가지고 있었던 역할을 셋으로 나누어 뷰, 뷰 모델, 리포지토리로 이양한다.

첫 단계로 리포지토리를 만든다.

```kotlin
import com.example.pagingWithDatabinding.PokeAPI
import com.example.pagingWithDatabinding.PokemonResponse
import com.example.pagingWithDatabinding.Response
import com.google.gson.FieldNamingPolicy
import com.google.gson.Gson
import com.google.gson.GsonBuilder
import retrofit2.Retrofit
import retrofit2.converter.gson.GsonConverterFactory

object Repository {
    private val pokeAPI: PokeAPI

    init {
        val gson: Gson = GsonBuilder()
            .setFieldNamingPolicy(FieldNamingPolicy.LOWER_CASE_WITH_UNDERSCORES)
            .create()
        val retrofit: Retrofit = retrofit2.Retrofit.Builder()
            .baseUrl("https://pokeapi.co/api/v2/")
            .addConverterFactory(GsonConverterFactory.create(gson))
            .build()
        pokeAPI = retrofit.create(PokeAPI::class.java)
    }

    fun listPokemons(): retrofit2.Call<Response> {
        return pokeAPI.listPokemons()
    }

    fun listPokemons(offset: String?, limit: String?): retrofit2.Call<Response> {
        return pokeAPI.listPokemons(offset!!, limit!!)
    }

    fun getPokemon(pid: Int): retrofit2.Call<PokemonResponse> {
        return pokeAPI.getPokemon(pid)
    }
}
```
코틀린

```java
package com.example.viewModelImage;

import com.google.gson.FieldNamingPolicy;
import com.google.gson.Gson;
import com.google.gson.GsonBuilder;

import retrofit2.Call;
import retrofit2.Retrofit;
import retrofit2.converter.gson.GsonConverterFactory;

public class Repository {

  private final PokeAPI pokeAPI;
  private static Repository instance = new Repository();

  private Repository() {
    Gson gson = new GsonBuilder()
        .setFieldNamingPolicy(FieldNamingPolicy.LOWER_CASE_WITH_UNDERSCORES)
        .create();
    Retrofit retrofit = new Retrofit.Builder()
        .baseUrl("https://pokeapi.co/api/v2/")
        .addConverterFactory(GsonConverterFactory.create(gson))
        .build();
    pokeAPI = retrofit.create(PokeAPI.class);
  }

  public static Repository getInstance() {
    return instance;
  }

  Call<Response> listPokemons() {
    return pokeAPI.listPokemons();
  }

  Call<Response> listPokemons(String offset, String limit) {
    return pokeAPI.listPokemons(offset, limit);
  }

  Call<PokemonResponse> getPokemon(int pid) {
    return pokeAPI.getPokemon(pid);
  }
}
```
자바

리스트 7-28 **리포지토리**

리포지토리의 생성자에 기존에 만들었던 Gson, Retrofit 초기화 코드를 모두 넣었다.

```kotlin
object Repository {
  private val pokeAPI: PokeAPI

  init {
    val gson: Gson = GsonBuilder()
        .setFieldNamingPolicy(FieldNamingPolicy.LOWER_CASE_WITH_UNDERSCORES)
        .create()
    val retrofit: Retrofit = retrofit2.Retrofit.Builder()
        .baseUrl("https://pokeapi.co/api/v2/")
        .addConverterFactory(GsonConverterFactory.create(gson))
        .build()
    pokeAPI = retrofit.create(PokeAPI::class.java)
  }
  ...
}
```
코틀린

```java
public class Repository {

  private final PokeAPI pokeAPI;

  private Repository() {
    Gson gson = new GsonBuilder()
        .setFieldNamingPolicy(FieldNamingPolicy.LOWER_CASE_WITH_UNDERSCORES)
        .create();
    Retrofit retrofit = new Retrofit.Builder()
        .baseUrl("https://pokeapi.co/api/v2/")
        .addConverterFactory(GsonConverterFactory.create(gson))
        .build();
    pokeAPI = retrofit.create(PokeAPI.class);
  }
  ...
}
```
자바

리스트 7-29 **리포지토리의 생성자**

생성자에서 Gson, Retrofit 초기화를 마치고 pokeAPI 필드도 초기화한다.

```
object Repository{
  ...
}
```
코틀린

- -

```
public class Repository{

  private static Repository instance = new Repository();

  private Repository(){
  }

  public Repository getInstance(){
    return instance;
  }
}
```
자바

리스트 7-30 **싱글턴을 위한 코드**

리포지토리는 한 번 생성해서 여기저기에서 사용할 목적으로 싱글턴으로 제작된다. 코틀린에서 싱글턴을 만드는 것은 간단하다. class 대신 object 키워드를 사용하면 된다.

자바는 조금 복잡하다. 생성자를 private로 지정해두어서 싱글턴 이외의 방법으로 직접 생성자를 이용한 초기화를 못하게 막아두고, getInstance 메서드가 이미 static 필드로 생성된 인스턴스를 반환하게 한다.

이제 뷰 모델에서 리포지토리를 사용하도록 코드를 수정한다. 기존의 DetailActivity가 호출하는 API는 getPokemon이다. 이 메서드의 호출을 뷰 모델로 옮기되 PokeAPI를 직접 호출하지 말고 리포지토리를 통해 호출한다.

```
class ViewModel : androidx.lifecycle.ViewModel() {
  var response = MutableLiveData(PokemonResponse)()

  fun getPokemon(pid: Int) {
    Repository.getPokemon(pid).enqueue(object : Callback⟨PokemonResponse?⟩ {
      override fun onResponse(call: Call⟨PokemonResponse?⟩, response:
Response⟨PokemonResponse?⟩) {
        val pokemonResponse = response.body()
        this@ViewModel.response.value = pokemonResponse  (1)
      }

      override fun onFailure(call: Call⟨PokemonResponse?⟩, t: Throwable) {}
    })
  }
}
```
코틀린

```
public static class ViewModel extends androidx.lifecycle.ViewModel {
  public MutableLiveData⟨PokemonResponse⟩ response = new MutableLiveData⟨⟩();

  public void getPokemon(int pid) {
    Repository.getInstance().getPokemon(pid).enqueue(new Callback⟨PokemonResponse⟩()
{
      @Override
      public void onResponse(Call⟨PokemonResponse⟩ call,
Response⟨PokemonResponse⟩ response) {
        PokemonResponse pokemonResponse = response.body();
        ViewModel.this.response.setValue(pokemonResponse);  (1)
      }

      @Override
      public void onFailure(Call⟨PokemonResponse⟩ call, Throwable t) {
      }
    });
  }
}
```
자바

리스트 7-31 뷰 모델로 API 호출을 옮김

이제 DetailActivity에서 PokeAPI 호출을 제거하고 ViewModel을 호출한다.

```kotlin
override fun onCreate(savedInstanceState: Bundle?) {
  super.onCreate(savedInstanceState)
  val binding = DataBindingUtil.setContentView<ActivityDetailBinding>(this,
R.layout.activity_detail)
  val viewModel = ViewModelProvider(this).get(ViewModel::class.java)
  binding.viewModel = viewModel
  binding.lifecycleOwner = this

  val intent = intent
  val pid = intent.getIntExtra("pid", 1)
  viewModel.getPokemon(pid)
}
```
코틀린

```java
@Override
protected void onCreate(Bundle savedInstanceState) {
  super.onCreate(savedInstanceState);
  ActivityDetailBinding binding =
      DataBindingUtil.setContentView(this, R.layout.activity_detail);
  ViewModel viewModel = new ViewModelProvider(this).get(ViewModel.class);
  binding.setViewModel(viewModel);
  binding.setLifecycleOwner(this);

  Intent intent = getIntent();
  int pid = intent.getIntExtra("pid", 1);
  viewModel.getPokemon(pid);
}
```
자바

리스트 7-32 API 호출을 제거하고 ViewModel에 모든 것을 위임함

7.4.3 혼란을 피하기 위한 이름 변경

DetailActivity의 액티비티에서 ViewModel은 한 번만 생성되지만 MainActivity의 ViewModel은 리사이클러 뷰가 돌아가는 동안 수없이 생성되고 해제된다.

안드로이드 ViewModel은 생명주기를 인지하고 오랫동안 유지되기 때문에, 리사이클러 뷰에서 사용할 수 없어 MainActivity의 뷰 모델은 안드로이드 뷰 모델을 사용하지 않았다.

여기서 MainActivity를 위해 만들었던 ViewModel과 Android ViewModel의 이름이 비슷해서 혼란스럽다. 혼란을 피하기 위해 기존의 ViewModel은 뷰를 위한 상태란 의미로 ViewState라 변경했다.

```kotlin
private class MainRecyclerViewViewHolder(binding: ItemRecyclerviewBinding) :
RecyclerView.ViewHolder(binding.root){
  private val viewState: ViewState = ViewState()

  init {
    binding.viewState = viewState
  }

  fun bind(item: Result?){
    item?.let {
      viewState.name.set(it.name)
      viewState.url.set(it.url)
    }
  }
}

class ViewState {
  var name = ObservableField<String>()
  var url = ObservableField<String>()

  fun openDetail(view: View){
    val parts = url.get()?.split("/")
    val pid = parts!![6].toInt()
    val context = view.context
    val intent = Intent(context, DetailActivity::class.java)
    intent.putExtra("pid", pid)
    context.startActivity(intent)
  }
}
```
코틀린

```java
private static class MainRecyclerViewViewHolder extends RecyclerView.
ViewHolder {
  private final ItemRecyclerviewBinding binding;
  private final ViewState viewState;

  public MainRecyclerViewViewHolder(ItemRecyclerviewBinding binding) {
    super(binding.getRoot());
    this.binding = binding;
    viewState = new ViewState();
    binding.setViewState(viewState);
  }

  public void bind(Result item) {
    viewState.name.set(item.name);
    viewState.url.set(item.url);
  }
}

public static class ViewState {
  public ObservableField<String> name = new ObservableField<>();
  public ObservableField<String> url = new ObservableField<>();

  public void openDetail(View view) {
    String[] parts = url.get().split("/");
    int pid = Integer.parseInt(parts[6]);
    Context context = view.getContext();
    Intent intent = new Intent(context, DetailActivity.class);
    intent.putExtra("pid", pid);
    context.startActivity(intent);
  }
}
```
자바

리스트 7-33 **MainActivity 소스 코드에서 ViewState를 사용하도록 수정**

코드에서 특이한 부분은 없다. MainActivity에서 ViewModel이라고 적혀 있던 부분을 ViewState로 바꾼 것이 전부이다.

레이아웃에서도 ViewState를 쓰도록 변경한다.

```xml
<?xml version="1.0" encoding="utf-8"?>
<layout xmlns:android="http://schemas.android.com/apk/res/android"
  xmlns:app="http://schemas.android.com/apk/res-auto"
  xmlns:tools="http://schemas.android.com/tools">

  <data>

    <variable
      name="viewState"
      type="com.example.viewModelImage.MainActivity.ViewState" />
  </data>

  <androidx.constraintlayout.widget.ConstraintLayout
    android:layout_width="wrap_content"
    android:layout_height="wrap_content"
    android:onClick="@{v -> viewState.openDetail(v)}"
    android:padding="10dp">

    <TextView
      android:id="@+id/name"
      android:layout_width="wrap_content"
      android:layout_height="wrap_content"
      android:text="@{viewState.name}"
      app:layout_constraintBottom_toTopOf="@id/url"
      app:layout_constraintStart_toStartOf="parent"
      app:layout_constraintTop_toTopOf="parent"
      tools:text="포케" />

    <TextView
      android:id="@+id/url"
      android:layout_width="wrap_content"
      android:layout_height="wrap_content"
      android:layout_marginTop="10dp"
      android:text="@{viewState.url}"
      app:layout_constraintBottom_toBottomOf="parent"
      app:layout_constraintStart_toStartOf="parent"
      app:layout_constraintTop_toBottomOf="@id/name"
      tools:text="https://google.com" />

  </androidx.constraintlayout.widget.ConstraintLayout>
</layout>
```

리스트 7-34 ViewState를 쓰도록 수정한 item_recyclerview.xml 파일

Item_recyclerview.xml 레이아웃 파일에서도 ViewModel 대신 ViewState를 사용하도록 하자.

코루틴
(코틀린 전용)

08장
코루틴(코틀린 전용)

SUMMARY 코루틴은 1958년 멜빈 웨이가 만들어 낸 개념으로 서로가 서로를 호출할 수 있는 루틴이다. 파이썬과 같은 언어에서는 오래 전부터 사용할 수 있었으나 상대적으로 자바 가상 머신에서 동작하는 언어에서는 사용하기 어려웠던 개념이다. 코틀린에서 코루틴은 상대적으로 새롭게 도입된 개념이며 코틀린 라이브러리 팀의 리드인 로먼 엘리자로브(Roman Elizarov)는 GO 언어 등에서 시도된 특징을 받아들여 설계했다고 밝혔다. 비록 늦게 도입했지만 선배들의 시행착오를 학습해 가장 낮고 실용적인 구현을 하고자 노력한 셈이다. 이 장에서는 코루틴에 새롭게 도입된 코루틴과 플로우(Flow)를 통해 조금 더 쉽고, 간결한 흐름에, 실수를 막을 수 있는 동기화 프로그래밍을 익혀보자.

8.1 코루틴

7장에서 작업한 코드는 콜백 기준으로 동기화를 처리하고 있었다. 콜백으로 구성된 코드는 코드의 깊이가 깊어지고 관리하기 어려워진다는 단점이 있다.

예를 들어 콜백을 통해 웹페이지를 로딩하고 페이지의 내용을 가공해서 출력한다고 한다면 다음과 같은 구성이 될 것이다.

```
fun fetchData(callback: (String) -> Unit) {
    Thread.sleep(1000)
    callback("something")
}

fun processData(data: String, callback: (String) -> Unit) {
    Thread.sleep(1000)
    callback(data.toUpperCase())
}

fetchData {
    processData(it) {
        Log.d("TEST", it)
    }
}
```

리스트 8-1 콜백으로 비동기 처리 연결

fetchData가 비동기이기 때문에 응답을 콜백으로 처리하고, processData 역시 비동기인 까닭에 콜백을 붙여야 한다.

〈리스트 8-1〉의 경우는 콜백이 2단계로만 연결되었지만 프로그래밍을 하다 보면 콜백이 10단 이상으로 늘어나는 경우도 있다.

이런 깊은 단계의 콜백을 죽음의 피라미드The Pyramid of Doom 혹은 콜백 지옥Callback Hell이라 부른다.

또 다른 단점은 에러 처리가 불편하다는 부분이 있다. 선형적으로 짜는 프로그램과 달리, 콜백 체인에서 적절히 에러 처리를 하는 것은 쉽지 않다. 비동기 프로그래밍에서는 에러 처리 역시 콜백으로 해야 하기 때문이다.

이를 위해 널리 사용되는 패턴은 에러를 위한 콜백을 하나 더 만드는 것이다.

```kotlin
fun fetchData(failure: (Exception) -> Unit = {}, callback: (String) -> Unit) {
    Thread.sleep(1000)
    callback("something")
}

fun processData(data: String, failure: (Exception) -> Unit = {}, callback: (String) ->
Unit) {
    Thread.sleep(1000)
    callback(data.toUpperCase())
}
```

리스트 8-2 **실패 콜백과 성공 콜백을 모두 추가한 함수**

이렇게 실패 콜백과 성공 콜백을 모두 추가했다면 좀 더 코딩하기 어렵다. 호출할 때마다 성공 콜백과 실패 콜백을 추가해야 하기 때문이다. 단계가 깊어질수록 더 끔찍한 결과가 된다.

좀 더 나은 방법은 코루틴을 사용하는 것이다. 코루틴은 비선점형 멀티태스킹을 하는 일반화된 서브루틴이다. 멀티태스킹을 하기 위해 일반적으로는 하나의 서브루틴이 특정한 스레드에서 동작하는데, 코루틴은 유예^{suspend}와 재개^{resume}를 통해 잠시 특정 스레드에 수행되었다가 다른 서브루틴을 위해 양보할 수 있는 방식이다.

8.1.1 처음 만나는 코루틴

코루틴을 사용하기 위해서는 코루틴을 위한 의존성과 특정 환경(여기에서는 안드로이드)을 위한 의존성이 필요하다. 두 가지 의존성을 app/build.gradle에 추가한다.

```
dependencies {
    ...
    implementation "org.jetbrains.kotlinx:kotlinx-coroutines-core:1.3.3"
    implementation "org.jetbrains.kotlinx:kotlinx-coroutines-android:1.3.3"
    ...
}
```

리스트 8-3 **코루틴 의존성 추가**

코루틴이 사용된 코드는 다음과 같다.

```
override fun onCreate(savedInstanceState: Bundle?) {
    super.onCreate(savedInstanceState)
    setContentView(R.layout.activity_main)
    MainScope().launch {
        val fetchedData = fetchData()
        val processedData = processData(fetchedData)
        Log.d("AAA", processedData)
    }
}

suspend fun fetchData() = withContext(coroutineContext) {
    Thread.sleep(1000)
    "something"
}

suspend fun processData(data: String) = withContext(coroutineContext) {
    Thread.sleep(1000)
    data.toUpperCase()
}
```

리스트 8-4 **코루틴이 사용된 코드**

여러 가지 키워드가 추가되어서 혼란스러운데, 코루틴이 사용된 코드에서 모르는 키워드를 제외하면 이해할 만한 코드가 된다. 코루틴이 사용한 코드가 선형적sequential이고 일반적인 패턴으로 작성되기 때문이다.

```
val fetchedData = fetchData()
val processedData = processData(fetchedData)
print(processedData)

fun fetchData() = {
  Thread.sleep(1000)
  "something"
}

fun processData(data: String) = {
  Thread.sleep(1000)
  data.toUpperCase()
}
```

리스트 8-5 **코루틴 키워드를 제거한 선형적인 코드**

키워드를 제거하고 나면 너무 쉬운 코드이다. 어떤 것을 의도한 코드인지 명확하게 보인다.
이제 코루틴에 관련된 키워드만 익혀서 어떤 방법으로 동기식 프로그래밍을 하는지 파악하면 된다.

8.1.2 코루틴 스코프, 코루틴 컨텍스트, 코루틴 빌더

```
MainScope().launch {
  val fetchedData = fetchData()
  val processedData = processData(fetchedData)
  print(processedData)
}
```

리스트 8-6 **메인 스코프에서 launch**

MainScope()라는 키워드로 먼저 코루틴 스코프CoroutineScope를 만들었다.
코틀린에서 코루틴은 스코프에 의존적이다. 적절한 스코프가 없으면 전역적인 스코프인 (그래서 추천하지 않는) GlobalScope라도 써야한다.

```
GlobalScope.launch {
    val fetchedData = fetchData()
    val processedData = processData(fetchedData)
    print(processedData)
}
```

리스트 8-7 GlobalScope에서 launch

GlobalScope는 전역적으로 영향을 주기 때문에 관리가 힘들며 대부분의 경우 GlobalScope의 사용은 추천하지 않는다. 여기서는 일단 MainScope()를 통해 MainScope를 사용했다. MainScope는 메인 스레드에서 수행되는 코루틴 스코프다.

메인 코루틴 스코프를 만들고 launch를 호출하면 코루틴이 호출된다. 코루틴을 만드는 함수를 코루틴 빌더^{Coroutine Builder}라고 부른다. ContextScope.launch, ContextScope.async, withContext, runBlocking 등은 코루틴을 만들어 내는 코루틴 빌더다.

코루틴에 속한 내용은 일반적인 코드와 비슷한데 몇 가지 차이점이 있다. fetchData와 processData 라는 메서드가 Suspend 함수라는 점이다.

```
suspend fun fetchData() = withContext(coroutineContext) {
    Thread.sleep(1000)
    "something"
}

suspend fun processData(data: String) = withContext(coroutineContext) {
    Thread.sleep(1000)
    data.toUpperCase()
}
```

리스트 8-8 Suspend 함수 fetchData, processData

Suspend 함수는 호출자^{caller}에 블록을 걸지 않는다는 의미이다.

코루틴 빌더인 withContext는 뒤의 블록의 내용을 코루틴 내에서 다 수행한 후 결과를 반환한다. 수행을 마치고 결과를 반환하기 때문에 사용하기 편하다.

withContext 뒤에 인자로 coroutineContext를 넣어두었는데, 모든 코루틴 스코프^{Coroutine Scope}는 코루틴 컨텍스트^{Coroutine Context}를 가지고 있고, 실무적인(?) 일 처리는 모두 코루틴 컨텍스트에 의존해서 진행한다. 코루틴 컨텍스트는 일종의 불변 집합으로 코루틴의 이름, 어떤 스레드에서 수행될지 결정하는 디스패처, 동작을 바꾸는 인터셉터, 코루틴을 컨트롤할 수 있는 잡 객체 등을 가지고 있다.

launch를 호출할 때는 왜 코루틴 컨텍스트를 전달하지 않았을까? launch와 async와 같은 키워드는 코루틴 스코프의 확장 함수이다. 코틀린에서 확장 함수는 마치 그 객체의 메서드처럼 동작한다.

launch나 async는 당연히 자기가 소속된 코루틴 스코프를 알고 있고, 코루틴 컨텍스트를 가져올 수 있다. 물론 명시적으로 코루틴 컨텍스트를 추가할 수도 있다.

```
MainScope().launch(otherCoroutineContext){
   val fetchedData = fetchData()
   val processedData = processData(fetchedData)
   print(processedData)
}
```

리스트 8-9 **별도의 코루틴 컨텍스트가 추가된 lanch 호출**

명시적으로 컨텍스트를 지정한 경우 MainScope()가 제공하는 컨텍스트에 otherCoroutineContext가 제공하는 컨텍스트를 합쳐서 새로운 코루틴에 사용한다.

여기서 잠시 흐름들을 다시 생각해보자.

(1) fetchData 메서드를 호출했다

(2) 데이터를 가져오는 동안 (fetchData 메서드가 완료될 때까지) 기다린다.

(3) processData를 호출한다.

(4) 데이터를 변경하는 동안 (processData가 완료될 때까지) 기다린다.

(5) 다시 호출자(caller)로 돌아간다. 그때까지 caller는 기다리고 있다.

코루틴을 쓰는 프로그래밍은 블록하지 않기 때문에 조금 다른 동작을 가진다.

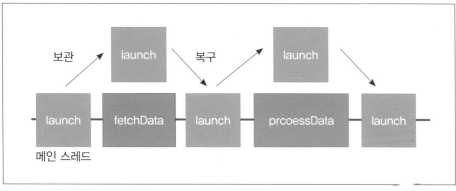

그림 8-2 **지속적으로 보관되었다 복구되는 launch 블록**

(1) fetchData 메서드를 호출하고 launch 블록은 보관된다.

(2) fetchData가 데이터를 가져오는 동안 launch 블록은 기다리지 않는다.

(3) 데이터를 가져온 후 launch 블록은 깨어난다.

(4) 깨어난 launch 블록은 processData를 호출하고 launch 블록은 보관된다.

(5) processData가 자료를 가져오는 launch는 기다리지 않는다.

(6) 데이터를 가져오면 launch 블록은 깨어나 해당 데이터를 사용한다.

메인 스레드를 하나만 쓰는 것은 동일하지만 하나의 스레드를 나누어 아껴서 효율적으로 쓰고 가능한 한 코드를 블록하지 않으려고 한다.

이 Suspend 함수는 코루틴 내에서 부르거나 다른 Suspend 함수에서만 호출할 수 있다. 다른 Suspend 함수도 결국 코루틴에서 호출되었을테니 직·간접적으로 코루틴을 통해서만 호출할 수 있는 셈이다.

8.1.3 디스패처

fetchData와 processData를 외부 스레드에서 수행할 수 없냐는 의문이 생긴다.

코루틴이 어떤 스케줄러에 의해 수행될지 디스패처를 바꾸어보자.

```
suspend fun fetchData() = withContext(Dispatchers.IO) {
    Thread.sleep(1000)
    "something"
}

suspend fun processData(data: String) = withContext(Dispatchers.IO) {
    Thread.sleep(1000)
    data.toUpperCase()
}
```

리스트 8-10 **Dispatchers.IO가 지정된 Suspend 함수**

coroutineContext 대신 Dispatchers.IO를 지정하면 별도의 스레드에서 fetchData와 processData를 수행한다.

〈리스트 8-10〉의 코드를 보고 의문이 생긴 사람들도 있을 것이다. 왜 코루틴 컨텍스트에 디스패처만 넣었던 것일까? 그 답은 간단하다. 한 가지 코루틴 컨텍스트 요소Coroutine Context Element는 코루틴 컨텍스트이다. 코루틴 컨텍스트는 여러 개의 컨텍스트 요소의 집합이지만 하나의 컨텍스트 요소도 코루틴 컨텍스트라는 것이다. 뭔가 '우리는 하나고 하나는 우리다' 같은 이상한 문장이다.

아무튼 한마디로 말해 코루틴 컨텍스트에 한 가지 코루틴 컨텍스트 요소만 넣어도 된다.

두 가지 이상의 코루틴 컨텍스트 요소를 넣고 싶다면 + 연산을 이용한다.

```
suspend fun fetchData() = withContext(Dispatchers.IO + CoroutineName("coroutinename1"))
{
    Thread.sleep(1000)
    "something"
}


suspend fun processData(data: String) = withContext(Dispatchers.IO +
CoroutineName("coroutine-name2")) {
    Thread.sleep(1000)
    data.toUpperCase()
}
```

리스트 8-11 **디스패처와 코루틴 이름을 지정한 코루틴 컨텍스트**

기존 외부에 있던 coroutineContext에 디스패처를 추가해도 된다.

```
suspend fun fetchData() = withContext(Dispatchers.IO + coroutineContext){
    Thread.sleep(1000)
    "something"
}

suspend fun processData(data: String) = withContext(Dispatchers.IO + coroutineContext)
{
    Thread.sleep(1000)
    data.toUpperCase()
}
```

리스트 8-12 **코루틴 컨텍스트 합성의 다른 예**

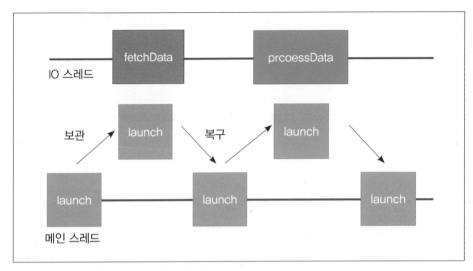

그림 8-3 디스패처로 인해 라인이 둘이 된 그래프

다시 디스패처 이야기로 돌아가서 Dispatchers.IO로 지정하면 흐름은 이렇게 바뀐다.

(1) (IO를 위한 스레드에서) fetchData 메서드를 호출하고 launch 블록은 보관된다.

(2) fetchData가 데이터를 가져오는 동안 아무도 기다리지 않는다.

(3) 데이터를 가져온 후 (메인 스레드에서) launch 블록이 깨어난다.

(4) 깨어난 launch 블록은 (IO 스레드에서) processData를 호출하고, launch 블록은 보관된다.

(5) processData가 자료를 가져오는 동안 아무도 기다리지 않는다.

(6) 데이터를 가져오면 (메인 스레드에서) launch 블록이 깨어나 해당 데이터를 사용한다.

보통 멀티스레드 프로그래밍을 하게 될 경우 코드 블록마다 독점적으로 하나씩 스레드를 차지하는데, 코루틴을 쓸 경우에는 필요할 때만 스레드를 차지하고 사용이 끝나면 스레드를 비워주고 다른 코드 블록이 쓸 수 있도록 한다.

〈그림 8-3〉에는 메인 스레드에서만 보관이 되었다 복구되는 코드 블록이 있는데, io 스레드에서 호출되는 코드 블록에서도 다른 코드 블록을 호출한다면 보관되고, 다른 작업이 끝난 후 복구될 수 있다. 이렇게 스레드를 가볍게 쓰는 특징 때문에 젯브레인스JetBrains 사는 코루틴을 경량 스레드Lightweight Thread라 불렀다. 코틀린 팀은 코루틴을 경량 스레드라고 부른 탓에 사람들의 사고 방식을 바꾸지 못했다고 후회한다.

기본적인 디스패처 네 가지가 Dispachers에 있다.

- Default 코어 수에 비례해서 스레드를 만드는 디스패처로 연산용이다.
- Main 메인 스레드에 연결되는 디스패처이다.
- Main.immediate Main과 같이 메인스레드에서 수행된다. 다만 현재 같은 스레드에서 수행된다면 다시 디스패치하지 않고 수행하는 등의 성능 최적화가 되어있다. 구체적인 동작은 사용하는 플랫폼에 의존적이다.
- IO 상대적으로 많은 스레드를 만드는 디스패처이다. 이는 IO가 CPU를 소모하지 않기 때문이라고 한다.
- Unconfied 어떤 스레드에도 소속되지 않는 디스패처이다. 가급적 사용하지 않는 것이 좋다.

8.1.4 여러 호출을 동시에

앞서 사용했던 withContext는 수행이 끝날 때까지 기다렸다 반환 값을 전달한다. 편리한 반면에 하나의 호출을 기다려야 하는 불편함이 있다. async는 여러 호출을 병렬적으로 진행할 수 있다.

```
suspend fun fetchData() = withContext(Dispatchers.IO) {
    Thread.sleep(1000)
    "something"
}
```

리스트 8–13 withContext 버전의 fetchData

이제 withContext 버전의 fetchData를 async 버전으로 바꾸어 보자.

```
fun CoroutineScope.fetchDataAsync() = async(Dispatchers.IO) {
    Thread.sleep(1000)
    "something"
}
```

리스트 8–14 async 버전의 fetchData

먼저 fetchDataAsync를 CoroutineScope의 확장^{Extension}으로 만들었다는 점이 흥미롭다. 코루틴의 확장^{Extension}은 기존 클래스의 메서드를 정의한 것처럼 존재한다.

이는 CoroutineScope에 fetchDataAsync 메서드가 있는 것과 동일하다.

메서드가 async나 launch를 호출하는 일이 핵심이라면, 이 메서드는 리턴된 이후에 수행되는 것이며, CoroutineScope의 확장으로 만들어야 한다. 이는 완료 전에 리턴하는 함수에 대한 젯브레인의 권고 사항이다.

다음으로 fetchDataAsync가 Suspend 함수가 아니라는 점이 흥미롭다. Suspend 함수는 일을 수행한 후에 리턴을 해야 한다. fetchDataAsync는 async를 호출하고 바로 종료되며 반환값은 Deferred⟨String⟩ 타입이다.

```kotlin
override fun onCreate(savedInstanceState: Bundle?) {
    super.onCreate(savedInstanceState)
    setContentView(R.layout.activity_main)

    MainScope().launch {
        val fetchedData = fetchDataAsync()
        val processedData = processData(fetchedData.await())
        Log.d("AAA", processedData)
    }
}

fun CoroutineScope.fetchDataAsync() = async(Dispatchers.IO) {
    Thread.sleep(1000)
    "something"
}

suspend fun processData(data: String) = withContext(Dispatchers.IO) {
    Thread.sleep(1000)
    data.toUpperCase()
}
```

리스트 8-15 async 버전 fetchData

fetchDataAsync 호출 측면에서도 달라진 부분이 있는데 반환 값을 바로 쓰지 못하고 await 메서드를 호출하는 부분이다.

fetchDataAsync는 결과 값이 아닌 Deferred⟨String⟩인데, fetchDataAsync는 실행이 끝나기 전에 반환되었다. await 메서드에서는 Deferred⟨String⟩을 반환했던 async 코드 블록이 여전히 수행 중이면 launch 블록이 잠시 보관된다. 이후 async 블록이 완료된 후에 await 부분부터 다시 수행된다.

await에서 쉬었다가 async가 호출이 끝난 후 재개되면, withContext를 수행했을 때보다 성능적인 이점이 없고 타이핑의 양이 늘어난다. 대체 왜 async가 필요한 것일까? async의 장점을 확인하기 위해서 두 개 이상의 async를 동시에 호출해볼 필요가 있다.

```
override fun onCreate(savedInstanceState: Bundle?) {
  super.onCreate(savedInstanceState)
  setContentView(R.layout.activity_main)

  MainScope().launch {
    val deferred1 = fetchDataAsync()
    val deferred2 = fetchData2Async()
    val processedData = processData("${deferred1.await()} ${deferred2.await()}")
    Toast.makeText(this@MainActivity, processedData, Toast.LENGTH_LONG).show()
  }
}

fun CoroutineScope.fetchDataAsync() = async(Dispatchers.IO) {
  Thread.sleep(1000)
  "something"
}

fun CoroutineScope.fetchData2Async() = async(Dispatchers.IO) {
  Thread.sleep(1000)
  "good"
}
```

리스트 8-16 fetchDataAsync와 fetchData2Async를 호출하기

이렇게 async 코루틴 두 개를 불러오고 await를 호출할 경우 fetchDataAsync와 fetchData2Async는
별도의 스레드에서 거의 동시에 수행되고, launch 블록은 둘 다 수행되길 기다렸다 재개된다.

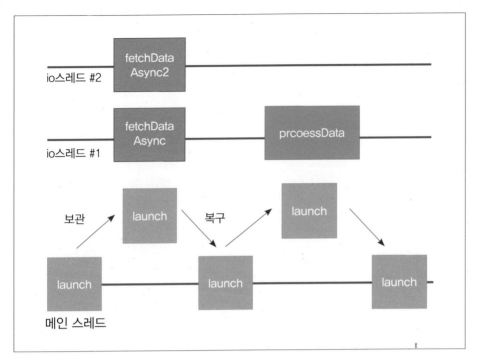

그림 8-4 두 개의 스레드에서 각기 fetchDataAsync, fetchDataAsync2가 수행된 상태

메인 스레드도 낭비되지 않으며 두 작업 모두 별도의 스레드에서 수행되니 상대적으로 더 효율적이다.
실행된 결과는 다음과 같다.

그림 8-5 두 async가 병렬로 실행된 결과

8.1.5 잡 취소

어떤 작업도 액티비티 생명주기를 넘어 동작하면 문제가 될 수 있다. 액티비티의 생명주기에 맞추어 액티비티가 끝날 때는 남은 일들을 종료해야 한다.

남아 있는 작업을 종료하기 위해 먼저 스코프와 잡을 별도의 변수로 분리해 본다.

```kotlin
package com.example.android.kotlintest

import android.os.Bundle
import android.widget.Toast
import androidx.appcompat.app.AppCompatActivity
import kotlinx.coroutines.*

class MainActivity : AppCompatActivity() {

    override fun onCreate(savedInstanceState: Bundle?) {
        super.onCreate(savedInstanceState)
        setContentView(R.layout.activity_main)

        val mainScope = MainScope().   (1)
        val job = mainScope.launch {   (2)
            val deferred1 = fetchDataAsync()   (3)
            val deferred2 = fetchData2Async()
            // mainScope.cancel()   (4)
            // job.cancel()   (5)
            // deferred1.cancel()   (6)
            val processedData = processData("${deferred1.await()} ${deferred2.await()}")
            Toast.makeText(this@MainActivity, processedData, Toast.LENGTH_LONG).show()
        }
    }

    fun CoroutineScope.fetchDataAsync() = async(Dispatchers.IO) {
        Thread.sleep(1000)
        "something"
    }

    fun CoroutineScope.fetchData2Async() = async(Dispatchers.IO) {
        Thread.sleep(1000)
        "good"
    }
```

```
suspend fun processData(data: String) = withContext(Dispatchers.IO) {
    Thread.sleep(1000)
    data.toUpperCase()
  }
}
```

리스트 8-17 **취소를 위한 CoroutineScope, Job, Deferred**

작업을 취소하기 위한 방법은 여러 가지가 있는데, 실제로 작업을 의미하는 Job을 수행하는 방법이 있다. 〈리스트 8-17〉에 표기한 번호로 살펴본다.

(2) launch 빌더가 Job을 반환하고, (3) async 빌더가 반환하는 Deferred〈T〉 타입 역시 Job이다.

(5), (6)에서 볼 수 있듯이 둘 다 cancel 메서드를 호출해서 종료할 수 있다.

조금 다른 형태가 하나 있는데 (1)에 있는 CoroutineScope에 대해 (4) cancel 메서드를 호출하는 것이다.

CoroutineScope.cancel()은 다음과 같은 형태를 가지고 있다.

```
public fun CoroutineScope.cancel(cause: CancellationException? = null) {
  val job = coroutineContext[Job] ?: error("Scope cannot be cancelled because it
does not have a job: $this")
  job.cancel(cause)
}
```

리스트 8-18 **CoroutineScope.cancel 메서드**

코루틴 컨텍스트의 Job을 가지고 와서 취소했다. mainScope의 Job을 해제하면 자식 Job들도 같이 해제된다. async와 launch 코루틴 빌더는 부모의 컨텍스트를 상속받으며 새로운 Job을 할당한다. 그리고 이 새로운 Job은 부모 컨텍스트의 Job과 부모와 자식으로 연결된다.

```
val mainScope = MainScope()   (1) 첫 번째 수준의 스코프, 컨텍스트, 잡
val job = mainScope.launch {   (2) 두 번째 수준의 스코프, 컨텍스트, 잡
  val deferred1 = fetchDataAsync()   (3) 세 번째 수준의 스코프, 컨텍스트, 잡
  val deferred2 = fetchData2Async()   (4) 세 번째 수준의 스코프, 컨텍스트, 잡
  val processedData = processData("${deferred1.await()} ${deferred2.await()}")
  Toast.makeText(this@MainActivity, processedData, Toast.LENGTH_LONG).show()
}
```

리스트 8-19 **구조화된 동기화**

(1) 처음 MainScope를 이용해서 코루틴 스코프를 만들었을 때, 이는 최상위 코루틴 스코프가 된다.

(2) mainScope.launch를 통해 자식 코루틴 스코프를 만들게 되고 자식 코루틴 스코프가 가지는 컨텍스트는 부모인 (1)번 컨텍스트를 상속받아 유사한 내용을 가지는데 잡의 내용은 새로운 잡으로 대체한다. 새로 만들어진 잡은 (1)에서 만들어진 잡의 자식으로 연결된다. (1)의 잡이 취소되면 자식인 (2)의 잡도 취소된다.

(3) fetchDataAsync 메서드를 통해 (2)의 코루틴 스코프의 자식 코루틴 스코프를 만들게 된다. 마찬가지로 (2)번 컨텍스트의 내용을 물려받고 새로운 잡으로 대체한다. 새로 만들어진 잡은 (2)번의 잡의 자식으로 연결된다.

(4) fetchData2Async 메서드도 역시 (2)번 코루틴 스코프에 연결된다.

자식 코루틴 스코프와 컨텍스트가 만들어지는 것을 도식화하면 다음과 같다.

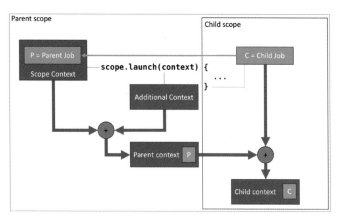

그림 8–6 부모 스코프에서 자식 스코프와 컨텍스트가 만들어지는 과정

개별적으로 Job을 관리하는 것보다 나은 방법은 스코프를 생명주기에 따라 취소하는 것이다.

```kotlin
class MainActivity : AppCompatActivity() {

  lateinit var mainScope: CoroutineScope

  override fun onCreate(savedInstanceState: Bundle?) {
    super.onCreate(savedInstanceState)
    setContentView(R.layout.activity_main)

    mainScope = MainScope()
    mainScope.launch {
      val deferred1 = fetchDataAsync()
      val deferred2 = fetchData2Async()
      val processedData = processData("${deferred1.await()} ${deferred2.await()}")
```

```
            Toast.makeText(this@MainActivity, processedData, Toast.LENGTH_LONG).show()
        }
    }

    override fun onDestroy(){
        super.onDestroy()
        mainScope.cancel()
    }

    ...
}
```

리스트 8-20 MainScope를 onCreate에 호출하고 onDestroy에서 해제

8.1.6 라이프 사이클 인지 코루틴 스코프

스코프나 잡을 적절히 챙기고 해제하는 식으로 수동으로 관리하면 실수하기 쉽다. 조금 더 나은 방식이 있다. 생명주기를 인지하는 (Lifecycle-aware) 코루틴 스코프를 사용하면 알아서 해제된다.

안드로이드 앱 개발에 첫 번째로 필요한 생명주기 이해 코루틴 스코프는 LifecycleCoroutine Scope이다. LifecycleCoroutineScope는 액티비티나 프래그먼트의 생명주기를 이해하고 거기에 맞추어서 코루틴 스코프를 제공한다.

LifecycleCoroutineScope를 사용하기 위해 app/build.gradle에 의존성을 추가로 등록하자.

```
dependencies{
  ...
  implementation "androidx.lifecycle:lifecycle-runtime-ktx:2.2.0"
  ...
}
```

리스트 8-21 app/build.gradle에 의존성 추가

이제 MainScope에 관련한 로직을 모두 제거하고 lifecycleScope로 코루틴 스코프를 불러오면 된다. LifecycleOwner에서는 lifecycleScope(LifecycleOwner.lifecycleScope)를 호출할 수 있는데 Activity 와 Fragment가 LifecycleOwner이다.

```
package com.example.android.kotlintest

import android.os.Bundle
import android.widget.Toast
import androidx.appcompat.app.AppCompatActivity
import androidx.lifecycle.lifecycleScope
import kotlinx.coroutines.*

class MainActivity : AppCompatActivity() {

    override fun onCreate(savedInstanceState: Bundle?) {
        super.onCreate(savedInstanceState)
        setContentView(R.layout.activity_main)

        lifecycleScope.launch {
            val deferred1 = fetchDataAsync()
            val deferred2 = fetchData2Async()
            val processedData = processData("${deferred1.await()} ${deferred2.await()}")
            Toast.makeText(this@MainActivity, processedData, Toast.LENGTH_LONG).show()
        }
    }

    fun CoroutineScope.fetchDataAsync() = async(Dispatchers.IO) {
        Thread.sleep(1000)
        "something"
    }

    fun CoroutineScope.fetchData2Async() = async(Dispatchers.IO) {
        Thread.sleep(1000)
        "good"
    }

    suspend fun processData(data: String) = withContext(Dispatchers.IO) {
        Thread.sleep(1000)
        data.toUpperCase()
    }
}
```

리스트 8-22 lifecycleScope를 적용한 액티비티

8.1.7 delay 메서드

이전까지 Thread.sleep 메서드를 사용해왔는데 이 메서드는 스레드를 독점한다는 문제가 있다. 대신 delay 함수를 사용하자. delay 메서드는 현재 실행되는 코드 블록을 일정 시간을 쉬게 하고 다른 코드 블록에 현재 스레드를 쓸 기회를 준다.

```kotlin
fun CoroutineScope.fetchDataAsync() = async(Dispatchers.IO) {
  delay(1000)
  "something"
}

fun CoroutineScope.fetchData2Async() = async(Dispatchers.IO) {
  delay(1000)
  "good"
}

suspend fun processData(data: String) = withContext(Dispatchers.IO) {
  delay(1000)
  data.toUpperCase()
}
```

리스트 8-23 Thread.sleep 대신 delay 함수 사용

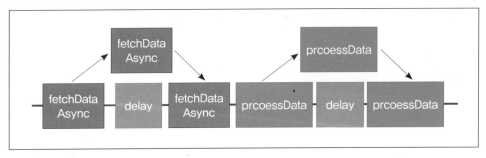

그림 8-7 fetchData와 processData 호출 중 delay 호출

Thread.sleep은 의미 없이 스레드를 소비하지만, delay는 양보하기 때문에 상황에 따라 다른 스레드를 활용할 수 있다. 그렇기 때문에 가급적 delay 함수를 이용하는 것이 좋다.

8.1.8 CEH(CoroutineExceptionHandler)

전통적인 try catch 블록을 사용할 수 있겠지만 코루틴답게 에러를 다루는 방법은 CEH(Coroutine ExceptionHandler)를 사용하는 것이다. CoroutineExceptionHandler 인터페이스도 있지만 함수를 사용하는 것이 편리하다.

CEH 함수를 쓰는 방식은 다음과 같다.

```
val ceh = CoroutineExceptionHandler { coroutineContext, exception ->
    ...
}
```

리스트 8-24 **CEH 함수의 사용법**

CoroutineContext와 Exception을 받는 람다가 인자이기 때문에 CoroutineExceptionHandler 함수에 바로 람다를 전달하면 된다.

에러가 발생하면 토스트를 만들도록 CEH를 만드는데 그 방법은 다음과 같다.

```
val ceh = CoroutineExceptionHandler { _, exception ->
    Toast.makeText(this, exception.message, Toast.LENGTH_SHORT).show();
}
```

리스트 8-25 **토스트를 출력하는 CEH**

CEH를 쓰는 방법은, 코루틴 컨텍스트(CoroutineContext)를 전달할 때 같이 전달하면 된다.

```
lifecycleScope.launch(ceh) {
    val temperatures = withContext(Dispatchers.IO) {
        getTemperatures()
    }
    for (temperature in temperatures) {
        Log.d("TEST", "$temperature")
    }
}
```

리스트 8-26 **최외각 launch에 CEH 설정**

최외각의 launch를 호출할 때 앞서 만들어 둔 CEH인 ceh를 전달했다. lifecycleScope 자체의 코루틴 컨텍스트에 ceh가 합쳐져서 설정된다.

withContext 블록에도 CEH를 설정할 수 있다.

```
lifecycleScope.launch {
  val temperatures = withContext(Dispatchers.IO + ceh) {
    getTemperatures()
  }
  for (temperature in temperatures) {
    Log.d("TEST", "$temperature")
  }
}
```

리스트 8-27 **내부의 withContext에 CEH 설정**

코루틴 컨텍스트는 + 오퍼레이터로 합성할 수 있기 때문에 Dispatchers.IO와 ceh를 합쳐 withContext에 컨텍스트를 전달했다.

범위를 어디로 정할지 지정해서 CEH를 설정한다. 에러를 만들기 위해서는 getTemperatures( )를 다음과 같이 구현한다.

```
fun getTemperatures(): MutableList<Int> {
  val list = mutableListOf<Int>()
  repeat(5) {
    list.add(20 + it)
  }
  throw RuntimeException("Nice to meet you")
  return list
}
```

리스트 8-28 **getTemperature에 예외 추가**

CEH를 구성하고 예외가 발생하면 다음과 같이 CEH가 동작하는 것을 볼 수 있다.

그림 8-8 **CEH가 동작히여 예외 처리를 한 모습**

8.2 네트워크, 이미지, 코루틴

7.4장에서 작업한 DetailActivity와 그 ViewModel을 코루틴에 맞추어 업데이트 한다.

```
dependencies {
    …
    implementation "org.jetbrains.kotlinx:kotlinx-coroutines-core:1.3.3"
    implementation "org.jetbrains.kotlinx:kotlinx-coroutines-android:1.3.3"
    implementation "androidx.lifecycle:lifecycle-viewmodel-ktx:2.2.0"
    implementation "androidx.lifecycle:lifecycle-runtime-ktx:2.2.0"
    …
}
```

리스트 8-29 **코루틴 의존성 추가**

다음으로 PokeAPI.kt를 업데이트한다.

```
interface PokeAPI {
  @GET("pokemon/")
  fun listPokemons(): Call<Response>

  @GET("pokemon/")
  fun listPokemons(@Query("offset") offset: String, @Query("limit") limit: String):
Call<Response>

  @GET("pokemon/{pid}/")
  suspend fun getPokemon(@Path("pid") pid: Int): PokemonResponse
}
```

리스트 8-30 suspend fun을 Retrofit에 사용

레트로핏 2.6.0 버전부터는 코루틴을 지원하기 때문에 suspend 수정자를 fun 앞에 붙이고 반환 값으로 Call⟨PokemonResponse⟩ 대신 PokemonResponse를 사용해 반환한다. 레트로핏에 코루틴을 사용하면 콜백 없이 반환 값 PokemonResponse를 직접 사용할 수 있다.

getPokemon이 suspend function이기 때문에 getPokemon은 다른 suspend나 코루틴 내에서만 호출할 수 있다. 이를 위해 getPokemon을 호출한 부분을 찾아 수정해야 한다.

```
class ViewModel : androidx.lifecycle.ViewModel(){
  var response = MutableLiveData<PokemonResponse>()

  fun getPokemon(pid: Int){
    viewModelScope.launch{
      val pokemon = Repository.getPokemon(pid)
      response.value = pokemon
    }
  }
}
```

리스트 8-31 **수정된 DetailActivity의 ViewModel**

getPokemon을 viewModelScope.launch 블록 내에서 수행하는 것 이외에 큰 차이는 없다.

```
viewModelScope.launch{  (1)
  val pokemon = Repository.getPokemon(pid) (2)
  response.value = pokemon
}
```

리스트 8-32 **코루틴 내에서 getPokemon 호출**

Repository.getPokemon(pid)를 viewModelScope의 디스패처인 Dispatchers.Main.immediate에서
수행하는 것이 내키지 않을 수 있다. Main.immediate역시 UI 스레드인 메인 스레드이기 때문에 걱정
이 되는 것이다.

다행히 Retrofit은 IO 동작을 자신만의 별도의 디스패처에서 진행하며 그 동안 PokeAPI.getPokemon
과 Repository.getPokemon은 서스펜드(suspend)된다. 두 메서드에 suspend 키워드만 확실히 추가
해두면 스레드 변경에 대한 걱정없이 사용할 수 있다.

(1) viewModelScope는 안드로이드 뷰 모델의 라이프 사이클과 함께하는 코루틴 스코프다. 안드로이드 뷰 모
  델이 라이프 사이클이 끝나 사라지게 되면 이 코루틴 스코프에 속한 코루틴들은 모두 중단된다. launch메
  서드를 호출할 때 디스패처를 전달하지 않았기 때문에 launch 내의 블록은 Dispatchers.Main.immediate
  에서 수행된다.

(2) Repository.getPokemon(pid)를 viewModelScope의 디스패처인 Dispatchers.Main.immediate에서 수행하
  는 것이 내키지 않을 수 있다. Main.immediate 역시 UI 스레드인 메인 스레드이기 때문에 걱정이 되는 것
  이다. 다행히 Retrofit은 IO 동작을 자신만의 별도의 디스패처에서 진행하며 그 동안 PokeAPI.getPokemon
  과 Repository.getPokemon은 서스펜드된다. (두 메서드에 suspend 키워드만 확실히 추가만 하면 된다.)
  수행이 끝난 후 해당 메서드는 깨어나 메인 스레드에 결과를 알려준다.

이번 장에서는 코드를 변경한 부분은 별로 없지만 훨씬 더 직관적이고, 선형적인 방법으로 비동기 처
리를 다루었다.

연속적으로 값을 가져와야 하는 상황이 있다. 시시각각 변화하는 온도를 가져오는 상황이라면 코루틴으로 코드를 짜기 쉽지 않다.

```kotlin
import kotlinx.coroutines.*
…
lifecycleScope.launch {
  val temperatures = withContext(Dispatchers.IO) {
    getTemperatures()
  }
  for (temperature in temperatures) {
    Log.d("TEST", "$temperature")
  }
}

fun getTemperatures(): MutableList<Int> {
  val list = mutableListOf<Int>()
  repeat (5) {
    list.add(20 + it)
  }
  return list
}
```

리스트 8-33 **온도를 연속으로 가져오는 코드**

리스트를 반환하게 해보았는데 값을 모두 가져온 후에 출력한다는 문제가 있다.

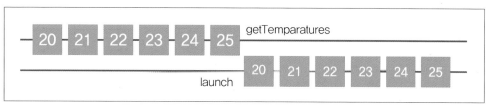

그림 8-9 **코루틴을 통해 리스트를 가져옴**

이 문제를 해결하기 위해서는 코드 블록 사이의 구성을 복잡하게 만들어야 한다. 코루틴은 값을 반복적으로 가져오고 그것을 처리하는 구조보다는 한번에 무언가를 하는 것에 적합하다.

8.3.1 채널

채널은 일종의 파이프 라인이다. 채널을 열고 한쪽에서 값을 보내면 다른 쪽에서 수신하는 개념이다. 유닉스와 C언어를 만들었던 AT&T의 벨 연구소에서 Plan 9 연구의 일환으로 채널의 개념을 연구하였으며, 이후 연구 인력들의 상당수는 구글에 자리를 잡아 고^{Go} 언어 연구에 참여했다. 자연스레 그들이 만든 Go 언어에 채널을 도입했고 채널의 개념은 여러 언어에 적용되었다.

코드를 통해 채널의 개념을 알아보자.

```
import kotlinx.coroutines.channels.Channel
...
val channel = Channel<Int>()
lifecycleScope.launch {
   repeat (5) {
      channel.send(20 + it)
   }
}

lifecycleScope.launch {
   for (temperature in channel) {
      Log.d("TEST", "$temperature")
   }
}
```

리스트 8-34 **두 코루틴이 채널을 통해 소통**

두 코루틴이 채널을 통해서 값을 주고받을 수 있다. 채널에 send 메서드를 통해 값을 보내면 반대편에서 값을 받을 수 있다. 값을 받기 위해서는 receive 메서드를 받아야 하는데 for in 문에서는 자동으로 값을 수신해서 전달해준다. for in은 채널이 닫힐 때까지 값을 받는다.

채널을 닫기 위해서는 명시적으로 close 메서드를 호출할 수 있다.

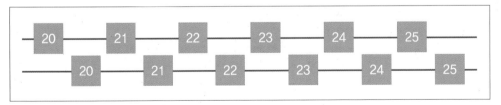

그림 8-10 **채널을 통해 한 코루틴이 생성한 데이터를 다른 코루틴이 받음**

채널을 만들고 코루틴을 만들어서 값을 전달하는 과정은 반복적인 과정이다. 이 과정을 간단히 만들어 주는 빌더 produce가 있다.

```
import kotlinx.coroutines.channels.Channel
import kotlinx.coroutines.channels.produce
...
val channel = lifecycleScope.produce<Int> {
    repeat(5) {
        channel.send(20 + it)
    }
}

lifecycleScope.launch {
    for (temperature in channel) {
        Log.d("TEST", "$temperature")
    }
}
```

리스트 8-35 **produce 빌더 적용**

8.3.2 플로우

채널에는 한 가지 문제가 있는데 우리가 수신을 하기 전에도 데이터를 보내기[send] 시작한다는 점이다. 이런 특성 때문에 채널은 뜨겁다[hot]고 부른다. 반면에 우리가 원하는 시점에 데이터를 가져오는 도구는 차갑다[cold]고 이야기한다. 플로우[Flow]는 차가운 도구이다.

Flow를 만들어보자.

```
import kotlinx.coroutines.flow.Flow
import kotlinx.coroutines.flow.collect
import kotlinx.coroutines.flow.flow
...
val flow: Flow<Int> = flow {
    repeat (5) {
        emit(20 + it)
    }
}

lifecycleScope.launch {
    flow.collect { temperature ->
        Log.d("TEST", "$temperature")
    }
}
```

리스트 8-36 **flow 빌더로 생성한 Flow**

flow 빌더를 이용해서 블록을 열고 여기에 emit을 수행하는 것이 전부다. 이 블록은 collect를 호출하기 전까지 수행되지 않기 때문에 차갑다[cold].

collect 확장 함수가 호출되면 Flow가 차례대로 수행된다.

여기서 주의할 점은 flow 빌더 블록 내에서 다른 Suspend 함수나 delay 등을 호출할 수 있지만 코루틴 빌더를 호출해서 디스패처를 부분적으로 변경할 수는 없다는 점이다.

Flow가 수행되는 스레드를 변경하고 싶다면 flowOn 메서드를 사용한다.

```
val flow: Flow<Int> = flow {
    repeat (5) {
        emit(20 + it)
    }
}.flowOn(Dispatchers.IO)

lifecycleScope.launch {
    flow.collect { temperature ->
        Log.d("TEST", "$temperature")
    }
}
```

리스트 8-37 **flowOn 확장 함수로 디스패처 변경**

만약 Flow로 전달된 값을 조작하고 싶다면 map을 사용할 수 있다.

```
val flow: Flow<Int> = flow {
    repeat(5) {
        emit(20 + it)
    }
}.flowOn(Dispatchers.IO)

lifecycleScope.launch {
    flow.map {
        it * 2
    }.collect { temperature ->
        Log.d("TEST", "$temperature")
    }
}
```

리스트 8-38 **map 메서드**

map 람다를 넣어 값을 조작하였다. 20, 21, 22, 23, 24 대신 40, 42, 44, 46, 48이 된다.

map도 다른 스레드에서 동작시킬 수 있다.

```kotlin
val flow: Flow<Int> = flow {
    repeat(5) {
        emit(20 + it)
    }
}.flowOn(Dispatchers.IO)

lifecycleScope.launch {
    flow.map {
        it * 2
    }.flowOn(Dispatchers.Default)
        .collect { temperature ->
            Log.d("TEST", "$temperature")
        }
}
```

리스트 8-39 flowOn을 map에도 적용

flowOn을 map 이후에 적용하면 map에 다른 디스패처를 적용할 수 있다.

예외가 발생했을 때는 catch 오퍼레이터를 통해 처리할 수 있다.

```kotlin
val flow: Flow<Int> = flow {
    repeat(5) {
        emit(20 + it)
    }
    throw java.lang.RuntimeException("nice to meet you")
}.catch { exception ->
    Log.d("TEST", "$exception")
}.flowOn(Dispatchers.IO)
```

리스트 8-40 catch 오퍼레이터로 예외 처리

Flow의 오퍼레이터는 suspend를 받기 때문에 앞서 메서드들도 모두 suspend 함수를 호출하거나 delay 등의 함수를 호출할 수 있다.

```kotlin
flow.map {
    delay(100)
    it * 2
}
```

리스트 8-41 Flow의 모든 오퍼레이터는 suspend 펑션을 받거나 delay를 사용할 수 있음

Flow 대부분의 메서드들을 비동기로 구성할 수 있다. 단순히 컬렉션을 Flow로 바꾸는 것은 조금 더 쉽게 할 수 있다.

```
lifecycleScope.launch {
  (20..25).asFlow()
    .collect { temperature ->
      Log.d("TEST", "$temperature")
    }
}
```

리스트 8-42 **asFlow를 통해 컬렉션을 Flow로 변환**

asFlow() 확장 이외에 flowOf(20, 21, 22, 23, 25)도 사용할 수 있다.

기존 콜백 기준으로 된 비동기 코드를 Flow로 바꿀 때는 callbackFlow를 사용한다.

```
fun flowFrom(api: CallbackBasedApi): Flow<T> = callbackFlow {
  val callback = object : Callback { // implementation of some callback interface
    override fun onNextValue(value: T) {
      // Note: offer drops value when buffer is full
      // Use either buffer(Channel.CONFLATED) or buffer(Channel.UNLIMITED) to avoid overfill
      offer(value)
    }
    override fun onApiError(cause: Throwable) {
      cancel(CancellationException("API Error", cause))
    }
    override fun onCompleted() = close()
  }
  api.register(callback)
  // Suspend until either onCompleted or external cancellation are invoked
  awaitClose { api.unregister(callback) }
}
```

리스트 8-43 **callbackFlow**

callbackFlow는 블록 내에서 offer 메서드를 통해 값을 전달하며 오류를 전달할 때는 cancel 메서드를 호출한다. 기존의 비동기 API가 close를 호출한다. 그리고 awaitClose 블록을 통해 비동기 API 종료 후에 후처리를 하게 된다.

예를 들어 Retrofit의 API를 Flow로 바꾸고 싶다면, Call<T>의 enque 메서드와 callbackFlow를 결합하면 된다.

```
fun ⟨T⟩ Call⟨T⟩.asFlow() = callbackFlow {
  enqueue(object: Callback⟨T⟩ {
    override fun onResponse(call: Call⟨T⟩, response: retrofit2.Response⟨T⟩) {
      offer(response)
    }

    override fun onFailure(call: Call⟨T⟩, t: Throwable) {
      close(CancellationException("Retrofit failure", t))
    }
  })
}
```

리스트 8-44 **기존 비동기 API와 Flow의 결합**

기존 flow 빌더로도 대부분의 일을 할 수 있지만 flow는 절차적인 방식에 어울리고 callbackFlow는 콜백 기반의 인터페이스를 제공하는 기존의 비동기 API와 잘 어울린다.

8.3.3 라이브 데이터와 플로우

안드로이드와 결합할 때는 플로우를 직접 써도 좋지만 라이브 데이터^{LiveData}와 함께 쓰는 것이 좋다. 라이브 데이터가 데이터 바인딩과 결합하기 좋아서 Flow 결과물을 라이브 데이터로 변환하여 전달하는 것이 편하기 때문이다.

플로우를 라이브 데이터로 바꾸는 것은 매우 간단하다.

구글은 Flow의 가치를 인지하고 이를 안드로이드에서 편리하게 이용할 수 있도록 확장 Flow⟨T⟩.asLiveData()를 만들었다. 해당 확장을 사용하기 위해서는 의존성 추가가 필요하다.

```
implementation "androidx.lifecycle:lifecycle-livedata-ktx:2.2.0"
```

리스트 8-45 **asLiveData를 위한 의존성**

새로운 프로젝트를 만들어 다음과 같이 의존성을 설정해보자.

```
implementation 'androidx.appcompat:appcompat:1.2.0'
implementation 'androidx.core:core-ktx:1.3.1'
implementation 'androidx.constraintlayout:constraintlayout:1.1.3'
implementation 'com.squareup.retrofit2:retrofit:2.9.0'
implementation 'com.squareup.retrofit2:converter-gson:2.9.0'
implementation 'androidx.lifecycle:lifecycle-extensions:2.2.0'
implementation "org.jetbrains.kotlinx:kotlinx-coroutines-core:1.3.8"
implementation "org.jetbrains.kotlinx:kotlinx-coroutines-android:1.3.8"
implementation "androidx.lifecycle:lifecycle-livedata-ktx:2.2.0"
implementation "androidx.lifecycle:lifecycle-runtime-ktx:2.2.0"
implementation "androidx.lifecycle:lifecycle-viewmodel-ktx:2.2.0"
```

리스트 8-46 **의존성 설정**

데이터 바인딩 설정도 잊지 말자.

```
android {
  …
  buildFeatures {
    dataBinding = true
  }
}
```

리스트 8-47 **데이터 바인딩 설정**

인터넷을 사용하기 위한 권한 설정도 필요하다.

```
<?xml version="1.0" encoding="utf-8"?>
<manifest xmlns:android="http://schemas.android.com/apk/res/android"
  package="com.example.android.flowlivedata">

  <uses-permission android:name="android.permission.INTERNET" />

  …

</manifest>
```

리스트 8-48 **AndroidManifest.xml 파일 인터넷 권한 설정**

이번에 라이브 데이터와 플로우를 이용할 때 우리가 사용할 API는 https://worldtimeapi.org/이고 이
는 시간을 제공해주는 API다.

https://worldtimeapi.org/api/timezone/Asia/Seoul을 호출해보면 다음과 같은 json을 얻는다.

```
{
  "week_number":6,
  "utc_offset":"+09:00",
  "utc_datetime":"2020-02-08T15:13:13.766570+00:00",
  "unixtime":1581174793,
  "timezone":"Asia/Seoul",
  "raw_offset":32400,
  "dst_until":null,
  "dst_offset":0,
  "dst_from":null,
  "dst":false,
  "day_of_year":40,
  "day_of_week":0,
  "datetime":"2020-02-09T00:13:13.766570+09:00",
  "client_ip":"59.10.165.95",
  "abbreviation":"KST"
}
```

리스트 8-49 JSON 결과

여기서 필요한 것은 datetime이다. 하지만 utctime도 같이 출력하기로 하고 두 개의 필드가 들어간 Result 클래스를 만든다.

```
data class Result(
    val datetime: String,
    val utc_datetime: String
)
```

리스트 8-50 Result 클래스

Result 클래스를 쓰기 위해서 Retrofit 인터페이스를 만든다. 인터페이스는 WorldTimeApi로 지정한다.

```
interface WorldTimeApi {

    @GET("timezone/Asia/Seoul")
    suspend fun getSeoulTime(): Result
}
```

리스트 8-51 WorldTimeApi 클래스

WorldTimeApi에서는 https://worldtimeapi.org/api/timezone/Asia/Seoul의 뒷부분인 timezone/
Asia/Seoul을 @GET 어노테이션에 지정하였다.

ViewModel에서 이 WorldTimeApi와 Result를 사용한다.

```
class ViewModel : androidx.lifecycle.ViewModel() {

  private val retrofit = Retrofit.Builder()
    .baseUrl("https://worldtimeapi.org/api/")
    .addConverterFactory(GsonConverterFactory.create())
    .build()

  private val worldTimeApi =
    retrofit.create(WorldTimeApi::class.java)

  val seoulTime = flow {
    while (true) {
      emit(worldTimeApi.getSeoulTime())
      delay(5000)
    }
  }.flowOn(Dispatchers.IO)
    .asLiveData()
}
```

리스트 8-52 Retofit, WorldTimeApi, Flow.asLiveData를 설정한 ViewModel

seoulTimeLiveData를 flow 빌더를 통해 만들었다. 계속 반복하며 WorldTimeApi.getSeoulTime을
호출하여 Flow에 emit으로 전달하고 한번 전달한 후에는 delay로 약 5초(5000)를 쉰다.

그리고 Flow를 asLiveData로 바로 라이브 데이터로 변환하여 뷰 모델을 사용할 뷰에 제공한다.

라이브 데이터가 더 이상 필요가 없어지면 자동으로 Flow의 수행도 중단된다.

레이아웃은 서울 시간과 UTC 시간을 출력할 수 있도록 두 개의 TextView로 구성한다.

```xml
<?xml version="1.0" encoding="utf-8"?>
<layout xmlns:android="http://schemas.android.com/apk/res/android">

  <data>

    <variable
      name="viewModel"
      type="com.example.android.flowlivedata.ViewModel" />  (1)
  </data>

  <androidx.constraintlayout.widget.ConstraintLayout
    xmlns:app="http://schemas.android.com/apk/res-auto"
    xmlns:tools="http://schemas.android.com/tools"
    android:layout_width="match_parent"
    android:layout_height="match_parent"
    tools:context=".MainActivity">

    <TextView
      android:id="@+id/seoulTime"
      android:layout_width="wrap_content"
      android:layout_height="wrap_content"
      android:text="@{viewModel.seoulTime.datetime}"  (2)
      app:layout_constraintBottom_toTopOf="@id/utcTime"
      app:layout_constraintEnd_toEndOf="parent"
      app:layout_constraintStart_toStartOf="parent"
      app:layout_constraintTop_toTopOf="parent"
      tools:text="서울시간" />

    <TextView
      android:id="@+id/utcTime"
      android:layout_width="wrap_content"
      android:layout_height="wrap_content"
      android:text="@{viewModel.seoulTime.utc_datetime}"  (3)
      app:layout_constraintBottom_toBottomOf="parent"
      app:layout_constraintEnd_toEndOf="parent"
      app:layout_constraintStart_toStartOf="parent"
      app:layout_constraintTop_toBottomOf="@id/seoulTime"
      tools:text="세계시간" />

  </androidx.constraintlayout.widget.ConstraintLayout>
</layout>
```

리스트 8-53 두 개의 시간을 출력할 수 있도록 구성한 뷰 앱을 수행하면 현재 서울 시간과 세계 시간이 표현된다.

그림 8-11 현재 서울 시간과 세계 시간

프래그먼트

09장
프래그먼트

SUMMARY 프래그먼트는 사용자 인터페이스를 담당할 수 있는 작은 UI 조각이다. 하나의 액티비티에 하나의 프래그먼트를 연동하여 UX를 구성할 수 있으면 하나의 액티비티를 여러 프래그먼트로 조합해서 구성할 수 있다. 또 프래그먼트를 여러 액티비티에서 사용하는 재사용도 가능하다.

안드로이드가 점차 다양한 환경을 지원하면서부터 액티비티와 뷰만으로 다루기 어려워졌다. 이에 구글은 2011년 안드로이드 허니콤(Honeycomb 3.0) 버전부터 프래그먼트라는 작은 집합을 두어 사용자 인터페이스의 일부를 담당하도록 안드로이드를 확장하였다. 프래그먼트는 액티비티처럼 수명 주기를 가지며 자신에게 속한 요소들을 관리한다. 일종의 자치권을 가진 UI 조각이라 할 수 있다.

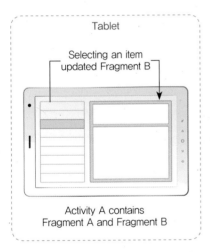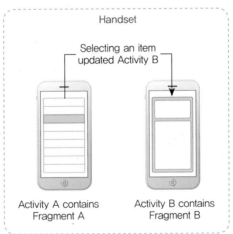

그림 9-1 단말에 따라 다르게 표현되도록 프래그먼트를 구성한 예

액티비티는 프래그먼트를 사용하지 않아도 무방하지만 하나 이상의 프래그먼트와 함께 동작할 수 있다. 한 화면 전체를 프래그먼트에 위임할 수 있으며, 한 화면을 여러 프래그먼트로 나누어 관리할 수 있다. 한 화면에 여러 프래그먼트를 다룰 수 있다는 점은 태블릿 등의 장비를 다룰 때 유용한데, 폰에서는 하나의 프래그먼트를 액티비티에 띄우고 태블릿에서는 한 화면에 두 개의 프래그먼트를 띄우는 식으로 대응할 수 있기 때문이다.

프래그먼트 역시 액티비티처럼 수명 주기를 가지기 때문에 이를 이해하는 것이
중요하다.

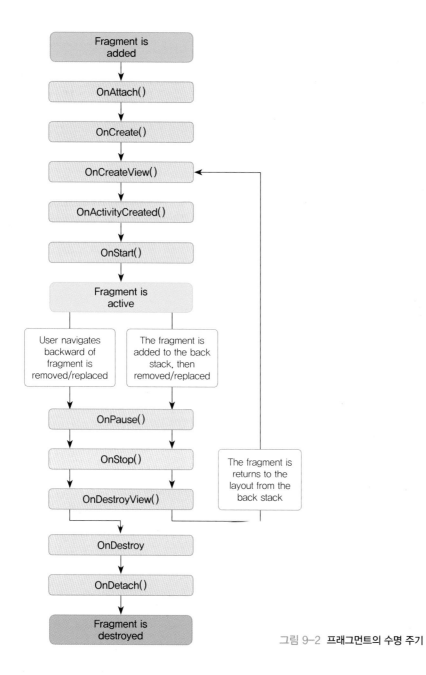

그림 9-2 **프래그먼트의 수명 주기**

수명 주기의 어떤 메서드들은 액티비티가 가진 것과 비슷하고 어떤 것은 새롭게 보는 메서드들이다. 앱을 개발하는 데 모든 메서드들을 적절히 구현하는 것은 어려운 일이며 또 그럴 필요도 없다. 상황에 따라 적절한 메서드를 구현하여 활용하면 된다.

먼저 onCreate(), onCreateView(), onPause(), onResume() 등에 관심을 가질 필요가 있다.

9.1.1 전체 수명 주기

전체 수명 주기 메서드들을 대략적으로 살펴보면 다음과 같다.

- onAttach(Activity) 프래그먼트가 액티비티에 연결될 때 한 번 호출된다.
- onCreate(Bundle) 프래그먼트 초기화를 한다.
- onCreateView(LayoutInflater, ViewGroup, Bundle) 프래그먼트에 관련된 레이아웃 최상의 뷰를 만들어 반환하는 곳이다.
- onActivityCreated(Bundle) onCreateView(LayoutInflater, ViewGroup, Bundle)가 호출된 후 onViewStateRestored(Bundle)가 호출되기 전 시점에 호출된다. 연결된 액티비티의 onCreate()가 성공적으로 호출된 적이 있다는 것을 알려준다.
- onViewStateRestored(Bundle) 뷰 계층이 모두 복구되었음을 알려주는 메서드이다. 뷰가 복구되었기 때문에 이 시점에서 저장된 정보를 기반으로 뷰를 초기화할 수 있다. 예를 들면 저장된 정보를 기반으로 하여 체크박스나 라디오 버튼 등의 상태를 초기화할 수 있다.
- onStart() 프래그먼트를 사용자에게 보이게 한다. 액티비티의 시작 상태에 연결되어 있다. 액티비티의 onStart가 호출될 때 호출되는 것이다.
- onResume() 프래그먼트를 상호 작용이 가능하게 한다. 액티비티의 재개 상태에 연결되어 있다. onStart와 마찬가지로 액티비티의 onResume이 호출될 때 호출된다.
- onPause() 액티비티가 일시 정지하였거나 기타 액티비티의 이유로 인하여 프래그먼트와 사용자가 상호 작용하지 못하는 경우 호출된다. 저장해야 할 변경 사항이 있다면 이 시점에서 저장해야 한다. 액티비티의 onPause가 호출될 때 호출된다.
- onStop() 프래그먼트가 더 이상 보이지 않을 때 요청된다. 이 동작도 액티비티에 연결되어 있다.
- onDestroyView() onCreateView(LayoutInflater, ViewGroup, Bundle)에 의해 생성된 뷰가 프래그먼트에서 떼어졌을 때 호출된다. 프래그먼트가 뷰에 연관된 리소스를 정리할 수 있다. 이 시점 이후 프래그먼트를 다시 이용하면 새로운 뷰가 생성된다.
- onDestroy() 더 이상 프래그먼트가 사용되지 않을 때 호출된다.
- onDetach() 더 이상 결합된 액티비티가 없어지기 직전에 호출된다. 보통은 onDestroy() 후에 호출되는데 setRetainInstance(boolean) 등의 옵션을 쓰면 onStop() 뒤에 호출된다.

프래그먼트의 수명 주기는 액티비티의 상태에 깊이 영향을 받는다.

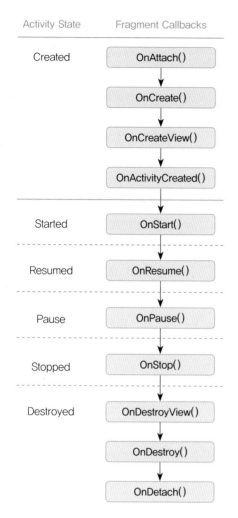

그림 9-3 **프래그먼트 수명 주기와 액티비티의 상태 관계**

노파심에 다시 말하지만 수명 주기 전체를 이용할 필요도 암기할 필요도 없다. 단지 이런 메서드가 있다는 사실 정도만 알아 두고 필요할 때 이용하면 된다.

9.1.2 프래그먼트 객체 생성하기

FirstFragment라는 이름으로 객체를 생성해보자.

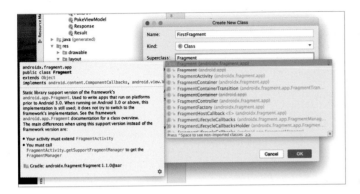

그림 9-4 **프래그먼트 클래스 생성하기**

자바 클래스 생성에서는 FirstFragment로 객체 이름 Name을 지정하고 부모 객체 Superclass를 Fragment(androidx.fragment.app)로 선택한다. 코틀린 클래스 생성의 경우에는 클래스 이름만 적는다. 객체가 생성되면 다음과 같이 onCreateView(LayoutInflater, ViewGroup, Bundle) 메서드를 구현한다.

```kotlin
package com.example.fragment

import android.os.Bundle
import androidx.fragment.app.Fragment
import android.view.LayoutInflater
import android.view.View
import android.view.ViewGroup

class FirstFragment : Fragment(){

  override fun onCreateView(inflater: LayoutInflater, container: ViewGroup?,
            savedInstanceState: Bundle?): View? {
    return inflater.inflate(R.layout.fragment_first, container, false)
  }
}
```
코틀린

```java
package com.example.fragment;

import android.os.Bundle;
import androidx.fragment.app.Fragment;
import android.view.LayoutInflater;
import android.view.View;
import android.view.ViewGroup;

public class FirstFragment extends Fragment {

    public FirstFragment(){
    }

    @Override
    public View onCreateView(LayoutInflater inflater, ViewGroup container,
                  Bundle savedInstanceState){
        return inflater.inflate(R.layout.fragment_first, container, false);
    }
}
```
자바

리스트 9-1 **처음 만들어 본 프래그먼트**

인자가 없는 FirstFragment( ) 생성자는 필수적이다. 안드로이드는 실시간으로 프래그먼트를 다시 생성할 수 있고, 이때 이 생성자가 없다면 런타임 에러가 발생할 수 있다.

앞의 레이아웃에는 에러가 있다. R.layout.fragment_first가 존재하지 않기 때문에 에러가 난다. 프래그먼트를 위한 레이아웃을 만들도록 한다.

9.1.3 프래그먼트 레이아웃 생성하기

프래그먼트를 위한 레이아웃을 만들기 위해 마우스 오른쪽 클릭을 하여 에러가 난 부분에서 문맥 메뉴를 연다.

그림 9-5 **문맥 메뉴로 레이아웃 만들기**

문맥 메뉴가 뜨면 다음과 같이 설정한다.

그림 9-6 **새 리소스 만들기**

루트 요소 Root element를 FrameLayout으로 지정한다. 파일이 생성되면 다음과 같이 확장한다.

```
⟨FrameLayout xmlns:android="http://schemas.android.com/apk/res/android"
        android:layout_width="match_parent"
        android:layout_height="match_parent"⟩

  ⟨TextView
    android:layout_width="match_parent"
    android:layout_height="match_parent"
    android:text="Hello fragment!"/⟩

⟨/FrameLayout⟩
```

리스트 9-2 **FrameLayout 확장**

이제 액티비티에 프래그먼트를 넣기 위해 액티비티 레이아웃을 확장한다.
이를 위해 activity_main.xml 파일을 연다.

```
<RelativeLayout xmlns:android="http://schemas.android.com/apk/res/android"
    xmlns:tools="http://schemas.android.com/tools"
    android:layout_width="match_parent"
    android:layout_height="match_parent"
    android:paddingStart="@dimen/activity_horizontal_margin"
    android:paddingTop="@dimen/activity_vertical_margin"
    android:paddingEnd="@dimen/activity_horizontal_margin"
    android:paddingBottom="@dimen/activity_vertical_margin"
    tools:context=".MainActivity">

    <fragment
        android:id="@+id/first_fragment"
        android:name="com.example.fragment.FirstFragment"
        android:layout_width="match_parent"
        android:layout_height="match_parent" />

</RelativeLayout>
```

리스트 9-3 프래그먼트를 위한 레이아웃

실행 결과는 다음과 같다.

그림 9-7 첫 번째 프래그먼트 실행 화면

프래그먼트와 액티비티 상호 작용하기

프래그먼트가 화면의 일부 혹은 전체를 담당하지만 프래그먼트만 가지고 앱을 만드는 일은 어렵다. 보통 프로그래먼트는 액티비티와 상호 작용하게 구성한다. 9.1장에서 작업한 내용을 변형하여 액티비티와 상호 작용하도록 만들어 보자.

9.2.1 인터페이스 만들기

먼저 프래그먼트에 인터페이스를 만든다.

```kotlin
class FirstFragment : Fragment(){

  override fun onCreateView(inflater: LayoutInflater, container: ViewGroup?,
              savedInstanceState: Bundle?): View? {
    return inflater.inflate(R.layout.fragment_first, container, false)
  }

  interface OnButtonClickedListener{
    fun onButtonClicked()
  }
}
```
코틀린

```java
public class FirstFragment extends Fragment{

  public FirstFragment(){
  }

  @Override
  public View onCreateView(LayoutInflater inflater, ViewGroup container,
              Bundle savedInstanceState){
    return inflater.inflate(R.layout.fragment_first, container, false);
  }

  public interface OnButtonClickedListener{
    void onButtonClicked();
  }
}
```
자바

리스트 9-4 프래그먼트에 추가된 인터페이스

OnButtonClickedListener 인터페이스를 FirstFragment에 추가하였다. 그리고 액티비티에 연결될 때
액티비티에 구현된 OnButtonClickedListener를 mOnButtonClickedListener에 연결한다.

```kotlin
class FirstFragment : Fragment(){

  private var mOnButtonClickedListener: OnButtonClickedListener? = null

  override fun onAttach(context: Context){
    super.onAttach(context)
    if(context is OnButtonClickedListener){
      mOnButtonClickedListener = context
    }
  }

  override fun onCreateView(inflater: LayoutInflater, container: ViewGroup?,
              savedInstanceState: Bundle?): View? {
    return inflater.inflate(R.layout.fragment_first, container, false)
  }

  override fun onDetach(){
    super.onDetach()
    mOnButtonClickedListener = null
  }

  interface OnButtonClickedListener{
    fun onButtonClicked()
  }
}
```
코틀린

```java
public class FirstFragment extends Fragment {

  private OnButtonClickedListener mOnButtonClickedListener;

  public FirstFragment() {
  }

  @Override
  public void onAttach(Context context) {
    super.onAttach(context);
    if (context instanceof OnButtonClickedListener) {
      mOnButtonClickedListener = (OnButtonClickedListener) context;
    }
  }

  @Override
  public View onCreateView(LayoutInflater inflater, ViewGroup container,
              Bundle savedInstanceState) {
    return inflater.inflate(R.layout.fragment_first, container, false);
  }

  @Override
  public void onDetach() {
    super.onDetach();
    mOnButtonClickedListener = null;
  }

  public interface OnButtonClickedListener {
    void onButtonClicked();
  }
}
```
자바

리스트 9–5 **리스너를 onAttach에서 등록하도록 프래그먼트 수정**

onAttach(Context)에서 mOnButtonClickedListener에 연결하고 onDetach()에서 해제하였다.

9.2.2 인터페이스 구현하기

이제 액티비티를 확장하여 OnButtonClickedListener를 구현한다. MainActivity을 열어서 다음과 같이 수정하자.

```kotlin
class MainActivity : AppCompatActivity(), FirstFragment.OnButtonClickedListener {
    ...
}
```
코틀린

```java
public class MainActivity extends AppCompatActivity implements FirstFragment.
OnButtonClickedListener {
    ...
}
```
자바

리스트 9-6 리스너를 상속받은 액티비티

에러가 표시되면 FirstFragment.OnButtonClickedListener에서 마우스 오른쪽을 클릭하여 문맥 메뉴를 연다.

그림 9-8 액티비티 문맥 메뉴

Impletements methods를 클릭한다.

그림 9-9 **구현할 메서드 선택**

다음을 눌러 메서드를 구현한다.

```kotlin
class MainActivity : AppCompatActivity(), FirstFragment.OnButtonClickedListener {

    …

    override fun onButtonClicked(){

    }
}
```
코틀린

```java
public class MainActivity extends AppCompatActivity implements FirstFragment.
OnButtonClickedListener {

    …

    @Override
    public void onButtonClicked(){

    }
}
```
자바

리스트 9-7 **onButtonClicked의 껍데기 구현**

onButtonClicked() 메서드가 추가되었다. 여기에 간단하게 토스트 화면 출력을 넣어본다.

```
class MainActivity : AppCompatActivity(), FirstFragment.OnButtonClickedListener {

    …

    override fun onButtonClicked(){
        Toast.makeText(this, "Hello Fragment!", Toast.LENGTH_LONG).show()
    }
}
```
코틀린

```
public class MainActivity extends AppCompatActivity implements FirstFragment.
OnButtonClickedListener {

    …

    @Override
    public void onButtonClicked(){
        Toast.makeText(this, "Hello Fragment!", Toast.LENGTH_LONG).show();
    }
}
```
자바

리스트 9-8 onButtonClicked에 토스트 추가

9.2.3 인터페이스 호출하기

인터페이스를 호출하기 위해 프래그먼트에 UI 요소를 추가한다. fragment_first.xml 파일을 열어 다음
과 같이 수정했다.

```
<FrameLayout xmlns:android="http://schemas.android.com/apk/res/android"
        android:layout_width="match_parent"
        android:layout_height="match_parent">

    <Button
        android:id="@+id/hello_button"
        android:layout_width="wrap_content"
        android:layout_height="wrap_content"
        android:text="Hello fragment!"/>

</FrameLayout>
```

리스트 9-9 인터페이스 호출을 위한 버튼 추가

이제 프래그먼트 레이아웃에 들어간 버튼에 연결할 자바 코드를 수정한다.

이를 위해 FirstFragment를 연다.

```kotlin
class FirstFragment : Fragment(){

    …

    override fun onCreateView(inflater: LayoutInflater, container: ViewGroup?,
                savedInstanceState: Bundle?): View? {
        val view = inflater.inflate(R.layout.fragment_first, container, false)
        val helloButton = view.findViewById<Button>(R.id.hello_button)
        helloButton.setOnClickListener { v -> mOnButtonClickedListener?.onButtonClick
ed() }
        return view
    }

    …

}
```
코틀린

```java
public class FirstFragment extends Fragment{

    …

    @Override
    public View onCreateView(LayoutInflater inflater, ViewGroup container,
                Bundle savedInstanceState){
        View view = inflater.inflate(R.layout.fragment_first, container, false);
        Button helloButton = view.findViewById(R.id.hello_button);
        helloButton.setOnClickListener(v -> mOnButtonClickedListener.onButtonClick
ed());
        return view;
    }

    …

}
```
자바

리스트 9-10 **프래그먼트 버튼 클릭에 리스너의 클릭 이벤트 연결**

onCreateView(LayoutInflater, ViewGroup, Bundle)를 확장하였다. 먼저 inflate된 뷰를 View 뷰에 담아 두고 여기에서 findViewById(int)를 호출하여 레이아웃에서 구현한 헬로 버튼의 인스턴스를 가져왔다. 그리고 여기에 클릭 리스너를 연결하여 mOnButtonClickedListener.onButtonClicked()를 호출하고, 액티비티에서 구현된 메서드를 호출하도록 구성하였다.

실행 화면은 다음과 같다.

그림 9-10 **실행 화면**

버튼을 클릭하면 다음과 같이 토스트가 뜬다.

그림 9-11 **버튼을 눌러 토스트가 뜬 화면**

9.3 프로그래밍으로 프래그먼트 추가하기

프래그먼트를 액티비티에 결합하는 방법은 레이아웃에 프래그먼트를 넣는 방법과 프로그래밍적인 방법으로 추가하는 방법이 있다. 7.2장 예제를 확장하여 진행해 보자.

9.3.1 액티비티 레이아웃 수정

activity_main.xml 파일을 다음과 같이 수정한다.

```
<RelativeLayout android:id="@+id/container"
    xmlns:android="http://schemas.android.com/apk/res/android"
    xmlns:tools="http://schemas.android.com/tools"
    android:layout_width="match_parent"
    android:layout_height="match_parent"
    android:padding="@dimen/activity_vertical_margin"
    tools:context=".MainActivity">

</RelativeLayout>
```

리스트 9-11 **프래그먼트를 추가하기 위한 레이아웃**

레이아웃에 추가되어 있던 프래그먼트를 삭제하고 프래그먼트가 자식으로 들어가야 할 뷰 요소에 android:id를 추가한다. 아이디는 container로 추가하였다.

9.3.2 액티비티 확장하기

먼저 프래그먼트를 위해 필요한 객체를 import 한다.

```
import androidx.fragment.app.Fragment
import androidx.fragment.app.FragmentTransaction
```
코틀린

```
import androidx.fragment.app.Fragment;
import androidx.fragment.app.FragmentTransaction;
```
자바

리스트 9-12 **프래그먼트를 추가하기 위한 import**

사실 코틀린 버전에서는 Fragment와 FragmentTransaction의 import를 생략해도 된다. 타입 추론 때문에 두 타입이 실제로는 타이핑되지 않기 때문이다.

그리고 여기서 주의할 점은 객체들을 모두 androidx.fragment.app 안에 있는 것을 사용한다는 점이다.

이제 onCreate(Bundle) 메서드를 확장하자.

```
override fun onCreate(savedInstanceState: Bundle?){
  super.onCreate(savedInstanceState)
  setContentView(R.layout.activity_main)

  if (savedInstanceState == null){
    val fragmentTransaction = supportFragmentManager.beginTransaction()
    val firstFragment = FirstFragment()
    fragmentTransaction.add(R.id.container, firstFragment)
    fragmentTransaction.commit()
  }
}
```
코틀린

```java
@Override
protected void onCreate(Bundle savedInstanceState){
    super.onCreate(savedInstanceState);
    setContentView(R.layout.activity_main);

    if (savedInstanceState == null){
        FragmentTransaction fragmentTransaction = getSupportFragmentManager().begin
Transaction();
        Fragment firstFragment = new FirstFragment();
        fragmentTransaction.add(R.id.container, firstFragment);
        fragmentTransaction.commit();
    }
}
```
자바

리스트 9-13 **프래그먼트를 코드로 추가**

최초 수행 시에만 추가하기 위해 savedInstanceState가 null일 때 코드가 수행되도록 하였다.
getSupportFragmentManager()를 호출해서 프래그먼트 매니저를 불러온다.
이때 3가지 메서드가 중요하다.
먼저 beginTransaction()를 호출하여 트랜잭션을 연다. add(int, Fragment)를 호출하여 프래그먼트를
추가한다. commit()을 호출하여 트랜잭션을 마무리한다.

프래그먼트는 다른 프래그먼트로 바꿀 수 있고 백 버튼에 의해 되돌아갈 수 있다. 새로운 프래그먼트를 만들고 프래그먼트 교체를 해보자.

9.4.1 프래그먼트 레이아웃

먼저 첫 번째 프래그먼트를 위한 레이아웃 fragment_first.xml을 다음과 같이 수정한다.

```xml
<FrameLayout xmlns:android="http://schemas.android.com/apk/res/android"
      android:layout_width="match_parent"
      android:layout_height="match_parent">

  <Button
    android:id="@+id/hello_button"
    android:layout_width="wrap_content"
    android:layout_height="wrap_content"
    android:text="First fragment!"/>

</FrameLayout>
```

리스트 9-14 첫 번째 프래그먼트 레이아웃

두 번째 프래그먼트를 위한 레이아웃 fragment_second.xml을 다음과 같이 만든다.

```xml
<FrameLayout xmlns:android="http://schemas.android.com/apk/res/android"
      android:layout_width="match_parent"
      android:layout_height="match_parent">

  <Button
    android:id="@+id/hello_button"
    android:layout_width="wrap_content"
    android:layout_height="wrap_content"
    android:text="Second fragment!"/>

</FrameLayout>
```

리스트 9-15 두 번째 프래그먼트 레이아웃

9.4.2 코드 변경하기

두 번째 프래그먼트를 위한 SecondFragment 객체를 만들자.

```kotlin
class SecondFragment : Fragment(){

  override fun onCreateView(inflater: LayoutInflater, container: ViewGroup?,
            savedInstanceState: Bundle?): View? {
    return inflater.inflate(R.layout.fragment_second, container, false)
  }
}
```
코틀린

```java
public class SecondFragment extends Fragment {

  public SecondFragment(){
  }

  @Override
  public View onCreateView(LayoutInflater inflater, ViewGroup container,
            Bundle savedInstanceState){
    return inflater.inflate(R.layout.fragment_second, container, false);
  }
}
```
자바

리스트 9-16 **두 번째 프래그먼트 자바 객체**

첫 번째 프래그먼트에 있는 버튼이 클릭되면 첫 번째 프래그먼트가 있는 액티비티의 OnButtonClicked
Listener( ) 메서드가 호출된다.
이 부분을 두 번째 프래그먼트로 전환하는 코드로 바꾸어야 한다. MainActivity의 코드를 다음과 같이
바꾼다.

```kotlin
override fun onButtonClicked(){
  val fragmentTransaction = supportFragmentManager.beginTransaction()
  val secondFragment = SecondFragment()
  fragmentTransaction.replace(R.id.container, secondFragment)
  fragmentTransaction.setTransition(FragmentTransaction.TRANSIT_FRAGMENT_FADE)
  fragmentTransaction.addToBackStack(null)
  fragmentTransaction.commit()
}
```
코틀린

```java
@Override
public void onButtonClicked(){
    FragmentTransaction fragmentTransaction = getSupportFragmentManager().beginTransac
tion();
    SecondFragment secondFragment = new SecondFragment();
    fragmentTransaction.replace(R.id.container, secondFragment);
    fragmentTransaction.setTransition(FragmentTransaction.TRANSIT_FRAGMENT_FADE);
    fragmentTransaction.addToBackStack(null);
    fragmentTransaction.commit();
}
```
자바

리스트 9-17 MainActivity 코드 변환

일단 프래그먼트 전환에서도 트랜잭션을 열고 커밋을 하는 과정이 필요하다. 그 과정에 있는 내용을 살펴보자.

setTransition(int)은 전환 효과를 설정하는 것이다. 설정할 수 있는 전환 효과 몇 가지가 지원된다.

(1) TRANSIT_NONE

(2) TRANSIT_FRAGMENT_OPEN

(3) TRANSIT_FRAGMENT_CLOSE

(4) TRANSIT_FRAGMENT_FADE

설정에 따라 다른 형태로 바꾸어서 직접 테스트를 해보자.

fragmentTransaction.addToBackStack(null)을 이용해서 백버튼을 눌렀을 때 첫 번째 프래그먼트로 되돌아가기 위해 백 스택 설정을 하면, 첫 번째 버튼을 눌렀을 때 다음과 같은 결과가 뜬다.

그림 9-12 두 번째 프래그먼트가 뜬 화면

리소스

10장 리소스

SUMMARY 레이아웃에서 한 단계를 더 나아가기 위해서는 리소스에 대한 이해가 필수적이다. 이 장에서 리소스를 다루는 방법을 간단히 알아보자.

10.1 포트레이트와 랜드스케이프

안드로이드는 기본적으로 두 가지 화면 구성을 가진다. 포트레이트^{portrait}와 랜드스케이프^{landscape}다. 쉽게 말하자면 세로로 긴 화면과 가로로 긴 화면이다. 1장에서 진행했던 hello 예제에서 레이아웃을 확장하여 이 레이아웃에 대응하는 방법을 살펴보도록 한다.

10.1.1 기본 레이아웃 변경

기본 레이아웃을 포트레이트로 보고 다음과 같이 변경해보자.

```
<LinearLayout xmlns:android="http://schemas.android.com/apk/res/android"
  xmlns:tools="http://schemas.android.com/tools"
  android:layout_width="match_parent"
  android:layout_height="match_parent"
  android:orientation="vertical"
  android:padding="@dimen/activity_vertical_margin"
  tools:context=".MainActivity">

  <TextView
    android:layout_width="wrap_content"
    android:layout_height="wrap_content"
    android:layout_margin="10dp"
    android:text="Hello 1st" />
```

```
    <TextView
        android:layout_width="wrap_content"
        android:layout_height="wrap_content"
        android:layout_margin="10dp"
        android:text="Hello 2nd" />

</LinearLayout>
```

리스트 10-1 **포트레이트 레이아웃**

기본 레이아웃을 리니어 레이아웃으로 배치하고 Hello 1st와 Hello 2nd를 세로로 연달아 배치하였다.
실행을 하면 다음과 같은 레이아웃을 확인할 수 있다.

그림 10-1 **포트레이트 레이아웃**

10.1.2 랜드스케이프 레이아웃

이제 랜드스케이프를 위한 레이아웃을 만들어보자. 랜드스케이프를 위한 리소스는 layout 폴더가 아닌 layout-land에 들어간다. 해당 리소스 파일을 만들기 위해서는 먼저 layout에서 마우스 오른쪽 클릭으로 문맥 메뉴를 열어야 한다.

그림 10-2 **문맥 메뉴에서 레이아웃 리소스 파일 생성**

문맥 메뉴에 New 〉 Layout resource file을 선택한다.

그림 10-3 **리소스 파일 위저드**

파일 이름^{File name}을 activity_main, 루트 요소^{Root element}를 LinearLayout으로 지정한다. 왼편의 Available qualifiers 항목에서 Orientation을 고르고 〉〉 화살표를 누른다. Chosen Qualifiers에서는 다시 Screen orientation을 골라 Landscape로 바꾼다. Directory name은 자동으로 layout-land로

바뀐다. 리소스를 만들면 디렉터리도 자동으로 생성된다.

해당 레이아웃은 다음과 같이 변경한다.

```
<LinearLayout xmlns:android="http://schemas.android.com/apk/res/android"
  xmlns:tools="http://schemas.android.com/tools"
  android:layout_width="match_parent"
  android:layout_height="match_parent"
  android:orientation="horizontal"
  android:padding="@dimen/activity_vertical_margin"
  tools:context=".MainActivity">

  <TextView
    android:layout_width="wrap_content"
    android:layout_height="wrap_content"
    android:layout_margin="@dimen/text_margin"
    android:text="@string/hello_1st" />

  <TextView
    android:layout_width="wrap_content"
    android:layout_height="wrap_content"
    android:layout_margin="@dimen/text_margin"
    android:text="@string/hello_2nd" />

</LinearLayout>
```

리스트 10-2 랜드스케이프 레이아웃

앱을 수행하고 화면을 가로로 바꾸면 다음과 같은 결과가 뜬다.

그림 10-4 랜드스케이프 수행 화면

10.2 디멘션과 스트링 리소스

리소스의 다른 종류로 디멘션과 스트링이 있다. 8.1장에서 만든 레이아웃을 디멘션과 리소스를 이용해서 정리해보자.

10.2.1 디멘션

디멘션은 마진이나 패딩 등의 값을 가지고 있는 리소스다. 다음의 레이아웃에서 디멘션을 분리해보자.

```
<LinearLayout xmlns:android="http://schemas.android.com/apk/res/android"
  xmlns:tools="http://schemas.android.com/tools"
  android:layout_width="match_parent"
  android:layout_height="match_parent"
  android:orientation="vertical"
  android:padding="@dimen/activity_vertical_margin"
  tools:context=".MainActivity">

  <TextView
    android:layout_width="wrap_content"
    android:layout_height="wrap_content"
    android:layout_margin="10dp"
    android:text="Hello 1st" />

  <TextView
    android:layout_width="wrap_content"
    android:layout_height="wrap_content"
    android:layout_margin="10dp"
    android:text="Hello 2nd" />

</LinearLayout>
```

리스트 10-3 **디멘션을 분리하기 전 레이아웃**

여기에서 먼저 android:layout_margin으로 지정한 10dp를 분리한다.
그리고 먼저 첫 번째 android:layout_margin 항목에서 마우스 오른쪽 클릭으로 문맥 메뉴를 띄운다.

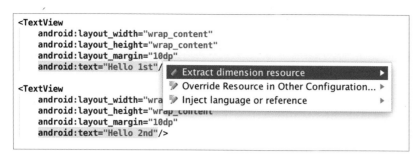

```
<TextView
    android:layout_width="wrap_content"
    android:layout_height="wrap_content"
    android:layout_margin="10dp"
    android:text="Hello 1st"/
                              ✎  Extract dimension resource              ▶
                              ⌦  Override Resource in Other Configuration... ▶
<TextView                     ⌦  Inject language or reference             ▶
    android:layout_width="wra
    android:layout_height="wrap_content
    android:layout_margin="10dp"
    android:text="Hello 2nd"/>
```

그림 10-5 디멘션 분리를 위한 문맥 메뉴

문맥 메뉴에서 상단의 Extract dimension resource를 선택한다.

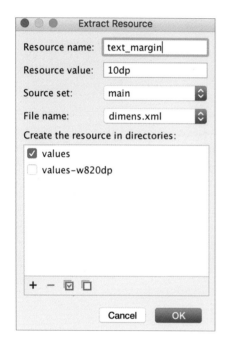

그림 10-6 text_margin 디멘션 생성

text_margin으로 선택하고 10dp 그대로 둔다. 하나가 변경되면 다음과 같이 아래 요소도 변경해준다.

```
<TextView
    android:layout_width="wrap_content"
    android:layout_height="wrap_content"
    android:layout_margin="@dimen/text_margin"
    android:text="Hello 1st"/>

<TextView
    android:layout_width="wrap_content"
    android:layout_height="wrap_content"
    android:layout_margin="@dimen/text_margin"
    android:text="Hello 2nd"/>
```

리스트 10-4 text_margin 디멘션을 적용한 레이아웃

두 번째 레이아웃 마진도 디멘션으로 변경하였다.

방금 만든 디멘션은 res/values 디렉터리의 dimens.xml 파일을 보면 정의되어 있다.

```
<resources>
    <!-- Default screen margins, per the Android Design guidelines. -->
    <dimen name="activity_horizontal_margin">16dp</dimen>
    <dimen name="activity_vertical_margin">16dp</dimen>
    <dimen name="text_margin">10dp</dimen>
</resources>
```

리스트 10-5 디멘션이 추가된 리소스 파일

10.2.2 스트링 리소스

문자열도 스트링 리소스로 분리할 수 있다. 다음과 같이 분리해보자.

Hello 1st 값에서 문맥 메뉴를 열어 Extract string resource를 눌러 변환한다. Hello 2nd의 경우 값이 다르기 때문에 한 번 더 문맥 메뉴를 열어 변환한다.

```
<TextView
    android:layout_width="wrap_content"
    android:layout_height="wrap_content"
    android:layout_margin="@dimen/text_margin"
    android:text="@string/hello_1st"/>

<TextView
    android:layout_width="wrap_content"
    android:layout_height="wrap_content"
    android:layout_margin="@dimen/text_margin"
    android:text="@string/hello_2nd"/>
```

리스트 10-6 **스트링 리소스가 적용된 레이아웃**

스트링 리소스로 분리가 되었다. res/values/strings.xml 파일은 다음과 같다.

```
<resources>
    <string name="app_name">Hello</string>

    <string name="hello_world">Hello world!</string>
    <string name="action_settings">Settings</string>
    <string name="hello_1st">Hello 1st</string>
    <string name="hello_2nd">Hello 2nd</string>
</resources>
```

리스트 10-7 **스트링 리소스**

데이터 스토어

11장
데이터 스토어

SUMMARY 안드로이드는 앱 내 데이터를 저장하는 여러 방법을 제공한다. 앱 내 저장되는 데이터는 앱의 근본적인 데이터나 캐쉬를 위해 사용된다. 이 장에서 그 몇 가지 방법을 살펴보자.

11.1   쉐어드 프리퍼런스

가장 간단하게 데이터를 저장하는 방식은 쉐어드 프리퍼런스에 키-값 쌍을 저장하는 것이다. 쉐어드 프리퍼런스에는 키와 값을 쌍으로 저장하고 키를 통해 그 값을 가져올 수 있다.

간단한 실제 예제를 확인하기 위해 Hello 앱을 변형한다.

res/layout/activity_main.xml 파일을 다음과 같이 수정한다.

```xml
<RelativeLayout xmlns:android="http://schemas.android.com/apk/res/android"
  xmlns:tools="http://schemas.android.com/tools"
  android:layout_width="match_parent"
  android:layout_height="match_parent"
  android:pading="@dimen/activity_vertical_margin"
  tools:context=".MainActivity">

  <TextView
    android:id="@+id/text_view"
    android:layout_width="wrap_content"
    android:layout_height="wrap_content" />

</RelativeLayout>
```

리스트 11-1 **TextView를 수정한 레이아웃**

MainActivity.java에 TextView에 대한 필드를 추가하고, 그 필드를 onCreate 메서드에서 초기화한다.

```
class MainActivity : AppCompatActivity(){

  private lateinit var textView: TextView

  override fun onCreate(savedInstanceState: Bundle?){
    super.onCreate(savedInstanceState)
    setContentView(R.layout.activity_main)
    textView = findViewById(R.id.text_view)
  }


  ...
}
```
코틀린

```
public class MainActivity extends AppCompatActivity{

  private TextView textView;

  @Override
  protected void onCreate(Bundle savedInstanceState){
    super.onCreate(savedInstanceState);
    setContentView(R.layout.activity_main);
    textView = findViewById(R.id.text_view);
  }
  ...
}
```
자바

리스트 11-2 TextView를 다루도록 액티비티 수정

11.1.1 핸들 가져오기

쉐어드 프리퍼런스 핸들을 가져오기 이헤 다음과 같이 MainActivity를 수정한다.

```kotlin
class MainActivity : AppCompatActivity() {

    private lateinit var textView: TextView
    private lateinit var sharedPreferences: SharedPreferences

    override fun onCreate(savedInstanceState: Bundle?) {
        super.onCreate(savedInstanceState)
        setContentView(R.layout.activity_main)
        textView = findViewById(R.id.text_view)
        sharedPreferences = getSharedPreferences("com.example.sharedpreferenes.PREFER
ENCE_FILE_KEY", Context.MODE_PRIVATE)
    }
    ...
}
```
코틀린

```java
public class MainActivity extends AppCompatActivity {

    private TextView textView;
    private SharedPreferences sharedPreferences;

    @Override
    protected void onCreate(Bundle savedInstanceState) {
        super.onCreate(savedInstanceState);
        setContentView(R.layout.activity_main);
        textView = findViewById(R.id.text_view);
        sharedPreferences = getSharedPreferences("com.example.sharedpreferenes.PREFER
ENCE_FILE_KEY", MODE_PRIVATE);
    }
    ...
}
```
자바

리스트 11-3 핸들을 가져오는 액티비티

쉐어드 프리퍼런스 핸들을 가져오는 메서드는 getSharedPreferences와 getPreferences 두 가지다.

- getSharedPreferences는 첫 번째 인자로 지정한 파일로부터 쉐어드 프리퍼런스를 가져온다.
- getPreferences는 기본 파일로부터 쉐어드 프리퍼런스를 가져온다.

앞의 코드에서는 getSharedPreferences 메서드를 호출하여 쉐어드 프리퍼런스를 가져왔고 파일을 com.example.sharedpreferenes.PREFERENCE_FILE_KEY로 지정하였다. 앱 내에서 사용하는 이름은 유지해야 하며 여기에서는 앱의 패키지 이름(com.example.sharedpreferenes)을 사용하여 하나밖에 없는 이름을 만들었다.

getSharedPreferences는 인자를 두 개 받고 두 번째 인자로 모드를 받는 데 MODE_PRIVATE를 사용했다. 대부분의 모드가 폐기 예정deprecated이어서 특별히 신경 쓸 필요는 없다.

11.1.2 값 가져오기

값을 가져오기 전에 MainActivity에 값을 저장할 필드 counter를 추가한다.

```
private var counter = 0
  코틀린
```
```
private int counter = 0;
  자바
```

리스트 11-4 counter 필드 추가

onResume에 값을 가져와서 텍스트 뷰에 출력하도록 구성하였다.

```
override fun onResume(){
  super.onResume()
  counter = sharedPreferences.getInt("COUNTER", counter)
  textView.text = "Counter: $counter"
}
  코틀린
```
```
@Override
protected void onResume(){
  super.onResume();
  counter = sharedPreferences.getInt("COUNTER", counter);
  textView.setText("Counter: " + counter);
}
  자바
```

리스트 11-5 COUNTER 값을 가져와 텍스트 뷰에 출력

getInt의 인자는 첫 번째는 키이며 두 번째는 기본 값이다. 여기에서는 COUNTER 키에 맞는 값을 가져오며, 값이 없다면 기본 값 counter를 가져온다.

getInt 이외에 여러 타입에 대한 가져오기 메서드가 있다. 대부분의 메서드는 getXXX의 형태로 XXX에는 타입이 위치한다. 예를 들어 Boolean을 위해 getBoolean이 있고, Long을 위해 getLong이 존재한다. getAll이란 메서드가 있는 것이 특이한 부분인데 반환값이 Map으로 전체 저장된 키와 값을 반환한다.

- getBoolean(String key, boolean defValue)
- getFloat(String key, float defValue)
- getInt(String key, int defValue)
- getLong(String key, long defValue)
- getString(String key, String defValue)
- getStringSet(String key, Set〈String〉 defValues)
- getAll( )

용도에 따라 맞는 메서드를 호출한다.

11.1.3 값 저장하기

값을 저장하는 메서드는 다음과 같이 구성해본다.

```
override fun onPause(){
    super.onPause()
    counter++
    val editor = sharedPreferences.edit()
    editor.putInt("COUNTER", counter)
    editor.commit()
}
```
코틀린

```java
@Override
protected void onPause(){
    super.onPause();
    counter++;
    SharedPreferences.Editor editor = sharedPreferences.edit();
    editor.putInt("COUNTER", counter);
    editor.commit();
}
```
자바

리스트 11-6 **값을 저장하는 코드**

값 저장은 몇 가지 단계를 거친다.

(1) SharedPreferences 인스턴스에 edit 메서드를 호출하여 SharedPreferences.Editor 인스턴스를 얻어온다.

(2) Editor 인스턴스에 putXXX을 호출하여 값을 변경한다.

(3) Editor 인스턴스에서 commit이나 apply 메서드를 호출한다.

앞의 예제에서는 counter의 값을 증가시키고 그 값을 저장하였다.

여기서 putXXX는 타입에 따라 다음과 같은 형태가 있다.

- putBoolean(String key, boolean value)

- putFloat(String key, float value)

- putInt(String key, int value)

- putLong(String key, long value)

- putString(String key, String value)

- putStringSet(String key, Set⟨String⟩ values)

값의 변경이 끝나면 commit이나 apply를 호출하는데, commit은 기록이 끝날 때까지 기다리는 메서드이며 apply는 기록이 백그라운드에서 이루어진다. commit은 성공 여부를 리턴 값으로 알려주지만 실행 시간이 apply보다 긴며, apply는 바로 수행이 끝나지만 성공 여부를 알 수 없다.

여기에서는 변경할 데이터가 적고 onPause가 끝나기 전에 확실히 저장되길 원했기 때문에 commit을 호출하였다.

수행 결과는 다음과 같은 화면이다. 앱을 계속 껐다 다시 켜보자.

그림 11-1 SharedPrefences 수행 화면

데이터베이스

키-밸류보다 더 복잡한 구성의 데이터를 다루고 싶다면 안드로이드의 데이터베이스를 사용할 수 있다.

11.2.1 헬퍼 클래스 얼개 만들기

SQLite 데이터베이스를 쓸 때 가장 먼저 해야 할 것은 헬퍼를 만드는 것이다.

헬퍼는 SQLiteOpenHelper 객체를 상속받아 구현하며 필수적으로는 데이터베이스 생성인 onCreate와 업그레이드를 위한 메서드 onUpgrade를 구현해야 한다. 가장 간단한 형태의 헬퍼를 다음과 같이 만들어보자.

```kotlin
class DBHelper(context: Context) : SQLiteOpenHelper(context, DB_NAME, null, DB_VERSION) {

    companion object {
        private val DB_NAME = "Test.db"
        private val DB_VERSION = 1
    }

    override fun onCreate(db: SQLiteDatabase) {

    }

    override fun onUpgrade(db: SQLiteDatabase, oldVersion: Int, newVersion: Int) {

    }

    override fun onDowngrade(db: SQLiteDatabase, oldVersion: Int, newVersion: Int) {

    }
}
```
코틀린

```java
public class DBHelper extends SQLiteOpenHelper {

    private static final String DB_NAME = "Test.db";
    private static final int DB_VERSION = 1;

    public DBHelper(Context context) {
        super(context, DB_NAME, null, DB_VERSION);
    }

    @Override
    public void onCreate(SQLiteDatabase db) {

    }

    @Override
    public void onUpgrade(SQLiteDatabase db, int oldVersion, int newVersion) {

    }

    @Override
    public void onDowngrade(SQLiteDatabase db, int oldVersion, int newVersion) {

    }
}
```

`자바`

리스트 11-7 간단한 헬퍼 클래스

〈리스트 11-7〉의 헬퍼 클래스는 데이터베이스 파일을 만드는 것 이외에 아무 역할도 하지 않는다. onCreate, onUpgrade, onDowngrade가 모두 비어 있기 때문이다.

코틀린의 경우에는 상수를 만들기 위해 스태틱 필드가 아닌 companion object를 사용한다. object만이 정적 필드와 정적 메서드를 가질 수 있고 companion object는 다른 class에 소속된 object다. 여기에서 companion object는 DBHelper에 소속된 object이다.

여기에서는 생성자를 상속받아 구현하고 있다. 이번에는 SQLiteOpenHelper 생성자의 인자들을 살펴보자.

```
class DBHelper(context: Context) : SQLiteOpenHelper(context, DB_NAME, null, DB_VERSION)
코틀린
- - - - - - - - - - - - - - - - - - - - - - - - - - - - - - - - - - - - - - - - - - - - - -
SQLiteOpenHelper(Context context, String name, SQLiteDatabase.CursorFactory facto
ry, int version)
자바
```

리스트 11-8 SQLiteOpenHelper 생성자 시그니처

- context   Context 객체
- name   String 타입으로 된 데이터베이스의 이름. 데이터베이스의 파일명으로 지정된다. 이 값이 null이면 인-메모리 데이터베이스가 된다.
- factory   CursorFactory 타입으로 커서를 위한 팩토리를 지정한다. 이 값이 null이면 기본 팩토리를 사용한다.
- version   데이터베이스의 버전이다. 데이터베이스의 스키마 형태가 바뀌면 새로운 버전을 가져야 한다.

코틀린의 경우 생성자가 종종 클래스 선언에 붙어 온다.

class DBHelper(context: Context) : SQLiteOpenHelper(context, DB_NAME, null, DB_VERSION)는 DBHelper가 SQLiteOpenHelper를 상속받으며, 이의 생성자는 context를 받아서 SQLiteOpenHelper의 생성자에 context, DB_NAME, null, DB_VERSION을 전달하는 것이다. 자바의 생성자와 내용은 거의 유사하다.

보통 factory는 사용되지 않는다. 기본 팩토리로 충분하기 때문이다. 인 메모리 데이터베이스가 아니라 파일 형태로 디스크에 저장하기 때문에, 일반적으로 name은 지정한다.

우리가 만든 생성자에서 부모 생성자를 호출하는 데 두 번째 인자를 Test.db 값을 가진 DB_NAME으로 지정하였고, 네 번째 인자를 1 값을 가진 DB_VERSION으로 지정하였다.

데이터베이스 파일명과 데이터베이스 버전을 지정한 것이다. 시스템은 이 버전 정보를 이용해서 데이터베이스가 새로 생성될 경우 업그레이드될 때, 다운그레이드될 때 필요한 일을 적절한 메서드를 호출하여 수행한다.

11.2.2 헬퍼 클래스 구현하기

이번에는 실제로 동작하는 헬퍼 클래스로 확장하기로 한다. 이번 장에서는 헬퍼 클래스가 실제 테이블을 만들고 데이터베이스 스키마가 변경되면 기존 테이블을 지우고 새로 만들도록 코드를 확장해 본다.

```kotlin
class DBHelper(context: Context) : SQLiteOpenHelper(context, DB_NAME, null, DB_VERSION)
{

  companion object {
    private val DB_NAME = "Test.db"
    private val DB_VERSION = 1

    private val SQL_CREATE_USERS = "CREATE TABLE " + Users.TABLE_NAME + "(" + BaseColumns._ID +
        " INTEGER PRIMARY KEY," + Users.COLUMN_NAME_NAME + " TEXT," + Users.COLUMN_NAME_EMAIL + " TEXT)"

    private val SQL_DELETE_USERS = "DROP TABLE IF EXISTS " + Users.TABLE_NAME
  }

  class Users : BaseColumns {
    companion object {
      val TABLE_NAME = "users"
      val COLUMN_NAME_NAME = "name"
      val COLUMN_NAME_EMAIL = "email"
    }
  }

  override fun onCreate(db: SQLiteDatabase) {
    db.execSQL(SQL_CREATE_USERS)
  }

  override fun onUpgrade(db: SQLiteDatabase, oldVersion: Int, newVersion: Int) {
    db.execSQL(SQL_DELETE_USERS)
    onCreate(db)
  }

  override fun onDowngrade(db: SQLiteDatabase, oldVersion: Int, newVersion: Int) {
    onUpgrade(db, oldVersion, newVersion)
  }
}
```

코틀린

```java
public class DBHelper extends SQLiteOpenHelper{

  public static class Users implements BaseColumns{
    public static final String TABLE_NAME = "users";
    public static final String COLUMN_NAME_NAME = "name";
    public static final String COLUMN_NAME_EMAIL = "email";
  }

  private static final String DB_NAME = "Test.db";
  private static final int DB_VERSION = 1;

  private static final String SQL_CREATE_USERS = "CREATE TABLE " + Users.TABLE_NAME
+ "(" + Users._ID +
      " INTEGER PRIMARY KEY," + Users.COLUMN_NAME_NAME + " TEXT," +
Users.COLUMN_NAME_EMAIL + " TEXT)";

  private static final String SQL_DELETE_USERS = "DROP TABLE IF EXISTS " +
Users.TABLE_NAME;

  public DBHelper(Context context){
    super(context, DB_NAME, null, DB_VERSION);
  }

  @Override
  public void onCreate(SQLiteDatabase db){
    db.execSQL(SQL_CREATE_USERS);
  }

  @Override
  public void onUpgrade(SQLiteDatabase db, int oldVersion, int newVersion){
    db.execSQL(SQL_DELETE_USERS);
    onCreate(db);
  }

  @Override
  public void onDowngrade(SQLiteDatabase db, int oldVersion, int newVersion){
    onUpgrade(db, oldVersion, newVersion);
  }
}
```
자바

리스트 11-9 스키마가 바뀌면 새 스키마

여기 코드에서 추가된 부분은 크게 둘로 나눌 수 있다.

(1) 상수 선언을 위해 BaseColumns을 상속받은 Users 객체가 추가됨
(2) onCreate, onUpgrade, onDowngrade가 db.execSQL을 호출하여 데이터베이스 테이블을 변경함

먼저 첫 번째부터 살펴보자. BaseColumns은 사용자가 데이터베이스 테이블을 만들 때 컬럼 이름의 상수를 모아둔 객체이다. 기본으로 BaseColumns은 _ID와 _COUNT를 가지고 있다. 우리는 _ID는 그대로 이용할 것이며 _COUNT는 사용하지 않을 것이다. Users를 살펴보면 다음과 같다.

```kotlin
class Users : BaseColumns {
    companion object {
        val TABLE_NAME = "users"
        val COLUMN_NAME_NAME = "name"
        val COLUMN_NAME_EMAIL = "email"
    }
}
```
코틀린

```java
public static class Users implements BaseColumns {
    public static final String TABLE_NAME = "users";
    public static final String COLUMN_NAME_NAME = "name";
    public static final String COLUMN_NAME_EMAIL = "email";
}
```
자바

리스트 11-10 **Users 클래스**

테이블 이름에 관한 상수 TABLE_NAME을 두어서 테이블 명을 users로 두었고, 컬럼에 대한 두 가지 상수 COLUMN_NAME_NAME과 COLUMN_NAME_EMAIL을 각각 name과 email로 두어 두 가지 컬럼의 이름을 정의했다.

다음으로 onCreate, onUpgrade, onDowngrade에서 호출하는 db.execSQL을 살펴본다.

먼저 onCreate에서 사용하는 SQL_CREATE_USERS를 보자.

```kotlin
private val SQL_CREATE_USERS = "CREATE TABLE " + Users.TABLE_NAME + "(" + BaseColumns._ID +
    " INTEGER PRIMARY KEY," + Users.COLUMN_NAME_NAME + " TEXT," +
Users.COLUMN_NAME_EMAIL + " TEXT)"
```
코틀린

```java
private static final String SQL_CREATE_USERS = "CREATE TABLE " + Users.TABLE_NAME +
"(" + Users._ID +
    " INTEGER PRIMARY KEY," + Users.COLUMN_NAME_NAME + " TEXT," +
Users.COLUMN_NAME_EMAIL + " TEXT)";
```
자바

리스트 11-11 SQL_CREATE_USERS

이 문장을 풀면 다음과 같은 문장이 된다.

```
CREATE TABLE users(_id INTEGER PRIMARY KEY,name TEXT,email TEXT)
```

리스트 11-12 SQL_CREATE_USERS의 SQL 문

users 테이블을 만들고 필드를 _id, name, email로 만들고 각각의 속성을 정수 기본키, 텍스트, 텍스트로 설정한 것이다. 이에 대한 보다 자세한 내용은 SQL 관련 문서를 참고하길 바란다.

자바에서는 상속받은 객체가 _id를 가지고 있지만, 코틀린에서 인터페이스를 상속받았을 때 인터페이스의 필드는 그 인터페이스(BaseColumns)로만 접근할 수 있다.

다음으로 SQL_DELETE_USERS를 살펴보자.

```kotlin
private val SQL_DELETE_USERS = "DROP TABLE IF EXISTS " + Users.TABLE_NAME
```
코틀린

```java
private static final String SQL_DELETE_USERS = "DROP TABLE IF EXISTS " + Users.TABLE_NAME;
```
자바

리스트 11-13 SQL_DELETE_USERS

이를 풀어 쓰면 다음과 같다.

```
DROP TABLE IF EXISTS users
```

리스트 11-14 SQL_DELETE_USERS에 대한 SQL

user 테이블이 존재하면 해당 테이블을 지우고 CREATE TABLE이 다시 호출되도록 하는 것이다.

전체를 묶어서 정리하면 다음과 같다.

```kotlin
class DBHelper(context: Context) : SQLiteOpenHelper(context, DB_NAME, null, DB_VERSION)
{

  companion object {
    private val DB_NAME = "Test.db"
    private val DB_VERSION = 1

    private val SQL_CREATE_USERS = "CREATE TABLE " + Users.TABLE_NAME + "(" + BaseColu
mns._ID +
        " INTEGER PRIMARY KEY," + Users.COLUMN_NAME_NAME + " TEXT," + Users.COLUMN_NAME_
EMAIL + " TEXT)"

    private val SQL_DELETE_USERS = "DROP TABLE IF EXISTS " + Users.TABLE_NAME
  }
  …
}
```
코틀린

```java
public class DBHelper extends SQLiteOpenHelper {

  …

  private static final String DB_NAME = "Test.db";
  private static final int DB_VERSION = 1;

  private static final String SQL_CREATE_USERS = "CREATE TABLE " + Users.TABLE_NAME
+ "(" + Users._ID +
      " INTEGER PRIMARY KEY," + Users.COLUMN_NAME_NAME + " TEXT," +
Users.COLUMN_NAME_EMAIL + " TEXT)";

  private static final String SQL_DELETE_USERS = "DROP TABLE IF EXISTS " + Users.TA
BLE_NAME;

  …
}
```
자바

리스트 11-15 **상수 정리**

11.2.3 데이터베이스 업그레이드와 다운그레이드

실제 코드에서는 데이터베이스가 업그레이드되어야 하거나 다운그레이드되어야 할 때 기존의 테이블을 지우면 곤란하다.

```kotlin
override fun onUpgrade(db: SQLiteDatabase, oldVersion: Int, newVersion: Int)
override fun onDowngrade(db: SQLiteDatabase, oldVersion: Int, newVersion: Int)
```
코틀린

```java
public void onUpgrade(SQLiteDatabase db, int oldVersion, int newVersion)
public void onDowngrade(SQLiteDatabase db, int oldVersion, int newVersion)
```
자바

리스트 11-16 **업그레이드와 다운그레이드를 위한 시그니처**

업그레이드나 다운그레이드를 해야 할 때는 oldVersion과 newVersion이 전달되니 이전 버전에 없던 컬럼을 추가해주거나 변경된 타입 등을 처리하는 코드를 onUpgrade와 onDowngrade에 넣어서 처리해주어야 한다. 보통은 버전을 선형적으로 보고, 한 버전이 올라갈 때마다 필요한 코드를 추가한다.

```kotlin
override fun onUpgrade(db: SQLiteDatabase, oldVersion: Int, newVersion: Int) {
  if (oldVersion == 1) {
    // 버전 1에 필요한 업그레이드를 실시
    oldVersion++
  }
  if (oldVersion == 2) {
    // 버전 2에 필요한 업그레이드를 실시
    oldVersion++
  }
}
```
코틀린

```java
@Override
public void onUpgrade(SQLiteDatabase db, int oldVersion, int newVersion) {
  if (oldVersion == 1) {
    // 버전 1에 필요한 업그레이드를 실시
    oldVersion++;
  }
  if (oldVersion == 2) {
    // 버전 2에 필요한 업그레이드를 실시
    oldVersion++;
  }
}
```
자바

리스트 11-17 **업그레이드를 위한 코드의 얼개**

실제 개발에서는 다운그레이드를 사용할 경우는 많지 않다. 이미 배포된 앱을 사용하는 사용자가 낡은 버전의 데이터베이스 스키마를 가지고 있고, 개발자가 배포한 신 버전에서 onUpgrade가 호출되어 데이터베이스를 갱신하는 경우가 대부분이다.

11.2.4 데이터 기록하기

데이터를 기록하는 것은 상대적으로 '직관적'이고 '직선적'인 코드다.

```
val dbHelper = DBHelper(this)
val writableDatabase = dbHelper.writableDatabase
val values = ContentValues()
values.put(DBHelper.Users.COLUMN_NAME_NAME, "Leo Kim " + Math.random())
values.put(DBHelper.Users.COLUMN_NAME_EMAIL, "lk@realm.io")
writableDatabase.insert(DBHelper.Users.TABLE_NAME, null, values)
```
코틀린
```
DBHelper dbHelper = new DBHelper(this);
SQLiteDatabase writableDatabase = dbHelper.getWritableDatabase();
ContentValues values = new ContentValues();
values.put(DBHelper.Users.COLUMN_NAME_NAME, "Leo Kim " + Math.random());
values.put(DBHelper.Users.COLUMN_NAME_EMAIL, "lk@realm.io");
writableDatabase.insert(DBHelper.Users.TABLE_NAME, null, values);
```
자바

리스트 11-18 데이터를 기록하는 코드

(1) 헬퍼 클래스의 인스턴스에 대해 getWritableDatabase()를 이용해서 쓰기 데이터베이스를 확보한다.
(2) ContentValues에 저장해야 할 항목들을 채워준다(ContentValues는 일반적인 키-밸류 자료 구조와 유사한 형태를 지니고 있다).
(3) 쓰기 데이터베이스 인스턴스에 insert 메서드를 호출한다.

insert 메서드의 인자는 첫 번째가 테이블 이름, 세 번째 인자가 입력할 값이다. 두 번째 인자는 세 번째 인자가 비어있을 때에 대한 정책인데 대부분 비워두고 비워둘 경우에 값의 추가가 이루어지지 않는다.

11.2.5 데이터 읽어오기

데이터를 읽어오는 것은 조금 더 복잡하다.

```kotlin
val readableDatabase = dbHelper.readableDatabase
val projection = arrayOf(BaseColumns._ID, DBHelper.Users.COLUMN_NAME_NAME, DBHelper.Users.COLUMN_NAME_EMAIL)

var cursor = readableDatabase.query(
    DBHelper.Users.TABLE_NAME,
    projection, null, null, null, null, null
)
```
코틀린

```java
DBHelper dbHelper = new DBHelper(this);
SQLiteDatabase readableDatabase = dbHelper.getReadableDatabase();
String projection[] = {
    DBHelper.Users._ID,
    DBHelper.Users.COLUMN_NAME_NAME,
    DBHelper.Users.COLUMN_NAME_EMAIL
};

Cursor cursor = readableDatabase.query(
    DBHelper.Users.TABLE_NAME,
    projection, null, null, null, null, null
);
```
자바

리스트 11-19 **데이터 기록 코드**

(1) 헬퍼 클래스 인스턴스에 getReadableDatabase()를 호출하여 읽기 데이터베이스를 가져온다.

(2) 프로젝션을 만들어서 어떤 필드를 가져올지 기술한다.

(3) query 메서드를 호출하여 커서를 가져온다.

(4) 이후 커서를 활용하여 데이터를 가져온다.

query 인터페이스의 인자는 첫 번째부터 테이블 명, 컬럼들, 선택selection, 선택 인자selectionArgs, 그룹 바이, 해빙having, 오더바이orderBy 등의 순서로 들어간다.

```
val selection = DBHelper.Users.COLUMN_NAME_EMAIL + " LIKE ?"
val selectionArgs = arrayOf("lk@realm.io")
```
코틀린

```
String selection = DBHelper.Users.COLUMN_NAME_EMAIL + " = ?";
String[] selectionArgs = { "lk@realm.io" };
```
자바

리스트 11-20 **선택 인자 적용**

커서를 이동하며 데이터에 접근해야 하는데 다음과 같은 모양이 된다.

```
cursor.moveToFirst()
do {
    val name = cursor.getString(cursor.getColumnIndex(DBHelper.Users.COLUMN_NAME_NA
ME))
    val email = cursor.getString(cursor.getColumnIndex(DBHelper.Users.COLUMN_NAME_EM
AIL))
    Toast.makeText(this, "Name: $name / Email: + $email", Toast.LENGTH_SHORT).show()
} while (cursor.moveToNext())
```
코틀린

```
cursor.moveToFirst();
do {
    String name = cursor.getString(cursor.getColumnIndex(DBHelper.Users.COLUMN_NAME_
NAME));
    String email = cursor.getString(cursor.getColumnIndex(DBHelper.Users.COLUMN_NAME
_EMAIL));
    Toast.makeText(this, "Name: " + name + " / Email: + " + email, Toast.LENGTH_SHORT).show();
} while (cursor.moveToNext());
```
자바

리스트 11-21 **커서를 옮기며 데이터에 접근**

커서에 대해 moveToFirst()를 호출하면 첫 행으로 이동하며 moveToNext()를 호출하면 다음 행으로 이동한다.

커서에 대해 getString을 호출하여 문자열을 가져올 수 있는데, 인덱스를 기억할 수 없기 때문에 getColumnIndex를 먼저 호출하여 인덱스를 얻은 다음 문자열을 가져온다. 만약 문자열이 아닌 다른 데이터 타입이 필요하다면 다음의 메서드들을 같은 방법으로 호출하여 원하는 형태의 데이터를 얻을 수 있다.

- getInt
- getLong
- getShort
- getString
- getDouble
- getFloat

그림 11-2 **실행 결과**

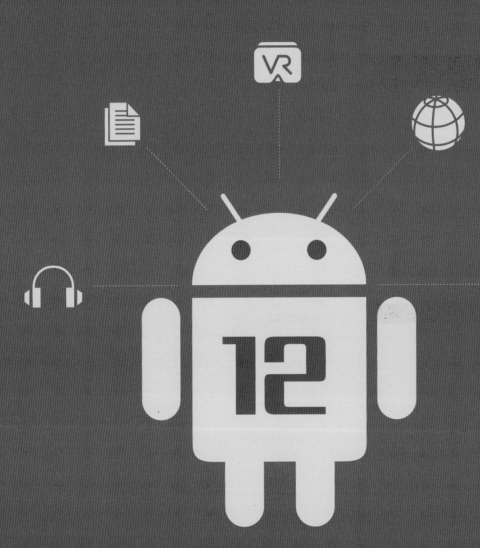

커뮤니케이션

12_장 커뮤니케이션

SUMMARY   안드로이드는 인텐트와 브로드캐스트 메시지 등의 다양한 의사 소통 방법을 지원한다. 이 장에서 몇 가지 커뮤니케이션 방법을 익혀본다.

12.1 브로드캐스트 리시버

안드로이드에서는 다른 앱이나 시스템이 브로드캐스트 메시지를 보낼 수 있고 그것을 브로드캐스트 리시버가 받아 처리할 수 있다. 이렇게 브로드캐스트 메시지를 주고받는 과정은 전통적인 생산자−소비자 패턴과 비슷하다.

브로드캐스트 메시지는 안드로이드의 시스템에서도 발생할 수 있고, 우리가 만든 메시지도 있다. 예를 들면, 문자가 올 때마다 android.provider.Telephony.SMS_RECEIVED라는 브로드캐스트 메시지가 여기저기 전파되고 이걸 받을 수 있는 브로드캐스트 리시버가 받아가는 식이다. 우리가 약속한 메시지도 주고받을 수 있는데, 이 장에서는 시스템에서 전달하는 브로드캐스트 메시지 대신 우리가 사전 약속한 메시지를 주고받은 예제를 다루어 본다.

12.1.1 브로드캐스트 리시버 만들기

우선은 새 클래스를 만든다.

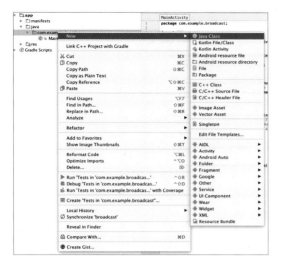

그림 12-1 **새 클래스 만들기**

새 클래스의 이름은 FirstReceiver로 정하고 BroadcastReceiver 객체를 상속받는다.

그림 12-2 **새 클래스 이름 결정**

그리고 필요한 메서드를 추가한다.

```kotlin
class FirstReceiver : BroadcastReceiver(){
    override fun onReceive(context: Context, intent: Intent){
        if(intent.action == "com.example.broadcast.FIRST_MESSAGE"){
            Toast.makeText(context, "리시버가 수행되었습니다", Toast.LENGTH_SHORT).show()
        }
    }
}
```
코틀린

```java
public class FirstReceiver extends BroadcastReceiver {
  @Override
  public void onReceive(Context context, Intent intent) {
    if (intent.getAction().equals("com.example.broadcast.FIRST_MESSAGE")) {
      Toast.makeText(context, "리시버가 수행되었습니다", Toast.LENGTH_SHORT).show();
    }
  }
}
```
자바

리스트 12-1 **브로드캐스트의 메서드 구현**

여기서 정의한 브로드캐스트 메시지는 com.example.broadcast.FIRST_MESSAGE이다. 이때, 여기서 정의한 브로드캐스트 리시버는 앞서 메시지에 대응한다. 예제는 메시지가 제대로 전달되면 토스트를 띄우는 코드이지만 아직은 제대로 동작하지 않는다.

12.1.2 브로드캐스트 등록하기

여기서 만든 브로드캐스트 리시버가 작동하기 위해서는 브로드캐스트 리시버를 등록해야 한다. 액티비티를 다음과 같이 수정한다.

```kotlin
class MainActivity : AppCompatActivity() {

  private var receiver: FirstReceiver? = null
  private var filter: IntentFilter? = null

  override fun onCreate(savedInstanceState: Bundle?) {
    super.onCreate(savedInstanceState)
    setContentView(R.layout.activity_main)
    filter = IntentFilter("com.example.broadcast.FIRST_MESSAGE")
  }

  …

  override fun onResume() {
    super.onResume()
    receiver = FirstReceiver()
    registerReceiver(receiver, filter)
  }
```

```kotlin
    ...

    override fun onResume(){
        super.onResume()
        receiver = FirstReceiver()
        registerReceiver(receiver, filter)
    }

    override fun onPause(){
        super.onPause()
        unregisterReceiver(receiver)
        receiver = null
    }
}
```
코틀린

```java
public class MainActivity extends AppCompatActivity{

    private FirstReceiver receiver;
    private IntentFilter filter;

    @Override
    protected void onCreate(Bundle savedInstanceState){
        super.onCreate(savedInstanceState);
        setContentView(R.layout.activity_main);
        filter = new IntentFilter("com.example.broadcast.FIRST_MESSAGE");
    }

    ...

    @Override
    protected void onResume(){
        super.onResume();
        receiver = new FirstReceiver();
        registerReceiver(receiver, filter);
    }

    @Override
    protected void onPause(){
        super.onPause();
        unregisterReceiver(receiver);
        receiver = null;
    }
}
```
자바

리스트 12-2 액티비티에서 브로드캐스트 리시버 등록

onResume 상태가 될 때 FirstReceiver 객체를 registerReceiver 메서드를 통해 브로드캐스트 리시버로 추가하였고 인텐트 필터를 통해 com.example.broadcast.FIRST_MESSAGE 메시지를 처리하도록 하였다. onPause 상태일 때 unregisterReceiver를 통해 브로드캐스트 리시버를 해제하였다.

12.1.3 브로드캐스트 호출하기

브로드캐스트를 전송하는 방법은 간단하다. 먼저 전송 버튼을 만들기 위해 activity_main.xml을 다음과 같이 수정한다.

```
<RelativeLayout xmlns:android="http://schemas.android.com/apk/res/android"
  xmlns:tools="http://schemas.android.com/tools"
  android:layout_width="match_parent"
  android:layout_height="match_parent"
  android:padding="@dimen/activity_vertical_margin"
  tools:context=".MainActivity">

  <Button
    android:id="@+id/button"
    android:layout_width="match_parent"
    android:layout_height="wrap_content"
    android:text="브로드캐스트 전송하기" />

</RelativeLayout>
```

리스트 12-3 **브로드캐스트 전송용 버튼 추가**

그리고 onCreate 메서드 안에 브로드캐스트 호출 코드를 추가한다.

```
override fun onCreate(savedInstanceState: Bundle?) {
  super.onCreate(savedInstanceState)
  setContentView(R.layout.activity_main)
  filter = IntentFilter("com.example.broadcast.FIRST_MESSAGE")

  findViewById<View>(R.id.button).setOnClickListener { v ->
    val intent = Intent("com.example.broadcast.FIRST_MESSAGE")
    sendBroadcast(intent)
  }
}
```
코틀린

```java
@Override
protected void onCreate(Bundle savedInstanceState){
  super.onCreate(savedInstanceState);
  setContentView(R.layout.activity_main);
  filter = new IntentFilter("com.example.broadcast.FIRST_MESSAGE");

  findViewById(R.id.button).setOnClickListener(v -> {
    Intent intent = new Intent("com.example.broadcast.FIRST_MESSAGE");
    sendBroadcast(intent);
  });
}
```
자바

리스트 12-4 **브로드캐스트 호출 코드**

Intent 객체를 만들 때 우리가 사전에 정한 브로드캐스트를 정의하고 sendBroadcast 메서드를 호출한다.

앱을 실행하면 브로드캐스트를 전송할 수 있는 버튼이 표시된다. 버튼을 눌러 브로드캐스트 메시지를 전송하면 다음과 같이 토스트가 뜬다.

그림 12-3 **브로드캐스트가 수신된 화면**

12.2 인텐트 서비스

다음으로 살펴볼 커뮤니케이션 방법은 인텐트 서비스이다. 안드로이드에는 두 종류의 서비스가 있는데 '인텐트 서비스'와 그냥 '서비스'이다. 둘의 차이는 다음과 같다.

서비스	인텐트 서비스
• 서비스는 메인 스레드(UI 스레드)에서 수행되며 백그라운드에서 수행하려면 별도의 스레드를 써야 한다. • 서비스는 일시적인 작업을 위해 사용한다. • 서비스는 stopService 등의 메서드를 이용해서 명시적으로 종료해야 한다.	• 인텐트 서비스는 작업 스레드에 의해 백그라운드에서 수행된다. • 인텐트 서비스는 작업들이 전달되어 오면 큐에 쌓아두고 순차적으로 수행한다. • 인텐트 서비스는 장시간 작업을 해도 된다. • 인텐트 서비스는 더 이상 작업할 일이 없으면 (더 이상 큐가 없으면) 종료된다. • 인텐트 서비스는 핸들러나 브로드캐스트를 통해 메인 스레드와 소통해야 한다.

백그라운드에서 일을 처리해주며 자동으로 종료되는 도구가 앱을 작성할 때 도움이 되기 때문에 인텐트 서비스를 중심으로 살펴보자.

12.2.1 인텐트 서비스 만들기

우선 인텐트 서비스를 만든다.

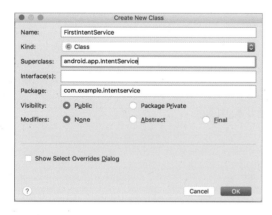

그림 12-4 인텐트 서비스 객체 생성

클래스의 이름을 FirstIntentService로 지정하고 android.app.IntentService를 상속받았다.
인텐트 서비스를 구현하기 위해서는 생성자와 onHandleIntent 메서드를 상속받아야 한다.

```kotlin
package com.example.intentservice

import android.app.IntentService
import android.content.Intent

class FirstIntentService : IntentService("FirstIntentService") {

    override fun onHandleIntent(intent: Intent?) {
    }
}
```
코틀린

```java
package com.example.intentservice;

import android.app.IntentService;

public class FirstIntentService extends IntentService {

    public FirstIntentService() {
        super("FirstIntentService");
    }

    @Override
    protected void onHandleIntent(@Nullable Intent intent) {
    }
}
```
자바

리스트 12-5 **비어 있는 인텐트 서비스**

인텐트 서비스가 호출되면 onHandleIntent 메서드가 호출되게 된다. 예제 인텐트 서비스에서는 1점
과 −1점을 받아 1초마다 그 값을 총합에 합산하는 서비스를 만들어보려 한다.
이를 위해 클래스 내에 합을 나눌 필드를 추가한다.

```kotlin
private var sum: Int = 0
```
코틀린

```java
private int sum;
```
자바

리스트 12-6 **인텐트 서비스를 위한 필드**

생성자도 확장하여 0을 초기값으로 가지도록 한다.

```kotlin
class FirstIntentService : IntentService("FirstIntentService") {
  init {
    sum = 0
  }
}
```
코틀린

```java
public FirstIntentService() {
  super("FirstIntentService");
  sum = 0;
}
```
자바

리스트 12-7 **수정된 인텐트 서비스 생성자**

인텐트로 전달된 값을 이용해서 합산하고 로그로 출력하게 한다.

```kotlin
override fun onHandleIntent(intent: Intent?) {
  val number = intent!!.getIntExtra(NUMBER, 0)
  sum += number
  Log.d("IntentService", "Sum: $sum")
}
```
코틀린

```java
public static final String NUMBER = "NUMBER";

@Override
protected void onHandleIntent(@Nullable Intent intent) {
  int number = intent.getIntExtra(NUMBER, 0);
  sum += number;
  Log.d("IntentService", "Sum: " + sum);
}
```
자바

리스트 12-8 **인텐트가 들어올 때 동작 정의**

12.2.2 메니페스트 수정하기

AndroidManifest.xml에 service 항목을 추가한다.

```xml
<service android:name=".FirstIntentService" android:exported="true">
</service>
```

리스트 12-9 **메니페스트에 서비스 항목 추가**

android:name 항목에 .FirstIntentService를 지정하여 인텐트 서비스를 지정하고, android:exported를 true로 지정하여 현재 앱 이외에서 호출이 가능하게 설정하였다.

전체적인 메니페스트는 다음과 같다.

```xml
<?xml version="1.0" encoding="utf-8"?>
<manifest xmlns:android="http://schemas.android.com/apk/res/android"
  package="com.example.intentservice" >

  <application
    android:allowBackup="true"
    android:icon="@mipmap/ic_launcher"
    android:label="@string/app_name"
    android:theme="@style/AppTheme" >
    <activity
      android:name=".MainActivity"
      android:label="@string/app_name" >
      <intent-filter>
        <action android:name="android.intent.action.MAIN" />

        <category android:name="android.intent.category.LAUNCHER" />
      </intent-filter>
    </activity>

    <service android:name=".FirstIntentService" android:exported="true">
    </service>
  </application>

</manifest>
```

리스트 12-10 **서비스가 추가된 전체 메니페스트**

12.2.3 인텐트 서비스 호출하기

인텐트 서비스를 호출할 때, 점수를 10점과 −10점으로 전달하고 싶기 때문에 레이아웃에 버튼을 두 개 생성해 보기로 한다.

```
<LinearLayout xmlns:android="http://schemas.android.com/apk/res/android"
  xmlns:tools="http://schemas.android.com/tools"
  android:layout_width="match_parent"
  android:layout_height="match_parent"
  android:orientation="vertical"
  android:padding="@dimen/activity_vertical_margin"
  tools:context=".MainActivity">

  <Button
    android:id="@+id/plus10"
    android:layout_width="match_parent"
    android:layout_height="wrap_content"
    android:text="+10" />

  <Button
    android:id="@+id/minus10"
    android:layout_width="match_parent"
    android:layout_height="wrap_content"
    android:text="-10" />

</LinearLayout>
```

리스트 12−11 인텐트 서비스를 호출하기 위해 수정된 메인 액티비티 레이아웃

액티비티의 onCreate는 다음과 같이 수정했다.

```kotlin
override fun onCreate(savedInstanceState: Bundle?) {
    super.onCreate(savedInstanceState)
    setContentView(R.layout.activity_main)

    findViewById〈View〉(R.id.plus10).setOnClickListener { v ->
        val intent = Intent(this@MainActivity, FirstIntentService::class.java)
        intent.putExtra(FirstIntentService.NUMBER, 10)
        startService(intent)
    }

    findViewById〈View〉(R.id.minus10).setOnClickListener { v ->
        val intent = Intent(this@MainActivity, FirstIntentService::class.java)
        intent.putExtra(FirstIntentService.NUMBER, -10)
        startService(intent)
    }
}
```
코틀린

```java
@Override
protected void onCreate(Bundle savedInstanceState) {
    super.onCreate(savedInstanceState);
    setContentView(R.layout.activity_main);

    findViewById(R.id.plus10).setOnClickListener(v -> {
        Intent intent = new Intent(MainActivity.this, FirstIntentService.class);
        intent.putExtra(FirstIntentService.NUMBER, 10);
        startService(intent);
    });

    findViewById(R.id.minus10).setOnClickListener(v -> {
        Intent intent = new Intent(MainActivity.this, FirstIntentService.class);
        intent.putExtra(FirstIntentService.NUMBER, -10);
        startService(intent);
    });
}
```
자바

리스트 12-12 **인텐트 서비스 호출 코드**

+10 버튼을 눌렀을 때와 -10 버튼을 눌렀을 때의 코드를 작성하였다.

이 코드를 실행하면 다음과 같은 결과를 확인할 수 있다.

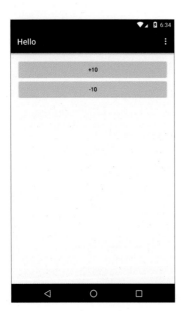

그림 12-5 **앱 실행 화면**

두 버튼을 자유롭게 누르고 화면 하단에 로그캣Logcat 부분을 살펴보면 합계가 변하는 것을 볼 수 있다.

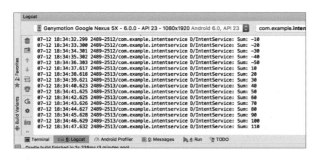

그림 12-6 **로그캣 화면**

MEMO

전환

13장
전환

S U M M A R Y 안드로이드 롤리팝 버전부터 여러 액티비티 간의 전환이 추가되었다. 한 액티비티에 있는 어떤
요소와 다른 액티비티에 있는 요소가 유사한 요소인 경우 자연스레 전환이 이루어지는 것이다.
이를 쉐어드 엘리먼트 전환(Shared Element Transition)이라고 한다.

13.1 쉐어드 엘리먼트 전환

쉐어드 엘리먼트를 쓰기 위해 2.4장에서 다루었던 이미지 뷰 예제를 확장해 본다.
먼저 첫 번째 액티비티의 레이아웃을 수정해서 사용한다.

activity_main.xml 파일의 내용을 조금 수정하자.

```xml
<?xml version="1.0" encoding="utf-8"?>
<LinearLayout xmlns:android="http://schemas.android.com/apk/res/android"
    xmlns:tools="http://schemas.android.com/tools"
    android:layout_width="match_parent"
    android:layout_height="match_parent"
    android:orientation="vertical"
    android:paddingBottom="@dimen/activity_vertical_margin"
    android:paddingStart="@dimen/activity_horizontal_margin"
    android:paddingEnd="@dimen/activity_horizontal_margin"
    android:paddingTop="@dimen/activity_vertical_margin"
    tools:context=".MainActivity">

    <ImageView
        android:id="@+id/imageView"
        android:layout_width="match_parent"
        android:layout_height="100dp"
        android:scaleType="centerCrop"
        android:src="@drawable/sea" />
```

```
<TextView
    android:layout_width="wrap_content"
    android:layout_height="wrap_content"
    android:text="이미지를 클릭해보세요.")

</TextView>
</LinearLayout>
```

리스트 13-1 **레이아웃 파일 수정**

수정한 레이아웃의 결과는 다음과 같다.

그림 13-1 **메인 액티비티의 새 디자인**

액티비티 애니메이션에 필요한 두 번째 액티비티인 DetailActivity를 생성한다.

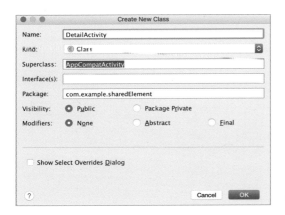

그림 13-2 **액티비티의 생성**

DetailActivity는 다음과 같이 구성한다.

```kotlin
package com.example.sharedElement

import android.os.Bundle
import androidx.appcompat.app.AppCompatActivity

class DetailActivity : AppCompatActivity() {

    override fun onCreate(savedInstanceState: Bundle?) {
        super.onCreate(savedInstanceState)
        setContentView(R.layout.activity_detail)
    }
}
```
코틀린

```java
package com.example.sharedElement;

import android.os.Bundle;
import androidx.appcompat.app.AppCompatActivity;

public class DetailActivity extends AppCompatActivity {

    @Override
    protected void onCreate(Bundle savedInstanceState) {
        super.onCreate(savedInstanceState);
        setContentView(R.layout.activity_detail);
    }
}
```
자바

리스트 13-2 DetailActivity의 코드

activity_detail.xml 파일은 다음과 같이 구성한다.

```xml
<?xml version="1.0" encoding="utf-8"?>
<FrameLayout xmlns:android="http://schemas.android.com/apk/res/android"
    xmlns:tools="http://schemas.android.com/tools"
    android:layout_width="match_parent"
    android:layout_height="match_parent"
    tools:context=".DetailActivity">

    <ImageView
        android:id="@+id/imageView"
        android:layout_width="match_parent"
        android:layout_height="match_parent"
        android:scaleType="centerCrop"
        android:src="@drawable/sea"/>

</FrameLayout>
```

리스트 13-3 레이아웃 activity_detail.xml 파일

생성된 DetailActivity에 관한 정보를 AndroidManifest.xml에 추가한다.

```xml
<?xml version="1.0" encoding="utf-8"?>
<manifest xmlns:android="http://schemas.android.com/apk/res/android"
    package="com.example.sharedElement" >

    <application
        android:allowBackup="true"
        android:icon="@mipmap/ic_launcher"
        android:label="@string/app_name"
        android:supportsRtl="true"
        android:theme="@style/AppTheme" >
        <activity android:name="com.example.sharedElement.MainActivity" >
            <intent-filter>
                <action android:name="android.intent.action.MAIN" />

                <category android:name="android.intent.category.LAUNCHER" />
            </intent-filter>
        </activity>

        <activity android:name="com.example.sharedElement.DetailActivity" >

        </activity>
    </application>

</manifest>
```

리스트 13-4 DetailActivity를 메니페스트에 추가

준비과정을 마쳤으면 MainActivity.java의 코드를 수정해 두 액티비티를 연결한다.

```kotlin
package com.example.sharedElement

import android.app.ActivityOptions
import android.content.Intent
import android.os.Build
import android.os.Bundle
import androidx.appcompat.app.AppCompatActivity
import android.widget.ImageView

class MainActivity : AppCompatActivity() {

    override fun onCreate(savedInstanceState: Bundle?) {
        super.onCreate(savedInstanceState)
        setContentView(R.layout.activity_main)
        val imageview = findViewById<ImageView>(R.id.imageView)
        imageview.setOnClickListener { v ->
            val intent = Intent(this@MainActivity, DetailActivity::class.java)
            startActivity(intent)
        }
    }
}
```
코틀린

```java
package com.example.sharedElement;

import android.app.ActivityOptions;
import android.content.Intent;
import android.os.Build;
import android.os.Bundle;
import androidx.appcompat.app.AppCompatActivity;
import android.widget.ImageView;

public class MainActivity extends AppCompatActivity {

    @Override
    protected void onCreate(Bundle savedInstanceState) {
        super.onCreate(savedInstanceState);
        setContentView(R.layout.activity_main);
        final ImageView imageview = findViewById(R.id.imageView);
        imageview.setOnClickListener(v -> {
            Intent intent = new Intent(MainActivity.this, DetailActivity.class);
            startActivity(intent);
        });
    }
}
```
자바

리스트 13-5 DetailActivity의 코드

첫 번째 액티비티의 사진을 클릭하면 DetailActivity가 뜨게 된다.

그림 13-3 DetailActivity의 실행 화면

13.1.1 애니메이션을 위한 스타일 설정

애니메이션 설정을 위해서는 스타일을 조금 수정해야 한다. 스타일의 테마에 〈item name="android:windowContentTransitions"〉true〈/item〉를 추가해야 하는데 이는 API 레벨 21 이상에서만 쓸 수 있다. 그래서 기존의 values/styles.xml을 수정하기보다는 values-v21/styles.xml 파일을 만들어 다음과 같이 확장해 본다.

```xml
<?xml version="1.0" encoding="utf-8"?>
<resources>

  <style name="AppTheme" parent="Theme.AppCompat.Light.DarkActionBar">
    <!-- Customize your theme here. -->
    <item name="colorPrimary">@color/colorPrimary</item>
    <item name="colorPrimaryDark">@color/colorPrimaryDark</item>
    <item name="colorAccent">@color/colorAccent</item>
    <item name="android:windowContentTransitions">true</item>
  </style>
</resources>
```

리스트 13-6 확장된 values-v21/styles.xml

이는 API 레벨 21 이상의 단말에서 values/styles.xml 대신에 호출된다.

13.1.2 레이아웃의 수정

이미지 뷰에 대해 트랜지션을 수행하기 위해서는 각각의 이미지 뷰에 같은 android:transitionName을
설정해야 한다.

이를 위해 activity_main.xml은 다음과 같이 수정한다.

```xml
<?xml version="1.0" encoding="utf-8"?>
<LinearLayout xmlns:android="http://schemas.android.com/apk/res/android"
        xmlns:tools="http://schemas.android.com/tools"
        android:layout_width="match_parent"
        android:layout_height="match_parent"
        android:orientation="vertical"
        android:paddingBottom="@dimen/activity_vertical_margin"
        android:paddingStart="@dimen/activity_horizontal_margin"
        android:paddingEnd="@dimen/activity_horizontal_margin"
        android:paddingTop="@dimen/activity_vertical_margin"
        tools:context=".MainActivity">

    <ImageView
        android:id="@+id/imageView"
        android:layout_width="match_parent"
        android:layout_height="100dp"
        android:scaleType="centerCrop"
        android:src="@drawable/sea"
        android:transitionName="transitionImage"/>

    <TextView
        android:layout_width="wrap_content"
        android:layout_height="wrap_content"
        android:text="이미지를 클릭해보세요.">

    </TextView>
</LinearLayout>
```

리스트 13-7 **수정된 activity_main.xml**

그리고 activity_detail.xml은 다음과 같이 수정한다.

```xml
<?xml version="1.0" encoding="utf-8"?>
<FrameLayout xmlns:android="http://schemas.android.com/apk/res/android"
        xmlns:tools="http://schemas.android.com/tools"
        android:layout_width="match_parent"
        android:layout_height="match_parent"
        tools:context=".DetailActivity">

  <ImageView
    android:id="@+id/imageView"
    android:layout_width="match_parent"
    android:layout_height="match_parent"
    android:scaleType="centerCrop"
    android:src="@drawable/sea"
    android:transitionName="transitionImage"/>

</FrameLayout>
```

리스트 13-8 수정된 activity_detail.xml

13.1.3 코드 단의 처리

메인 액티비티는 다음과 같이 확장한다.

```kotlin
package com.example.sharedElement

import android.app.ActivityOptions
import android.content.Intent
import android.os.Build
import android.os.Bundle
import androidx.appcompat.app.AppCompatActivity
import android.widget.ImageView

class MainActivity : AppCompatActivity() {

  override fun onCreate(savedInstanceState: Bundle?) {
    super.onCreate(savedInstanceState)
    setContentView(R.layout.activity_main)
    val imageview = findViewById<ImageView>(R.id.imageView)
```

```kotlin
        imageview.setOnClickListener { v ->
          val intent = Intent(this@MainActivity, DetailActivity::class.java)
          if (Build.VERSION.SDK_INT >= Build.VERSION_CODES.LOLLIPOP) {
            val activityOptions = ActivityOptions.makeSceneTransitionAnimation(this
@MainActivity, imageview, "transitionImage")
            startActivity(intent, activityOptions.toBundle())
          } else {
            startActivity(intent)
          }
        }
      }
    }
```
코틀린

```java
package com.example.sharedElement;

import android.app.ActivityOptions;
import android.content.Intent;
import android.os.Build;
import android.os.Bundle;
import androidx.appcompat.app.AppCompatActivity;
import android.widget.ImageView;

public class MainActivity extends AppCompatActivity {

  @Override
  protected void onCreate(Bundle savedInstanceState) {
    super.onCreate(savedInstanceState);
    setContentView(R.layout.activity_main);
    final ImageView imageview = findViewById(R.id.imageView);
    imageview.setOnClickListener(v -> {
      Intent intent = new Intent(MainActivity.this, DetailActivity.class);
      if(Build.VERSION.SDK_INT >= Build.VERSION_CODES.LOLLIPOP) {
        ActivityOptions activityOptions = ActivityOptions.makeSceneTransitionAn
imation(MainActivity.this, imageview, "transitionImage");
        startActivity(intent, activityOptions.toBundle());
      } else {
        startActivity(intent);
      }
    });
  }
}
```
자바

리스트 13-9 확장된 MainActivity

API 버전에 따라 롤리팝 이상인 경우에만 ActivityOptions.makeSceneTransitionAnimation 메서드를 사용해서 옵션을 정의한다.

이번 장의 예제 실행 결과는 다음과 같이 확인할 수 있다. 트랜지션 장면의 연속 사진이다.

그림 13-4 트랜지션 연속 사진 (1/4)

그림 13-5 트랜지션 연속 사진 (2/4)

그림 13-6 트랜지션 연속 사진 (3/4)

그림 13-7 트랜지션 연속 사진 (4/4)

머터리얼 컴포넌트

14장
머터리얼 컴포넌트

SUMMARY 머터리얼 디자인에 맞추어 추가된 몇 가지 컴포넌트들이 있다. 이 장에서는 추가된 컴포넌트 중 플로팅 액션 버튼과 스낵바를 살펴본다.

14.1 플로팅 액션 버튼

플로팅 액션 버튼은 다른 UI 요소들 위에 떠 있는 형태로 나타나는 버튼이다. 다른 UI 요소 위에 떠 있는 요소로 보이기 위해서 플로팅 액션 버튼^{FloatingAction Button}은 코디네이터 레이아웃^{CoordinatorLayout}과 협력한다. 다른 요소들과 플로팅 액션 버튼을 코디네이터 레이아웃에 함께 담고, 코디네이터 레이아웃을 통해 떠 있는 요소로 처리되도록 한다.

14.1.1 그래들 설정

```
apply plugin: 'com.android.application'
apply plugin: 'kotlin-android-extensions'
apply plugin: 'kotlin-android'

android {
    compileSdkVersion 30

    defaultConfig {
        applicationId "com.example.floatingactionbutton"
        minSdkVersion 17
        targetSdkVersion 30
        versionCode 1
        versionName "1.0"
    }
```

```
            buildTypes {
        release {
            minifyEnabled false
            proguardFiles getDefaultProguardFile('proguard-android.txt'),
'proguard-rules.pro'
        }
    }
    compileOptions {
        sourceCompatibility JavaVersion.VERSION_1_8
        targetCompatibility JavaVersion.VERSION_1_8
    }
}

dependencies {
    implementation fileTree(dir: 'libs', include: ['*.jar'])
    implementation 'androidx.appcompat:appcompat:1.2.0'
    implementation 'com.google.android.material:material:1.2.0'
    implementation "androidx.core:core-ktx:1.3.1"
    implementation "org.jetbrains.kotlin:kotlin-stdlib-jdk7:$kotlin_version"
}
```
코틀린

- -

```
apply plugin: 'com.android.application'

android {
  compileSdkVersion 30

  defaultConfig {
    applicationId "com.example.floatingactionbutton"
    minSdkVersion 17
    targetSdkVersion 30
    versionCode 1
    versionName "1.0"
  }
  buildTypes {
    release {
      minifyEnabled false
      proguardFiles getDefaultProguardFile('proguard-android.txt'), 'proguard-
rules.pro'
    }
  }
```

```
    compileOptions {
      sourceCompatibility JavaVersion.VERSION_1_8
      targetCompatibility JavaVersion.VERSION_1_8
    }
  }

  dependencies {
    implementation fileTree(dir: 'libs', include: ['*.jar'])
    implementation 'androidx.appcompat:appcompat:1.2.0'
    implementation 'com.google.android.material:material:1.2.0'
  }
  자바
```

리스트 14-1 **그래들 설정 파일**

implementation 'com.google.android.material:material:1.2.0'을 dependencies에 추가하여 머티
리얼 디자인 라이브러리를 사용했다.

14.1.2 레이아웃 설정

전체 레이아웃을 CoordinatorLayout으로 변경하고 그 안에 FloatingActionButton을 넣어두자.

```
<androidx.coordinatorlayout.widget.CoordinatorLayout xmlns:android="http://schema
s.android.com/apk/res/android"
    android:layout_width="match_parent"
    android:layout_height="match_parent"
    android:fitsSystemWindows="true">

  <TextView
    android:layout_width="wrap_content"
    android:layout_height="wrap_content"
    android:text="@string/hello_world"/>

  <com.google.android.material.floatingactionbutton.FloatingActionButton
    android:id="@+id/button"
    android:layout_width="wrap_content"
    android:layout_heiqht="wrap_content"
    android:layout_gravity="bottom|end"
```

```
        android:layout_margin="10dp"
        android:src="@android:drawable/ic_dialog_email"/>

</androidx.coordinatorlayout.widget.CoordinatorLayout>
```

리스트 14-2 **코디네이터 레이아웃과 플로팅 액션바 레이아웃**

이 코드를 실행해 보면 다음과 같은 화면을 확인할 수 있다.

그림 14-1 **플로팅 액션 버튼**

14.1.3 코드 연동

코드상에서 콜백을 연결하는 과정은 기존의 버튼과 크게 다르지 않다. MainActivity를 확장해 보자.

```
override fun onCreate(savedInstanceState: Bundle?) {
    super.onCreate(savedInstanceState)
    setContentView(R.layout.activity_main)
    val button = findViewById<FloatingActionButton>(R.id.button)
    button.setOnClickListener { view -> Toast.makeText(this@MainActivity, "button
clicked!", Toast.LENGTH_SHORT).show() }
}
 코틀린
```

```
@Override
protected void onCreate(Bundle savedInstanceState){
    super.onCreate(savedInstanceState);
    setContentView(R.layout.activity_main);
    FloatingActionButton button = findViewById(R.id.button);
    button.setOnClickListener(view -> Toast.makeText(MainActivity.this, "button
clicked!", Toast.LENGTH_SHORT).show());
}
```
자바

리스트 14-3 플로팅 액션바를 위한 자바 코드

그림 14-2 토스트 버튼이 연동된 플로팅 액션바

스낵바

머터리얼 디자인에서 추가된 디자인 요소 중 스낵바^{Snackbar}라는 것이 있다. 안드로이드 하단에 간편하게 알림을 띄워주는 방식이다. 웹사이트에 접속했을 때 상단에 작게 알림이 뜨는 것과 비슷한 용도다. 스낵바는 10.1장의 예제를 확장하여 추가해본다.

14.2.1 토스트를 스낵바로 변경하기

13.1장에서 토스트로 만들어 둔 부분을 스낵바로 바꾸어 볼 것이다.

이를 위해 MainActivity의 onCreate 메서드를 다음과 같이 바꾼다.

```kotlin
override fun onCreate(savedInstanceState: Bundle?){
  super.onCreate(savedInstanceState)
  setContentView(R.layout.activity_main)
  val coordinatorView = findViewById<CoordinatorLayout>(R.id.coordinatorLayout)
  val button = findViewById<FloatingActionButton>(R.id.button)
  button.setOnClickListener { _ ->
    Snackbar.make(coordinatorView, "Hello Snackbar", Snackbar.LENGTH_SHORT)
        .show()
  }
}
```
코틀린

```java
@Override
protected void onCreate(Bundle savedInstanceState){
  super.onCreate(savedInstanceState);
  setContentView(R.layout.activity_main);
  final CoordinatorLayout coordinatorView = findViewById(R.id.coordinatorLayout);
  final FloatingActionButton button = findViewById(R.id.button);
  button.setOnClickListener(view ->
      Snackbar.make(coordinatorView, "Hello Snackbar", Snackbar.LENGTH_SHORT)
          .show());
}
```
자바

리스트 14-4 **스낵바를 위한 자바 코드**

토스트^{Toast}와 달리 첫 번째 인자가 Context 타입이 아니라 CoordinatorLayout인 것에 유의한다.

그림 14-3 스낵바를 띄운 플로팅 액션바

14.2.2 추가적인 액션을 포함한 스낵바

스낵바에 몇 가지 액션을 추가할 수 있다. 스낵바에 setAction 메서드를 추가로 호출한다.

```kotlin
override fun onCreate(savedInstanceState: Bundle?) {
  super.onCreate(savedInstanceState)
  setContentView(R.layout.activity_main)
  val coordinatorView = findViewById<CoordinatorLayout>(R.id.coordinatorLayout)
  val button = findViewById<FloatingActionButton>(R.id.button)
  button.setOnClickListener { _ ->
    Snackbar.make(coordinatorView, "Hello Snackbar", Snackbar.LENGTH_SHORT)
        .setAction("Another Snackbar") { _ ->
          Snackbar.make(coordinatorView, "Hello Another Snackbar",
Snackbar.LENGTH_SHORT)
              .show()
        }.show()
  }
}
```
코틀린

```
@Override
protected void onCreate(Bundle savedInstanceState){
  super.onCreate(savedInstanceState);
  setContentView(R.layout.activity_main);
  final CoordinatorLayout coordinatorView = findViewById(R.id.coordinatorLayout);
  final FloatingActionButton button = findViewById(R.id.button);
  button.setOnClickListener(view ->
      Snackbar.make(coordinatorView, "Hello Snackbar", Snackbar.LENGTH_SHORT)
          .setAction("Another Snackbar", view1 ->
              Snackbar.make(coordinatorView, "Hello Another Snackbar",
Snackbar.LENGTH_SHORT)
                  .show()
          ).show());
}
```
자바

리스트 14-5 스낵바에 setAction 추가

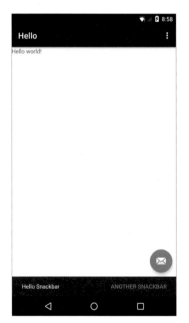

그림 14-4 콜백을 추가한 스낵바

액션 버튼을 클릭하면 다른 스낵바가 뜬다.

그림 14-5 **두 번째 스낵바**

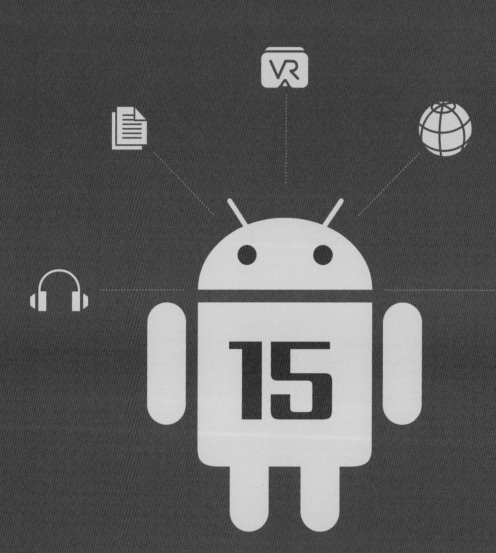

커스텀 뷰

15장
커스텀 뷰

SUMMARY 뷰에 부여된 역할이 늘어나거나 다양한 사용자 인터페이스 요구를 충족하다 보면 기존의 뷰에 서는 부족함을 느낄 때가 있다. 이 장에서는 뷰를 확장하는 방법 몇 가지를 살펴본다.

15.1 뷰의 확장

뷰의 기능을 추가하는 가장 간단한 방법으로 기존의 뷰를 확장하는 법이 있다. EditText의 기능을 조금 확장해보자. 이 예제에서는 2.3장의 에디트 텍스트 예제를 확장해 본다.

먼저 EditText 클래스를 확장하기 위해 새 클래스 추가를 한다.

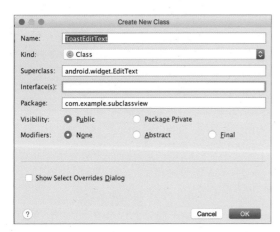

그림 15-1 **새 그림 추가**

새 클래스 이름은 ToastEditText로 지정하였고 EditText를 확장하게 하였다.

15.1.1 확장된 뷰 클래스

```kotlin
class ToastEditText : androidx.appcompat.widget.AppCompatEditText {

    constructor(context: Context) : super(context) {}

    constructor(context: Context, attrs: AttributeSet) : super(context, attrs) {}

    constructor(context: Context, attrs: AttributeSet, defStyleAttr: Int) :
    super(context, attrs, defStyleAttr) {}
}
```
코틀린

```java
public class ToastEditText extends androidx.appcompat.widget.AppCompatEditText {

    public ToastEditText(Context context) {
        super(context);
    }

    public ToastEditText(Context context, AttributeSet attrs) {
        super(context, attrs);
    }

    public ToastEditText(Context context, AttributeSet attrs, int defStyleAttr) {
        super(context, attrs, defStyleAttr);
    }
}
```
자바

리스트 15-1 **확장된 뷰 클래스**

상위 클래스인 EditText 클래스가 어떻게 되어 있는지 확인하고 싶다면 EditText 위에서 마우스 오른쪽을 클릭하면 문맥 메뉴를 통해 해당 클래스로 이동할 수 있다.

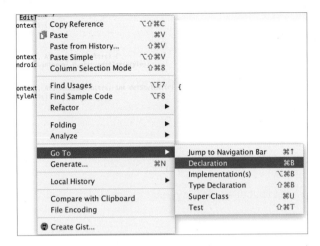

<table>
<tr><td>EditT...</td><td>Copy Reference</td><td>⌥⇧⌘C</td></tr>
</table>

Copy Reference	⌥⇧⌘C
Paste	⌘V
Paste from History...	⇧⌘V
Paste Simple	⌥⇧⌘V
Column Selection Mode	⇧⌘8
Find Usages	⌥F7
Find Sample Code	⌥F8
Refactor	▶
Folding	▶
Analyze	▶
Go To	▶
Generate...	⌘N
Local History	▶
Compare with Clipboard	
File Encoding	
Create Gist...	

Jump to Navigation Bar	⌘↑
Declaration	⌘B
Implementation(s)	⌥⌘B
Type Declaration	⇧⌘B
Super Class	⌘U
Test	⇧⌘T

그림 15-2 **정의로 이동**

이제 메서드를 오버라이드해 기능을 추가해 보자.

먼저 필드를 하나 추가한다.

```kotlin
private var toast: Toast? = null
```
코틀린

```java
private Toast toast;
```
자바

리스트 15-2 **필드 toast 추가**

그리고 onTextChanged 메서드를 다음과 같이 확장한다.

```kotlin
override fun onTextChanged(text: CharSequence, start: Int, lengthBefore: Int,
lengthAfter: Int) {
    super.onTextChanged(text, start, lengthBefore, lengthAfter)
    if (toast != null) {
        toast?.cancel()
    }
    toast = Toast.makeText(context, "length is " + getText()?.length, Toast.LENGTH_SHORT)
    toast?.show()
}
```
코틀린

```java
@Override
protected void onTextChanged(CharSequence text, int start, int lengthBefore, int
lengthAfter){
  super.onTextChanged(text, start, lengthBefore, lengthAfter);
  if (toast != null){
    toast.cancel();
  }
  toast = Toast.makeText(getContext(), "length is " + getText().length(),
Toast.LENGTH_SHORT);
  toast.show();
}
```
자바

리스트 15-3 onTextChanged 오버라이드

15.1.2 확장된 뷰의 사용

메서드의 추가가 이루어졌으면 레이아웃에서 EditText 대신 ToastEditText를 사용해 본다.

```xml
<?xml version="1.0" encoding="utf-8"?>
<RelativeLayout xmlns:android="http://schemas.android.com/apk/res/android"
  xmlns:tools="http://schemas.android.com/tools"
  android:layout_width="match_parent"
  android:layout_height="match_parent"
  android:paddingBottom="@dimen/activity_vertical_margin"
  android:paddingStart="@dimen/activity_horizontal_margin"
  android:paddingEnd="@dimen/activity_horizontal_margin"
  android:paddingTop="@dimen/activity_vertical_margin"
  tools:context=".MainActivity">

  <TextView
    android:id="@+id/text"
    android:layout_width="wrap_content"
    android:layout_height="wrap_content"
    android:text="Hello World!" />
```

```
<com.example.subclassview.ToastEditText
    android:id="@+id/editText"
    android:layout_width="match_parent"
    android:layout_height="wrap_content"
    android:layout_below="@id/text" />

<Button
    android:id="@+id/button"
    android:layout_width="match_parent"
    android:layout_height="wrap_content"
    android:layout_below="@id/editText"
    android:text="Click!"/>
</RelativeLayout>
```

리스트 15-4 ToastEditText를 사용한 레이아웃

실행한 결과는 다음과 같다.

그림 15-3 **토스트가 추가된 에디트 텍스트**

이제 몇 가지 뷰를 내포하는 하나의 뷰 그룹을 만들어보자. 12.1장의 예제를 확장하여 시작한다.

15.2.1 뷰 그룹 만들기

LinearLayout을 상속받아 다음과 같이 EditViewGroup 객체를 만든다.

```kotlin
class EditViewGroup : LinearLayout {

  constructor(context: Context) : super(context){
    init()
  }

  constructor(context: Context, attrs: AttributeSet) : super(context, attrs){
    init()
  }

  private fun init(){
    orientation = LinearLayout.VERTICAL
    val context = context
    val layoutParams = LinearLayout.LayoutParams(LinearLayout.LayoutParams.MATCH_
PARENT, LinearLayout.LayoutParams.WRAP_CONTENT)
    val textView = TextView(context)
    textView.text = "Hello EditViewGroup!"
    addView(textView, layoutParams)
    val toastEditText = ToastEditText(context)
    addView(toastEditText, layoutParams)
  }
}
코틀린
```

```
package com.example.viewgroup;

import android.content.Context;
import android.util.AttributeSet;
import android.widget.LinearLayout;
import android.widget.TextView;

public class EditViewGroup extends LinearLayout {

  public EditViewGroup(Context context) {
    super(context);
    init();
  }

  public EditViewGroup(Context context, AttributeSet attrs) {
    super(context, attrs);
    init();
  }

  private void init() {
    setOrientation(LinearLayout.VERTICAL);
    final Context context = getContext();
    final LayoutParams layoutParams = new LayoutParams(LayoutParams.MATCH_PARENT,
LayoutParams.WRAP_CONTENT);
    TextView textView = new TextView(context);
    textView.setText("Hello EditViewGroup!");
    addView(textView, layoutParams);
    ToastEditText toastEditText = new ToastEditText(context);
    addView(toastEditText, layoutParams);
  }
}
```
자바

리스트 15-5 LinearLayout을 확장한 EditViewGroup

이 객체는 LinearLayout으로 몇 가지 뷰를 포함하고 있다.

레이아웃은 다음과 같이 변경한다.

```
(RelativeLayout xmlns:android="http://schemas.android.com/apk/res/android"
  xmlns:tools="http://schemas.android.com/tools"
  android:layout_width="match_parent"
  android:layout_height="match_parent"
  android:paddingStart="@dimen/activity_horizontal_margin"
  android:paddingTop="@dimen/activity_vertical_margin"
  android:paddingEnd="@dimen/activity_horizontal_margin"
  android:paddingBottom="@dimen/activity_vertical_margin"
  tools:context=".MainActivity">

  <com.example.viewgroup.EditViewGroup
    android:id="@+id/editText"
    android:layout_width="match_parent"
    android:layout_height="wrap_content" />

</RelativeLayout>
```

리스트 15-6 EditViewGroup을 쓰도록 수정한 레이아웃

MainActivity도 다음과 같이 변경한다.

```
package com.example.viewgroup

import android.os.Bundle
import androidx.appcompat.app.AppCompatActivity

class MainActivity : AppCompatActivity() {

  override fun onCreate(savedInstanceState: Bundle?) {
    super.onCreate(savedInstanceState)
    setContentView(R.layout.activity_main)
  }
}
```
코틀린

```java
package com.example.viewgroup;

import android.os.Bundle;
import androidx.appcompat.app.AppCompatActivity;

public class MainActivity extends AppCompatActivity{

  @Override
  protected void onCreate(Bundle savedInstanceState){
    super.onCreate(savedInstanceState);
    setContentView(R.layout.activity_main);
  }
}
```
자바

리스트 15-7 **변경한 MainActivity**

수행 결과는 다음과 같다.

그림 15-4 **뷰 그룹 연동**

15.2.2 확장된 뷰 그룹에 자바 코드 추가

EditViewGroup이 포함하고 있는 뷰 사이의 상호 작용을 담당하도록 확장해보자.

```kotlin
private fun init(){
  orientation = LinearLayout.VERTICAL
  val context = context
  val layoutParams = LinearLayout.LayoutParams(LinearLayout.LayoutParams.MATCH_PARENT, LinearLayout.LayoutParams.WRAP_CONTENT)
  val textView = TextView(context)
  textView.text = "Hello EditViewGroup!"
  addView(textView, layoutParams)
  val toastEditText = ToastEditText(context)
  addView(toastEditText, layoutParams)
  toastEditText.addTextChangedListener(object : TextWatcher {
    override fun beforeTextChanged(s: CharSequence, start: Int, count: Int, after: Int){

    }

    override fun onTextChanged(s: CharSequence, start: Int, before: Int, count: Int){
      textView.text = "Length is: " + toastEditText.text!!.length
    }

    override fun afterTextChanged(s: Editable){

    }
  })
}
```
코틀린

```java
private void init(){
  setOrientation(LinearLayout.VERTICAL);
  final Context context = getContext();
  final LayoutParams layoutParams = new LayoutParams(LayoutParams.MATCH_PARENT, LayoutParams.WRAP_CONTENT);
  final TextView textView = new TextView(context);
  textView.setText("Hello EditViewGroup!");
  addView(textView, layoutParams);
  final ToastEditText toastEditText = new ToastEditText(context);
  addView(toastEditText, layoutParams);
  toastEditText.addTextChangedListener(new TextWatcher(){
    @Override
```

```
      public void beforeTextChanged(CharSequence s, int start, int count, int after)
{

      }

      @Override
      public void onTextChanged(CharSequence s, int start, int before, int count){
         textView.setText("Length is: "+ toastEditText.getText().length());
      }

      @Override
      public void afterTextChanged(Editable s){

      }
   });
}
```
자바

리스트 15-8 **뷰와 상호 작용 추가**

내포한 뷰들을 TextWatcher 안에서 다루기 위해 final로 수정하였다.
수행 결과는 다음과 같다.

그림 15-5 **로직이 추가된 뷰 그룹**

위치 정보

16장
위치 정보

SUMMARY 게임, AR, 지도, 네비게이션 앱 등 현재의 위치 정보를 받아서 처리하는 앱들이 많다. 이 장에서는 안드로이드에서 위치 정보를 어떻게 다루는지 알아본다.

16.1 FusedLocationAPI

안드로이드에서 기본적으로 위치 정보를 다룰 수 있는 API는 FusedLocation Api 이다. 이는 구글플레이 서비스에 내장되어 있어 쉽게 사용할 수 있다.

16.1.1 메니페스트 설정 파일

위치 정보를 쓰기 위해서는 먼저 메니페스트 파일(AndroidManifest.xml)을 확장해야 한다.

```xml
<?xml version="1.0" encoding="utf-8"?>
<manifest xmlns:android="http://schemas.android.com/apk/res/android"
  package="com.example.location" >

  <uses-permission android:name="android.permission.ACCESS_COARSE_LOCATION"/>
  ...
```

리스트 16-1 **메니페스트 파일**

메니패스트를 확장했다면 다음으로 빌드 스크립트 app/build.gradle 파일을 확장한다.

```
apply plugin: 'com.android.application'
…

android {
    …
}

dependencies {
    implementation fileTree(dir: 'libs', include: ['*.jar'])
    implementation 'androidx.appcompat:appcompat:1.2.0'
    implementation 'com.google.android.gms:play-services-location:17.0.0'
}
```

리스트 16-2 **그래들 빌드 파일**

파일의 하단에 implementation 'com.google.android.gms:play-services-location:17.0.0' 한 줄을 넣어주자. 이렇게 해서 플레이 서비스의 위치 정보 서비스 라이브러리를 가져오게 된다.

16.1.2 레이아웃 설정과 리소스 설정

Hello 앱과 레이아웃 activity_main.xml이 조금 다른 부분이 있지만 필드명의 변화나 리소스 이름의 변화와 같은 변경은 많지 않다.

```
<RelativeLayout xmlns:android="http://schemas.android.com/apk/res/android"
    xmlns:tools="http://schemas.android.com/tools"
    android:layout_width="match_parent"
    android:layout_height="match_parent"
    android:paddingStart="@dimen/activity_horizontal_margin"
    android:paddingTop="@dimen/activity_vertical_margin"
    android:paddingEnd="@dimen/activity_horizontal_margin"
    android:paddingBottom="@dimen/activity_vertical_margin"
    tools:context=".MainActivity">

    <TextView
        android:id="@+id/location"
        android:layout_width="wrap_content"
        android:layout_height="wrap_content"
        android:text="@string/location" />

</RelativeLayout>
```

리스트 16-3 **레이아웃 파일의 변경**

TextView의 아이디는 location으로 지정했다. 텍스트로 등록되어 있던 (android:text) 항목도 @string/location로 수정한다. 그리고 res/values/strings.xml를 다음과 같이 수정한다.

```xml
<resources>
  <string name="app_name">Location</string>

  <string name="location">No location</string>
  <string name="action_settings">Settings</string>
</resources>
```

리스트 16-4 **스트링 리소스의 변경**

16.1.3 권한 요청과 위치 정보 가져오기

안드로이드 마시멜로 버전(6.0)부터는 필요한 권한을 실시간으로 세밀하게 요청하도록 적용되었다. 위치 정보를 알아보는 API는 다음과 같이 단순하지만 마시멜로에서는 다음과 같이 쓰면 에러가 난다. 그래서 몇 가지를 더 확인해야 한다.

```kotlin
private var lastLocation: Location? = null
private var location: TextView? = null
private var mFusedLocationClient: FusedLocationProviderClient? = null

private fun getLocation(){
  if (mFusedLocationClient == null){
    mFusedLocationClient = LocationServices.getFusedLocationProviderClient(this)
  }

  mFusedLocationClient?.lastLocation
      ?.addOnCompleteListener(this){ task ->
        if (!task.isSuccessful){
          return@addOnCompleteListener
        }

        lastLocation = task.result
        if (lastLocation == null){
          return@addOnCompleteListener
        }


      }
}
```
코틀린

```java
private Location lastLocation;
private TextView location;
private FusedLocationProviderClient mFusedLocationClient;

private void getLocation(){
  if (mFusedLocationClient == null){
    mFusedLocationClient = LocationServices.getFusedLocationProviderClient(this);
  }

  mFusedLocationClient.getLastLocation()
      .addOnCompleteListener(this, task -> {
        if (!task.isSuccessful()){
          return;
        }

        lastLocation = task.getResult();
        if (lastLocation == null){
          return;
        }

      });
}
```
자바

리스트 16-5 **위치 정보를 얻기 위해 getLastLocation 호출**

액티비티의 필드들을 확인해보자.

```kotlin
private var lastLocation: Location? = null
private var location: TextView? = null
private var mFusedLocationClient: FusedLocationProviderClient? = null
```
코틀린

```java
private Location lastLocation;
private TextView location;
private FusedLocationProviderClient mFusedLocationClient;
```
자바

리스트 16-6 **필드 선언**

첫 번째는 받아올 위치이고, 두 번째는 화면에 출력할 TextView와 연결을 위해 필요하다. 세 번째는 위치 정보를 얻어올 FusedLocationProviderClient이다.

앞의 코드를 수행하면 에러가 발생한다. 이는 실시간 권한 확인이 필요하기 때문인데, 다음의 코드로 권한을 받는다.

```kotlin
private fun checkPermission(){
  if (Build.VERSION.SDK_INT >= Build.VERSION_CODES.M) {
    if (checkSelfPermission(Manifest.permission.ACCESS_COARSE_LOCATION) !
= PackageManager.PERMISSION_GRANTED) {
        requestPermissions(arrayOf(Manifest.permission.ACCESS_COARSE_LOCATION),
REQUEST_LOCATION_PERMISSIONS)
    } else {
      getLocation()
    }
  } else {
    getLocation()
  }
}
```
코틀린

```java
private void checkPermission(){
  if (Build.VERSION.SDK_INT >= Build.VERSION_CODES.M) {
    if (checkSelfPermission(Manifest.permission.ACCESS_COARSE_LOCATION) !
= PackageManager.PERMISSION_GRANTED) {
        requestPermissions(new String[ ]{
          Manifest.permission.ACCESS_COARSE_LOCATION,
        }, REQUEST_LOCATION_PERMISSIONS);
    } else {
      getLocation();
    }
  } else {
    getLocation();
  }
}
```
자바

리스트 16-7 **권한 확인 코드 추가**

버전이 마시멜로 이상인지 확인하여 이상인 경우에만 checkSelfPermission 메서드를 호출한다. 이 메서드로 한 번에 하나의 권한만 허용 (PackageManager.PERMISSION_GRANTED) 되는지를 확인할 수 있다. 여기에서는 Manifest.permission.ACCESS_COARSE_LOCATION 권한이 허용되었는지 확인하고, 허용된 경우에는 앞서 작성했던 getLocation() 메서드를 호출했다.

허용되지 않은 경우에는 requestPermissions 메서드를 통해 권한을 요청히도록 하자.

권한을 요청할 때는 상수를 마지막에 전달하는데, 이는 권한 요청이 끝나고 호출되는 메서드인 onRequestPermissionsResult에서 어떤 요청인지 확인하기 위해 사전에 정해 둔 상수이다. 여기서는 REQUEST_LOCATION_PERMISSIONS를 사용할 것이다. 이를 위해 MainActivity 상단에 다음과 같이 지정한다.

```kotlin
companion object {
  private val REQUEST_LOCATION_PERMISSIONS = 1
}
```
코틀린

```java
private static final int REQUEST_LOCATION_PERMISSIONS = 1;
```
자바

리스트 16-8 **퍼미션 요청을 위한 상수**

권한 요청이 성공적으로 마무리되면 onRequestPermissionsResult가 호출된다. 이 메서드를 다음과 같이 정의한다.

```kotlin
override fun onRequestPermissionsResult(requestCode: Int, permissions:
Array<String>, grantResults: IntArray) {
  when (requestCode) {
    REQUEST_LOCATION_PERMISSIONS -> if (grantResults.size == 1 && grantResults[0] ==
PackageManager.PERMISSION_GRANTED) {
      getLocation()
    }
  }
}
```
코틀린

```java
@Override
public void onRequestPermissionsResult(int requestCode, @NonNull String[] permis
sions, @NonNull int[] grantResults) {
  switch (requestCode) {
    case REQUEST_LOCATION_PERMISSIONS:
      if (grantResults.length == 1 &&
          grantResults[0] == PackageManager.PERMISSION_GRANTED) {
        getLocation();
      }
  }
}
```
자바

리스트 16-9 onRequestPermissionsResult **메서드 구현**

사전에 약속한 REQUEST_LOCATION_PERMISSIONS 상수를 통해 우리가 원하는 onRequest
PermissionsResult 호출인지 확인하게 되는데, 우리가 요청한 하나에 대한 1개의 응답이 전달될
것이다. 위치 정보를 찾기 위해 우리가 만든 메서드인 getLocation을 다시 호출해 본다.
앞서 getLocation 메서드는 위치 정보를 가져오기만 했다. 위치 정보를 가져온 후 화면을 갱신하기
위해서는 다음 내용을 추가해야 한다.

```kotlin
private fun getLocation(){
  if (mFusedLocationClient == null){
    mFusedLocationClient = LocationServices.getFusedLocationProviderClient(this)
  }

  mFusedLocationClient?.lastLocation
      ?.addOnCompleteListener(this){ task ->
        if (!task.isSuccessful){
          return@addOnCompleteListener
        }

        lastLocation = task.result
        if (lastLocation == null){
          return@addOnCompleteListener
        }
        updateLocation()
      }
}

private fun updateLocation(){
  location?.text = "Location latitude:${lastLocation?.latitude}\n\tlongitude:${last
Location?.longitude}"
}
```
코틀린

```java
private void getLocation(){
  if (mFusedLocationClient == null){
    mFusedLocationClient = LocationServices.getFusedLocationProviderClient(th
is);
  }

  mFusedLocationClient.getLastLocation()
      .addOnCompleteListener(this, task ->){
        if (!task.isSuccessful()){
          return;
        }
        lastLocation = task.getResult();
        if (lastLocation == null){
          return;
```

```java
        }
            updateLocation();
        });
}

private void updateLocation(){
    location.setText("Location latitude:" + lastLocation.getLatitude() + "\n\tlongitu
de:" + lastLocation.getLongitude());
}
```
자바

리스트 16-10 **화면 갱신용 코드 추가**

앱이 수행되었을 때 위치 정보를 가져오도록 onStart를 수정한다.

```kotlin
override fun onStart(){
    super.onStart()
    checkPermission()
}
```
코틀린

```java
    super.onStart();
    checkPermission();
}
```
자바

리스트 16-11 **앱이 시작할 때 checkPermission 호출**

앱을 수행하면 다음과 같이 화면이 뜬다.

그림 16-1 **수행 화면**

알림

17^장 알림

SUMMARY 안드로이드의 알림 기능은 다양한 형태와 여러 상호 작용을 포함한다. 안드로이드의 알림 기능은 사용자에게 무언가를 설명하고 알리는 강력한 기능이다.

17.1 가장 간단한 알림

알림은 세 가지 요소를 갖추고 있어야 한다.

sctSmallIcon 아이콘, setContentTitle 제목, setContentText 상세 텍스트다.

가장 간단한 알림을 추가해보자.

17.1.1 레이아웃 추가

먼저 버튼이 있는 UI를 만들자.

onCreateView에서 image를 초기화하고, 여기에 assets에서 추가한 이미지를 불러와서 넣는다.

```
〈RelativeLayout xmlns:android="http://schemas.android.com/apk/res/android"
  xmlns:tools="http://schemas.android.com/tools"
  android:layout_width="match_parent"
  android:layout_height="match_parent"
  android:paddingStart="@dimen/activity_horizontal_margin"
  android:paddingTop="@dimen/activity_vertical_margin"
  android:paddingEnd="@dimen/activity_horizontal_margin"
  android:paddingBottom="@dimen/activity_vertical_margin"
  tools:context=".MainActivity"〉

  〈Button
    android:id="@+id/button"
    android:layout_width="wrap_content"
    android:layout_height="wrap_content"
    android:text="노티피케이션" /〉
〈/RelativeLayout〉
```

리스트 17-1 **레이아웃**

다음에는 아이콘을 추가해야 한다. 이미지는 여러 이미지를 사용할 수 있지만 여기에서는 http://romannurik.github.io/AndroidAssetStudio/icons-notification.html를 이용했다. 해당 사이트에서 적절한 이미지를 저장하고 res 디렉터리의 내용들을 app/src/main/res/에 복사한다. 파일명은 ic_noti.png라고 지정하였다.

17.1.2 노티피케이션 빌더와 노티피케이션 매니저

버튼을 클릭하면 노티피케이션이 나오도록 코드를 등록한다. 먼저 노티피케이션을 위한 노티피케이션 매니저가 필요하다.

```kotlin
val notificationManager = getSystemService(Context.NOTIFICATION_SERVICE) as Notifi
cationManager
```
코틀린

```java
NotificationManager notificationManager =
        (NotificationManager) getSystemService(NOTIFICATION_SERVICE);
```
자바

리스트 17-2 **노티피케이션 매니저 생성**

안드로이드 오레오 버전부터는 노티피케이션을 보낼 수 있는 여러 경로가 존재하며 그 경로를 채널이라 부른다. 각 채널은 채널의 이름과 아이니를 지정해야 하며 둘 다 자유롭게 지정할 수 있다. 채널 아이디를 지정하자.

```kotlin
val channelId = "defaultChannel"
```
코틀린

```java
String channelId = "defaultChannel";
```
자바

리스트 17-3 **채널 아이디**

오레오 이상의 버전에서만 채널을 생성한다.

```kotlin
if (Build.VERSION.SDK_INT >= Build.VERSION_CODES.O) {
  val notificationChannel = NotificationChannel(channelId, "defaultChannel", Notifica
tionManager.IMPORTANCE_DEFAULT)
  notificationManager.createNotificationChannel(notificationChannel)
}
```
코틀린

```java
if (Build.VERSION.SDK_INT >= Build.VERSION_CODES.O) {
    NotificationChannel notificationChannel =
        new NotificationChannel(channelId, "defaultChannel", NotificationManager.IMPOR
TANCE_DEFAULT);
    notificationManager.createNotificationChannel(notificationChannel);
}
```
자바

리스트 17-4 defaultChannel의 생성

NotifiationChannel 인스턴스를 만들고 notificationManager.createNotificationChannel을 이용해 채널을 등록한다. NotificationChannel 생성자 인자는 차례대로 채널 아이디, 채널 명, 우선순위로 구성된다.

이후 버튼을 눌렀을 때 노티피케이션을 출력하도록 코드를 구성하자.

```kotlin
var button: Button? = findViewById(R.id.button)
button?.setOnClickListener { v ->
    val builder = NotificationCompat.Builder(this@MainActivity, channelId)
        .setSmallIcon(R.drawable.ic_noti)
        .setContentText("노티피케이션입니다. 안녕하세요.")
        .setContentTitle("간단한 노티")
    val notificationId = 1
    notificationManager.notify(notificationId, builder.build())
}
```
코틀린

```java
Button button = findViewById(R.id.button);
button.setOnClickListener(v -> {
    NotificationCompat.Builder builder =
        new NotificationCompat.Builder(MainActivity.this, channelId)
            .setSmallIcon(R.drawable.ic_noti)
            .setContentText("노티피케이션입니다. 안녕하세요.")
            .setContentTitle("간단한 노티");
    int notificationId = 1;
    notificationManager.notify(notificationId, builder.build());
});
```
자바

리스트 17-5 버튼과 노티피케이션 연결

코드는 둘로 나눌 수 있다. 첫째로 노티피케이션을 위한 빌더를 만드는 과정과 노티피케이션 매니저를 통해 실제 노티피케이션을 호출하는 과정으로 나눈다. 먼저 빌더를 쓰는 부분을 보자.

```kotlin
val builder = NotificationCompat.Builder(this@MainActivity, channelId)
    .setSmallIcon(R.drawable.ic_noti)
    .setContentText("노티피케이션입니다. 안녕하세요.")
    .setContentTitle("간단한 노티")
```
코틀린

```java
NotificationCompat.Builder builder =
    new NotificationCompat.Builder(MainActivity.this, channelId)
        .setSmallIcon(R.drawable.ic_noti)
        .setContentText("노티피케이션입니다. 안녕하세요.")
        .setContentTitle("간단한 노티");
```
자바

리스트 17-6 **노티피케이션 빌더**

상당히 직관적인 코드이다. 채널 아이디를 전달해 빌더 객체를 만들고, setSmallIcon, setContentText, setContentTitle 메서드를 연달아 호출했다. 채널 아이디는 채널 개념이 없는 안드로이드 구버전에서는 무시된다.

노티피케이션 매니저에 노티피케이션 번호와 노티피케이션 객체를 전달하면 된다.

노티피케이션 객체는 빌더의 build 메서드 호출로 얻는다.

```kotlin
val notificationId = 1
notificationManager.notify(notificationId, builder.build())
```
코틀린

```java
int notificationId = 1;
notificationManager.notify(notificationId, builder.build());
```
자바

리스트 17-7 **노티피케이션 매니저 호출**

앱을 수행하면 버튼이 있는 화면이 뜬다.

그림 17-1 앱 실행 화면

버튼을 눌러 알림을 확인하자.

그림 17-2 노티피케이션 화면

안드로이드 10 그 이후

18_장
안드로이드 10 그 이후

SUMMARY 안드로이드는 최근 매년 3분기에 새로운 버전을 발표하고 있다. 안드로이드 10 이후의 버전 역시 2020년 3분기에 출시될 것으로 보인다. 차후 안드로이드의 버전은 무엇이고 우리는 어떤 대응을 할 수 있을까?

18.1 안드로이드 11 개발 버전

그림 18-1 **안드로이드 11 로고**

구글은 2020년 2월 19일에 안드로이드 11 개발자 프리뷰 1을 발표했고, 2020년 8월 6일 안드로이드 11 베타 3를 공개했다. 개발자 프리뷰는 실제 정식 버전이 있기 전에 전체적인 변화에 어떻게 개발 환경을 따라갈 수 있을지 소프트웨어 개발자와 하드웨어 개발자 모두에게 안내하는 역할을 하며, 베타 기간 동안 안정화 과정을 거치게 된다. 베타 3는 마지막 베타 버전이며, 안드로이드 11은 2020년 3분기에 출시된다.

18.1.1 안드로이드 11의 출시 일정

안드로이드 11의 릴리즈 계획은 어떻게 될까? 구글의 개발자 사이트에서 타임라인을 볼 수 있다.
https://developer.android.com/preview/overview#timeline

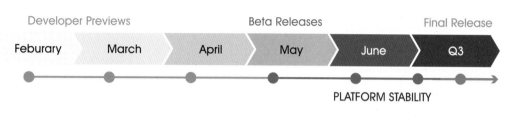

그림 18-2 **구글의 안드로이드 11 릴리즈 일정**

2월, 3월, 4월에 개발자 프리뷰 1, 2, 3이 출시되고 베타 버전 1, 2는 5월, 6월에 출시된다. 3분기에
베타 버전 3을 출시하고 3분기 중에 최종 버전이 출시된다.
안드로이드 11(혹은 R) 버전은 3분기에 출시될 테니 여기서 우리는 몇 가지 전략을 선택할 수 있다.

    (1) 개발자 프리뷰 버전 중에 우리의 앱을 테스트해본다.
    (2) 베타 버전부터 대응한다.
    (3) 정식 버전이 나왔을 때 대응한다.
    (4) 삼성이 관련 버전 제품을 출시하는 시점에 대응한다.

개발자 프리뷰 버전에서 대응하는 것은 현실적으로는 조금 힘들다. API가 확정되었다 말하기도 어렵
고 동작이 변경될 수 있다.
베타 버전에서는 어느 정도 갈 방향이 정해질 테니 그때부터 대응하는 것은 현실적으로 가능한 방법
이다.
정식 버전에 대응하는 것은 적절한 타이밍이라 할 수 있다. 이 시점에서 많은 선두적인 앱 개발자들
이 안드로이드 최신 버전의 대응에 참여할 것이다. 여러분도 아직까지는 리딩 그룹에 설 수 있다.
리소스가 부족하다면 삼성의 새로운 갤럭시 시리즈가 출시되기를 기다리는 방법도 대안이 될 수 있
다. 많은 국내의 사용자는 구글의 픽셀이나 소니의 익스페리아 시리즈를 구매하지 않는 경향이 있다.
또한 한국에서는 삼성 휴대폰에 대한 관심도와 충성도가 높은 편이라서, 삼성의 새로운 갤럭시 시리
즈 출시에 맞추어도 늦은 타이밍은 아닐 것으로 생각된다.

18.1.2 베타 버전 설치

안드로이드 11 대응에는 두 가지 방법을 사용할 수 있다.

(1) 구글 픽셀 폰에 안드로이드 11 베타를 올린다.
(2) 안드로이드 에뮬레이션 이미지를 베타 이미지로 올린다.

구글 픽셀 폰을 가지고 있다면 다음의 페이지에서 팩토리 이미지를 다운로드할 수 있다.

▶ https://developer.android.com/preview/download

구글은 현재 픽셀 2, 픽셀 2 XL, 픽셀 3, 픽셀 3 XL, 픽셀 3a, 픽셀 3a XL, 픽셀 4, 픽셀 4 XL에 대해 이미지를 제공하고 있다(아쉽게도 픽셀 1과 넥서스는 더 이상 지원하지 않는다).

이미지를 받았다면 fast-all.sh 혹은 fast-all.bat 파일을 통해 이미지를 설치할 수 있다. 보다 자세한 내용은 다음의 링크를 참고하자.

▶ https://developers.google.com/android/images#instructions

안드로이드 이미지를 설치하고 싶다면 SDK 매니저 업데이트를 진행한다.

그림 18-3 런치 화면에서 ADV Manager와 SDK Manager 호출

런치 화면 하단의 Configure를 선택해서 바로 AVD Manager와 SDK Manager를 실행할 수 있다.

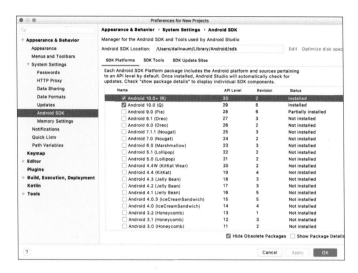

그림 18-4 Android 11(Android 10.0+)
이미지 설치

이미지의 이름은 버전에 따라 다르다. 프리뷰 시절에는 Android R Preview 였고, 2020년 8월에는 Android 10.0+ (R)로 지정되었다. 안드로이드 11 정식 버전이 나오면 Android 11.0 (R) 정도로 변경될 것이다. 버전에 따라 적절한 이름을 선택한다.

ADV Manager에서도 새로운 이미지를 선택한다.

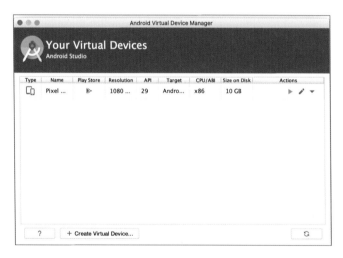

그림 18-5 AVD 매니저

AVD 매니저가 켜졌다면 하단의 Create Virtual Device를 클릭해 다음 단계로 진행한다.

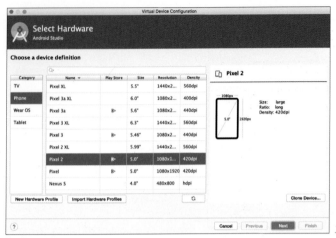
그림 18-6 **디바이스 정의 선택**

디바이스 정의 선택의 경우 여기에서는 픽셀 2를 선택했다. 다른 디바이스 정의에 대해서도 안드로이드 R 이미지가 존재할 것이다.

18.1.3 SDK 버전 설정

안드로이드 11에서 Hello 앱을 실행해보자. 안드로이드 11을 지원하기 위해서는 SDK 버전을 설정해야 한다.

```
android {
  compileSdkVersion 30

  defaultConfig {
    applicationId "com.example.hello"
    minSdkVersion 17
    targetSdkVersion 30
    versionCode 1
    versionName "1.0"
  }
  buildTypes {
    release {
      minifyEnabled false
```

```
        proguardFiles getDefaultProguardFile('proguard-android.txt'), 'proguard-
    rules.pro'
    }
  }
}
```

리스트 18-1 compileSdkVersion과 targetSdkVersion 설정

두 가지 부분의 변경이 있다. compileSdkVersion은 30으로 설정하고 targetSdkVersion을 30으로 설정한다. (프리뷰 버전에서는 'android-R'과 'R'로 설정했어야 했다.) 일단 안드로이드 11의 버전에 맞추어 문자로 버전을 설정해서 테스트해보자. 단, SDK 버전 30은 안드로이드 11이 정식으로 출시되기 전까지 해당 버전으로 플레이 스토어에 올려서는 안 된다는 것을 유의하자. Hello 앱은 단순하기 때문에 더 수정할 부분이 없다.

그림 18-7 안드로이드 11 버전에 맞추어 실행한 Hello

18.1.4 향후 과제

안드로이드 11이 현실화되면 먼저 어떤 동작이 바뀌었는지 확인해볼 필요가 있다. 구글은 변경 내역을 공개하고 있기 때문에 이 부분을 체크하는 것이 먼저이다. 웹상에는 세 가지 방향으로 변경 내역이 공개되어 있다.

- Behavior changes: all apps – https://developer.android.com/preview/behavior-changes-all
- Behavior changes: Apps targeting Android 11 – https://developer.android.com/preview/behavior-changes-11
- Updates to non-SDK interface restrictions in Android 11 – https://developer.android.com/preview/non-sdk-11

새로운 기능도 4가지 문서를 통해 공개되어 있다. 아직까지는 확정된 API가 아니니 변경될 수 있다는 점을 유의하자.

- Features and APIs Overview – https://developer.android.com/preview/features
- Secure sharing of large datasets using data blobs – https://developer.android.com/preview/features/shared-datasets
- Conversations – https://developer.android.com/preview/features/conversations
- What's new for Android in the enterprise – https://developer.android.com/preview/work

대부분의 앱에서 큰 폭의 변화가 없겠지만 조심스럽게 살펴보고 새로운 기능도 적용해보자.
이후 안드로이드 앱 개발에서 아래의 사이트를 참고하며 진행하면 좋다.

- Android Developers – https://developer.android.com/index.html?hl=ko
  구글의 공식사이트로 새로운 샘플과 소식들을 참고할 수 있다.
- GDG Korea Android – https://www.facebook.com/groups/gdg.korea.android/
  안드로이드를 주제로한 구글 기술 커뮤니티 GDG Korea Android의 페이스북 그룹이다.
- 안드로이드 팁팁팁 – https://www.facebook.com/groups/junsle/
  페이스북에서 활성화된 안드로이드 기술 그룹이다.

위의 사이트에서 공유되는 자료를 바탕으로 조금 더 깊은 안드로이드 세상을 알아보자.

코틀린/자바를 한눈에

안드로이드 앱 프로그래밍

초 판 발 행   2020년 9월 10일
초 판 1 쇄   2020년 9월 10일

저   자   김용욱
발 행 인   정용수
발 행 처   예문사
주   소   경기도 파주시 직지길 460(출판도시) 도서출판 예문사
T E L   031) 955-0550
F A X   031) 955-0660
등 록 번 호   11-76호

정가 : 28,000원

예문사 홈페이지 http : //www.yeamoonsa.com

ISBN 978-89-274-3690-4 13000

이 도서의 국립중앙도서관 출판예정도서목록(CIP)은 서지정보유통지원시스템
홈페이지(http://seoji.nl.go.kr)와 국가자료공동목록시스템(http://www.nl.go.kr/
kolisnet)에서 이용하실 수 있습니다. (CIP제어번호 : CIP2020036451)